Arquitetura Pós-Industrial

Coleção Estudos
Dirigida por J. Guinsburg

Equipe de realização – Tradução: Attílio Cancian; Revisão de texto: Mary Amazonas Leite de Barros; Revisão de provas: Shizuka Kuchiki; Diagramação: Walter Grieco e Marcelo D'Elboux Rodrigues; Produção: Ricardo W. Neves e Raquel Fernandes Abranches.

Raffaele Raja

**ARQUITETURA
PÓS-INDUSTRIAL**

Título do original italiano
Architettura Post-Industriale

Copyright © by Editori Riuniti, 1986

1ª edição – 1ª reimpressão

Direitos em língua portuguesa reservados à
EDITORA PERSPECTIVA S.A.
Av. Brigadeiro Luís Antônio, 3025
01401-000 – São Paulo – SP – Brasil
Telefax: (0--11) 3885-8388
www.editoraperspectiva.com.br
2004

O autor agradece a fundamental contribuição de Pierluigi Etteri, sem o qual não teria sido possível a publicação deste livro.

Sumário

INTRODUÇÃO XI

PREMISSA: O SIGNIFICADO DA ARQUITETURA .. XIX

PARTE I: A CRISE NA EUROPA INDUSTRIAL TAR-
DIA 1

1. A Canonização do Moderno. Arquitetura e Reconstrução de 1945 a 1960 3

   A arquitetura de 1960 a 1973: o parêntese da utopia ... 29
   A arquitetura depois de 1973-75: a era da recuperação . 39

2. O Conceito de "Moderno": Teoria e Ideologia 47

   O problema da linguagem: tradicional, moderna, pós-
moderna em confronto 58
   A linguagem clássica da arquitetura 60
   A linguagem moderna da arquitetura 64
   A linguagem pós-moderna da arquitetura 70

PARTE II: A ARQUITETURA DEPOIS DE 1975 81

3. Depois da Arquitetura Moderna: A Tradição 83

   O classicismo 86
   Ofício e vernáculo 115

X ARQUITETURA PÓS-INDUSTRIAL

4. Depois da Arquitetura Moderna: O Pós-Moderno
(Supermaneirismo ou Ecletismo Radical?) 137

5. Depois da Arquitetura Moderna: O Moderno 193
   A análise 193
   A proposta 227

REFERÊNCIAS FOTOGRÁFICAS 239

Introdução

> *Sempre consideramos o passado não como algo morto, mas como uma parte inseparável da existência. Cada vez mais entendemos a sabedoria do dito de Bergson de que o passado corrói continuamente o futuro.*
>
> SIEGFRIED GIEDION

O significado desta sumária reconstrução de acontecimentos e tendências da arquitetura contemporânea, junto com os motivos que nos levaram a analisá-los, baseia-se essencialmente em quatro observações.

Primeira observação, a mais epidérmica. No espaço de poucos anos (digamos de 1979 a 1983, aproximadamente) brilhou e apagou-se a estrela do pós-moderno, estendendo-se, sob expectativas e interessadas pressões, de fenômeno cultural de elite a *divertissement* de massa e depois exaurindo-se de forma natural, justamente devido à sua afirmação precipitadamente decretada pelos meios de comunicação de massa. Acontece que ninguém poderia dizer o que era (ou continua sendo) na realidade: última moda do mundo ocidental ou primeiro modelo do novo e mais complexo mosaico da arquitetura de amanhã?

Depois de muitas polêmicas travadas entre neoclassicistas, ortodoxos defensores do modernismo, e pós-modernistas, parece que o diálogo (também sob a forma de embate) cedeu lugar à indiferença recíproca: o classicismo volta a ocupar-se apenas de si mesmo, o pós-moderno não quer outras linguagens no horizonte que não seja a própria, o modernismo se fecha na lenta exaltação do cotidiano. Nunca como neste caso a tolerância (aparente) produziu tantos monstros de ignorância, confusão, anarquia lingüística: todo mundo fala de arquitetura, de literatura, de arte, de música, de teatro, de cinema "pós-moderno" (e "pós-industrial"), como de "moderno"; se olharmos, porém, com atenção, veremos que essas rotulações parecem confusas, tênues, arbitrárias.

Então, o que é verdadeiramente a arquitetura "moderna", ou a "pós-moderna"? O que deveríamos esperar de uma "era pós-industrial" ou do "modernismo"? Em que medida esta polêmica oculta um terceiro pólo lingüístico, o classicismo, que, contudo, é aquele dominante desde que o homem construiu seus templos?

Essas interrogações exigiam uma resposta ou, melhor, uma tentativa de pôr em ordem, de compreender mais de perto, com maior profundidade os termos da questão. Uma questão que é essencialmente de *linguagem* e que atinge todo o universo da arquitetura contemporânea: face ao agnosticismo e à abdicação cultural de muitos "templos do saber", era preciso tentar, quando não dar indicações ou fornecer orientações, pelo menos compreender ou conhecer, para si mesmos e para os outros.

Além das modas, existem três códigos, três linguagens (clássica, moderna, pós-moderna) aos quais podem ser atribuídas todas as obras de arquitetura contemporânea (mesmo a "menor"); três linguagens que são, por exemplo, como a latina, a inglesa e a italiana; e cumpre conhecer-lhes as regras, os vocábulos, a estrutura sintática para poder entender ou falar; que possam também espelhar-se uma na outra, mas que permaneçam solidariamente construídas para permitir que as pessoas se comuniquem. Conforme veremos, isto constitui hoje em dia uma função dominante da arquitetura: a comunicação. Se os códigos lingüísticos não são claros, haverá então confusão inconsciente ou contaminação programada, e talvez a gente possa entreter-se durante um pouco de tempo, mas as pessoas não podem comunicar-se, entender-se, transmitir as mensagens.

Hoje a situação parece ser ainda mais deprimente: além de não discutir mais coisa alguma (salvo de maneira subterrânea e elitista), criam-se mistificações sobre o próprio significado dos termos, brinca-se com os adjetivos e os substantivos sem pensar nas conseqüências. Quantos arquitetos, quantas pessoas pensam que arquitetura moderna é apenas a de Mies van der Rohe ou de Le Corbusier, ou a dos arranha-céus de aço-vidro dos anos 20 ou

INTRODUÇÃO   XIII

dos anos 50. É melhor não nos aprofundarmos neste particular. Aliás, o equívoco da identificação da arquitetura moderna com o racionalismo perdura também há muito.

Dois objetivos nos aproximaram desses problemas: *um*, que é, por assim dizer, "filológico", ou seja, de aprofundamento e de confronto dos vários significados dos termos "moderno", "pós-moderno", "clássico" (ou, melhor, "tradicional"); *o outro*, por assim dizer, "epistemológico", isto é, de constatação dos pressupostos gerais, ideológicos ou filosóficos, nos quais se pode fundamentar a construção crítica (bem como a avaliação histórica) do moderno, do pós-moderno, do tradicional. Uma vez avaliado o cabedal cultural que cada termo encerra, o horizonte se nos aparece um pouco mais claro, a ponto de nos compelir a "ler" a arquitetura contemporânea com essas chaves de julgamento. Foi o que tentamos fazer, e o resultado encontra-se nestas páginas.

Segunda observação. Não existe uma síntese histórica aprofundada dos últimos trinta anos de arquitetura. Esta grave lacuna contribui para a ignorância de uma fase histórica fundamental como todas as outras que a precederam, o que é, por sua vez, fundamental para se compreender a situação atual.

Pode-se dizer que é demasiado cedo para delinear um quadro "objetivo", "sereno", "neutro" de acontecimentos que, de algum modo, ainda nos atingem e envolvem. Mas essa objeção é amplamente superada pelos fatos e, sobretudo, pela rápida alternância dos quadros de referência, dos sistemas de valores. Se, no que concerne à história, existe efetivamente uma "perspectiva histórica", que é aquela da posteridade, e do julgamento a respeito do passado com base nos efeitos conhecidos de causas longínquas, no que tange às artes (e à arquitetura), não nos parece necessário vegetar, imóveis, aguardando uma futura prestação de contas "histórica": o de que, de imediato, se carece é uma prestação de contas "histórica" (atenção: não de uma coletânea de dados de juízos de valor), de uma leitura apenas um pouco meditada de tudo o que aconteceu de 1945 até hoje.

O objetivo disto é evidente: não nos libertamos do caos apenas projetando o futuro, mas dele saímos também mediante uma análise do passado, procurando entender os erros cometidos, buscando no passado próximo as razões do caos (ou da crise, para utilizarmos um termo mais neutro). Para entendermos o que hoje acontece no campo da arquitetura, de pouco serve estudar apenas as relações entre Palladio e o Quinhentismo, ou entre a arquitetura cretense e a helenística. São, sem dúvida, argumentos

XIV ARQUITETURA PÓS-INDUSTRIAL

belíssimos, mas cumpre lembrar que a arquitetura não é somente história. Por outro lado, a arquitetura não é tampouco apenas teoria, mas é também construção, organização física do ambiente, mediação intelectual "concreta" entre os impulsos individuais e as exigências coletivas; mas, por esta sua inelutável "fisicidade", a arquitetura não pode ser tratada como uma ciência abstrata. Em termos culturais, não tem sentido privar os arquitetos, os estudantes de arquitetura e os chamados usuários – isto é, o povo – de uma síntese histórica destes últimos anos: significa perpetuar o mito da história desentrosada dos problemas atuais (o que não é verdade) e deixar na ignorância e na desorientação quem se aproxima do setor das construções. Aliás, se privamos os arquitetos da noção da história, o que resta deles? Construtores ou engenheiros.

Isso explica a consideração inicial, que nos leva a prever que a debandada, a anarquia lingüística continuarão, enquanto não forem identificadas, categorizadas e difundidas as linhas de tendência dos últimos trinta anos e do presente momento. Comprovam-no, entre outros, Christian Norberg-Schulz, que agrupou todas as tendências no "pluralismo"; Kenneth Frampton, que, num texto orgânico de "história da arquitetura moderna", não dedicou aos últimos trinta anos mais do que umas dez a quinze páginas; Charles Jencks, o incansável promotor do pós-moderno, talvez o único a tentar enquadrar em categorias as múltiplas tendências da arquitetura contemporânea, angariando, assim, uma infinidade de inimigos (com efeito, foi alcunhado de "jornalista" e de "rotulista"). Com o pensamento voltado para Jencks, possivelmente ninguém queira tornar sua vida mais difícil do que o necessário.

Terceira observação. Entre as pessoas comuns e a arquitetura vai se cavando um fosso cada vez mais profundo, quase proporcional àquele que a separa – em nossos dias – da arte. Além das requintadas análises sobre as causas e sobre as épocas dessa separação (que, em nível geral, talvez remonte ao início do século XX, ao surgimento da arte moderna), subsiste o fato, que pode ser observado objetivamente, de que *dum Romae consulitur, Saguntum expugnatur*; enquanto os arquitetos-intelectuais se engolfam em debates sobre a forma, as "metodologias operacionais", o pós-moderno e a "filosofia do Projeto", o ambiente é literalmente saqueado pela falta de cultura arquitetônica. Não é somente o saque das construções abusivas, do espontaneísmo no setor da construção, da autoconstrução sem nenhuma consciência cultural-am-

INTRODUÇÃO XV

biental (ou histórica, ou tecnológica); existe também o mais geral, o mais grave saque da cidade, dos centros históricos e das periferias: classicismo e vernáculo distribuíram entre si as tarefas – a mim o coração, a ti a parte mais afastada (a extremidade) do organismo urbano.

A arquitetura moderna inexiste (considerando que sequer se pode pensar em definir como modernos os horríveis casarões das periferias populares): a arquitetura pós-moderna limita-se a um ou outro excêntrico colecionador de necedades ou a alguma administração pública com disposição para o "efêmero permanente" (isto é, ardentemente desejosa da publicidade que a moda proporciona). A profissão, ou mesmo o "ofício", não conhece nem crises de identidade nem dúvidas existenciais: basta acompanhar o carro do "cliente", e eis que a satisfação econômica aquieta todo prurido residual de intelectualidade.

Nesta situação, que pode pensar da arquitetura o cidadão médio, que jamais recebeu uma educação voltada para a arte e casualmente entrou em contato com fenômenos culturais? Melhor nem pensar nisso.

E, caso quisesse entender (de vez em quando, alguém nos dá prova disto, segundo referem as crônicas) mediante os livros (ou pior, as revistas) assuntos sobre arquitetura? Coitado dele, teria que ter ao seu alcance um dicionário, um glossário e talvez a *Encyclopaedia Britannica*, para tentar aprofundar-se no tema em questão, pois o nível médio é para especialistas (mas quais?), o modelo é o tratado de tipo filosófico, ou a comunicação médica num simpósio de neurocirurgiões. Depois de interpretar a linguagem críptica do livro, porém, pelo menos pode ele, porventura, extrair uma lição, emitir um juízo de valor, estabelecer uma síntese? Difícil, salvo em poucos casos, porque a fumaça dificilmente pode ser sintetizada ou traduzida em conceitos.

A "redução cultural" é uma expressão considerada vulgar, que em certos ambientes suscita reprovação e desdém; no entanto, constitui a única via de salvação para uma disciplina que corre o risco de perder um de seus fundamentos, isto é, a participação coletiva; a par do problema da linguagem arquitetônica, existe o problema da linguagem "literária", ou seja, a maneira de escrever com clareza, de forma compreensível, porque a arquitetura não necessita de intelectuais, se por intelectuais se entendem os cultores da obscuridade. A exigência que antes frisamos, de uma síntese histórica dos últimos trinta anos, deve ater-se, por conseguinte, à exigência basilar de clareza e agilidade.

XVI ARQUITETURA PÓS-INDUSTRIAL

Quarta observação. Constitui de certo modo a síntese de todas as outras, podendo obsedar (ou apenas interessar) a muitos leitores. Em nossos dias, o que significa ser arquiteto? Significa, talvez, dedicar-se à "recuperação"? Projetar móveis ou estruturas? Desenhar, pintar ou divertir-se com o "mobiliamento urbano"? Ou que não pode ter, por acaso, alguma relação com o construir?

Corolário certo (por assim dizer) de uma situação que nos parece ser aquela descrita, o enigma sobre a função do arquiteto é parcialmente estudado neste livro, no momento em que se ilustram três exemplos significativos, três modos de ser arquiteto, hoje: *um é o modo* "profissional" de Renzo Piano, que se autodefine como um "artesão" e que pode ser considerado um "profissional magnífico", isto é, não um dos costumeiros artífices, mas um originalíssimo arquiteto que tem também a felicidade (ou infelicidade) de trabalhar; *outro modo* é aquele "gerencial" (*managerial*) de John Portman, que é praticamente um construtor, um *promoter* e um autocomitente, alguém que demonstra, todos os dias, que a boa arquitetura pode ser um grande negócio econômico; e um *terceiro modo* é aquele "artístico" de Günther Domenig ou de David Nixon e Jan Kaplicky, que são um pouco os "românticos" de plantão, os sonhadores, os estetas que, mesmo quando não realizam, não se reduzem à categoria de desenhistas, mas elaboram projetos factíveis, formalmente utópicos mas tecnologicamente rigorosos e coerentes até nos pormenores: seu mote é a "utopia concreta", mais do que aquarelas e quadros metafísicos!

Eis aí, pois, três exemplos, selecionados entre os muitos possíveis, que são apresentados como concreta ocasião de reflexão.

E, finalmente, algumas palavras para explicar a estrutura do livro, para justificar algumas escolhas, algumas omissões.

Não se trata de um livro de história, porque os argumentos históricos não foram suficientemente aprofundados e concatenados na sua globalidade para poder configurar um estudo histórico; sequer é exclusivamente um estudo teórico importante sobre o significado de moderno ou de pós-moderno; não é tampouco um texto de pura crítica, que seria um panfleto incompreensível e inútil: seria, isto sim, um *misto* de história, teoria e crítica, um trabalho de concatenação entre episódios e fatos significativos dos últimos trinta anos que se destina a um público potencialmente mais vasto do que as pessoas que costumeiramente se dedicam aos trabalhos, na ótica da divulgação. A tentativa visa uma "redução cultural" dos fenômenos mais relevantes na arquitetura, de 1945 até nossos dias.

Após uma premissa sobre o significado e as definições de arquitetura como "experiência espacial", que pretende esclarecer de início as bases de todo o discurso, uma breve e orientada síntese histórica nos mostra os problemas da arquitetura da Reconstrução e, mediante alguns casos emblemáticos, procura indicar duas ou três constantes da evolução conceitual da arquitetura.

A opção de chegar até 1960 e de, após isso, prosseguir com o "parêntese da utopia" até os anos de 1973-75, foi ditada pela necessidade de seguir os fios do modernismo até onde estes podem ainda ser identificados; além de 1975, período que é definido como a "Era da Recuperação", a crítica ao modernismo se torna mais acirrada e impõe finalmente um esclarecimento conceitual. Uma vez interrompida a seqüência histórica, era inevitável concentrar-se no âmago do problema, penetrando nos meandros (infelizmente, mesmo sendo eles obscuros) da filosofia e da sociologia para dar um sentido aos termos "clássico", "moderno" e "pós-moderno". Neste setor, é difícil empregar uma linguagem ainda mais clara; se assim se procedesse, laboraríamos em detrimento da exatidão conceitual, da qual os filósofos são atentos guardiães.

Depois de bem encadeadas as conexões entre arquitetura e ideologia, dizíamos nós, procuramos aduzir algum exemplo do que se podia entender por clássico, vernacular etc., e citamos algum nome, mais ou menos conhecido, a fim de tornar o conjunto mais claro e mais direto. Somente no caso do pós-moderno, retomamos o fio da história com o objetivo de lhe compreendermos a proveniência, para captar as etapas da "nova sensibilidade", para conectar este "curinga" ao discurso sobre a vanguarda histórica.

Com a arquitetura moderna, "depois do moderno", fomos compelidos a entrever os termos de uma "proposta modernista"; uma possível resposta para o dilema ortodoxia-heterodoxia em chave comunicacional, uma tentativa de relançamento de um verdadeiro e autêntico modo alternativo de fazer arquitetura. Em última análise, uma indicação de esperança e de utopia: utopia e não sonho, porque a arquitetura moderna (e o modernismo) trabalha para a exeqüibilidade, a factibilidade da utopia, tanto num distante amanhã, como na era pós-industrial dos computadores e dos robôs, da telemática e das novas aventuras espaciais e tecnológicas.

Premissa:
O Significado da Arquitetura

As histórias da arte e da arquitetura nos transmitiram a convicção de que a arquitetura é uma arte: uma das três artes maiores, junto com a pintura e a escultura. Com efeito, qualquer tratado ou manual de história da arte nos mostra as maiores realizações, os autores, as tendências de uma época em cada um desses três campos, o mais das vezes descontando a óbvia afirmação de que a pintura, a escultura e a arquitetura constituem expressões estéticas[1].

A idéia de que hoje o arquiteto é considerado um artista desorienta e transtorna todos aqueles que têm procurado desmistificar, "divulgar" a tarefa do arquiteto, na enganosa convicção de que a arquitetura (e o arquiteto) poderia influir nas relações sociais e políticas, determinando as condições para um progresso geral da humanidade. Essa era a convicção dos arquitetos do racionalismo europeu, depois desmentida pela história e pela realidade política. Mas essa "desmistificação" do arquiteto-artista persistiu, e hoje em dia – quando somos levados a identificar os homens com suas profissões – ninguém mais ousaria definir publicamente o arquiteto como um "artista": coisa que, no entanto, é verdadeira, paradoxalmente apenas entre os arquitetos. Efeti-

---

1. No sentido de "estética" que, a partir do século XVIII, indica a disciplina filosófica que se ocupa do belo e da arte; razão por que o "juízo estético" concerneria ao "belo e ao sublime na natureza e na arte" (Kant).

XX ARQUITETURA PÓS-INDUSTRIAL

vamente, a opinião comum, referta de noções elementares ou esquemáticas à vontade, professa que a arquitetura é uma arte (que se ocupa de igrejas, monumentos, edifícios simbólicos ou representativos) e que o arquiteto é um personagem·no mínimo caprichoso e "criativo", bem diferente do engenheiro ou do construtor, aos quais se atribuem, talvez, menores dotes de originalidade e de representatividade, mas, indubitavelmente, capacidades realizadoras mais sólidas.

Existe, então, uma espécie de *understatement*, na auto-afirmação dos arquitetos, porquanto eles próprios julgam não poderem ser classificados de "artistas"; e, por outro lado, poucos atingiram o nível dos grandes mestres, de se tornarem sumidades. Aliás, quantos pintores ou escultores lograram o nível de Michelangelo ou Canaletto, Canova ou Rauschenberg? Certamente, a quantidade não constitui um parâmetro aceitável numa avaliação objetiva, razão por que se torna necessário antes compreender por que se aprofundou tanto o abismo entre a arquitetura e seu público, como jamais aconteceu; em outras palavras, sobreleva compreender que hoje existe uma interpretação diversa do próprio significado das palavras "arquitetura" e "arquiteto"; por que, em nível erudito, a arquitetura é entendida como pouco mais do que ciência da organização, e em nível corrente – nas suas manifestações mais evidentes – é entendida como arte.

Há alguns séculos, ninguém, em nenhum nível, duvidaria da natureza artística da arquitetura, ou do fato de que a arquitetura constitui, em todo caso, a expressão estética de uma "vontade artística" de um indivíduo em particular ou também de toda uma comunidade. As catedrais góticas eram fundamentalmente fruto de um trabalho coletivo, muitas vezes projetadas por verdadeiras equipes, executadas por artesãos escultores e corporações operárias nem sempre especializadas. Não obstante, ninguém jamais negou o papel na expressão simbólica ou "estética" da sociedade medieval; foram consideradas "arte gótica" por antonomásia, muito embora não fossem diretamente relacionadas com um artista específico (e talvez por isso também desprezadas por um certo tempo). Assim, o palácio do princípe renascentista era o produto de um único indivíduo, tanto na gestação como no projeto, e representava o poder de um indivíduo: com freqüência, sua qualidade artística era elevada, e, sem dúvida, hoje ninguém poderia contestar-lhe o direito de testemunhar a "arte renascentista" paralelamente aos quadros de Masaccio ou de Botticelli, que muitas vezes nele se hospedaram.

PREMISSA

Por conseguinte, fossem elas fruto de arte individual ou de arte coletiva, as obras arquitetônicas sempre expressaram uma "vontade artística" (mais ou menos consciente) e um desejo de testemunhar e transmitir símbolos. Trata-se, então, de "arte simbólica", conforme a define Hegel?

> [...] A arquitetura corresponde à forma de arte simbólica, cujo princípio transporta à realidade como arte particular no modo mais peculiar, de vez que a arquitetura em geral tem condições de referir-se, somente no ambiente exterior, aos significados nela radicados[2].

Ou arte como "produção do espírito"? Com efeito, segundo Boullée:

> Em que consiste a arquitetura? Será que a defino, com Vitrúvio, como a arte de construir? Certamente, não. Nesta definição campeia um erro grosseiro. Vitrúvio toma o efeito pela causa. A concepção da obra precede sua execução. Nossos antigos pais construíram suas cabanas depois de lhes conceberem a imagem. É esta produção do espírito que constitui a arquitetura e que nós, em conseqüência, podemos definir como a arte de produzir e de levar até a perfeição qualquer Edifício. Portanto, a arte de construir é algo de secundário que nos parece correto indicar como a parte científica da arquitetura[3].

Sequer Nikolaus Pevsner (1952), um dos historiadores mais abalizados do Movimento Moderno (e, por conseguinte, adepto da "divulgação" da arquitetura teorizada por Bauhaus), parece nutrir dúvidas a esse respeito, pois diz ele:

> Um abrigo para bicicletas é um edifício. A Catedral de Lincoln é uma obra de arquitetura. Todas ou quase todas as estruturas que delimitam um espaço, em medida suficiente para um ser humano nele movimentar-se, são um edifício; o termo "arquitetura" aplica-se somente a edifícios concebidos no sentido de um efeito estético[4].

Nesta última frase encerra-se a razão essencial da crise da idéia de arquitetura, a crise da arquitetura como arte: isto é, a crise do conceito de estética em geral.

Podemos afirmar, hoje, que o século XIX foi o século da crise, no qual foram soçobrando progressivamente muitos "valores"

---

2. Georg W. F. Hegel, *Estética* (conferências realizadas entre 1817 e 1829), Milano, 1963, pp. 833-837.

3. *Architecture, essai sur l'art* (manuscrito de 1780). Edição italiana, tradução e introdução de Aldo Rossi, Padova, 1967.

4. N. Pevsner, *Storia dell'architettura europea*, Bari, Laterza, 1979, p. 5.

fundamentais da sociedade, entre os quais a consideração pela arte. São duas as causas que podem ser identificadas: de um lado, a Revolução Industrial que se afirmou e, conseqüentemente, a filosofia positivista-pragmatista com o mito do progresso indefinido; e, por outro lado, o surgimento impetuoso da "questão social", qual óbice ao desenvolvimento capitalista-industrial, com a afirmação da filosofia materialista marxista e o corolário do mito da revolução social. Dois mitos, duas filosofias que detonam na arte um processo de anatomização e de exegese "crítica": mercantilismo e complexo da "supra-estrutura" destroem o dogma romântico da pureza da arte, dogma enunciado nos primórdios do século XIX e já suprimido no final do século.

O primeiro a pronunciar de maneira sistemática um discurso sobre a estética foi Kant, no fim do século XVIII, contribuindo com um grande trabalho de análise para a valorização da arte como expressão estética. Principiava, pois, o culto da arte, que iria atingir os níveis mais elevados com Schlegel e Schelling, filósofos "românticos" do começo do século XIX. Realmente, enquanto o primeiro chegou a defender a superioridade formal do ato estético no tocante a seu conteúdo, lançando os alicerces de uma estética "formalista" e, portanto, privilegiando a autonomia, o valor intrínseco do objeto artístico, o segundo foi muito além: a arte era "órgão do Absoluto", que "só pode captar a totalidade do real acima da antítese das idênticas esferas dialéticas da natureza e do espírito".

Assim, parecia que a arte colimara os vértices da pureza absoluta, o artista era o semideus romântico que não se preocupava com os mesquinhos problemas do mundo: estamos a cavaleiro entre a era napoleônica e a Restauração, novas idéias de liberdade e de racionalismo revolucionam o mundo, e também a arte quer ter seu lugar. É preciso, porém, enfrentar o incoercível progresso científico e tecnológico; e, com os novos problemas criados pelas instalações industriais e pelo urbanismo, o positivismo progride no sentido da modificação de alguns conceitos essenciais, ao passo que a filosofia, com Hegel, atinge os objetivos máximos da especulação intelectual.

Justamente Hegel faz com que a estética dê o salto qualitativo que marca, simultaneamente, sua apoteose e o início do declínio: em sua opinião, o belo é "a aparição sensível do verdadeiro ou da Idéia", e chega necessariamente à conclusão do caráter historicamente transitório da atividade estética. No desenvolvimento geral da Idéia, a expressão artística só ocupa um momento bem delimi-

PREMISSA   XXIII

tado: segue-se-lhe a inevitável "morte da arte", porque ela foi assumida no seio da Idéia. Divinizada num "mundo das idéias" abstrato, a arte desaparece, assim, concretamente, do mundo real.

Depois de Hegel, Herbart volta à *Formaesthetik* (estética da forma) e concentra-se nos significados exteriores, enquanto os positivistas – liderados por Taine (1860) – reduzem a estética a uma pesquisa científica sobre os objetos que nos foram transmitidos sob essa categoria, identificam-na com uma espécie de subproduto da sociedade humana, dissolvem-na na antropologia, na sociologia, nas chamadas "ciências sociais".

Finalmente, enquanto também o marxismo concebe a arte como expressão "supra-estrutural" de uma realidade exclusivamente econômica e política, erguem-se os críticos definitivos do conceito de estética, cuja própria legitimidade terminológica questionam: Nietzsche, no fim do século XIX e, depois, na proximidade dos anos 30, Walter Benjamin e Martin Heidegger. Eles salientam a arte como fenômeno "aparente", isto é, precário, finito, instável, que se estende por toda a existência e, por isso mesmo, secundário e desvalorizado em relação à realidade.

A parábola está concluída, ao passo que o mundo pôde constatar, paralelamente às elaborações conceituais filosóficas, as revoluções que se operam em todos os setores da arte tradicional e, portanto, o afastamento das linguagens artísticas diante dos parâmetros tradicionais de juízo e de compreensão.

De um século a outro, a pintura, a escultura e a música não são mais "descritivas" ou "figurativas": já não se representa mais a realidade, mas uma mensagem (ou, melhor, um pensamento) do artista, um estado de espírito, uma análise posicionada de uma fração do real. As vanguardas abstrato-figurativas do século XX, depois do impressionismo na pintura e na música, transtornam os modos expressivos tradicionais, sem que a cultura média nisso se envolva. O artista corre à frente dos tempos, exceto do presente, a realidade artística e intelectual acha-se (por exemplo, em 1914, quando estourou a Primeira Guerra Mundial) muito adiantada em relação às instituições, à cultura oficial, à situação político-social. Trata-se de uma fratura que jamais será preenchida e que determinará o enraizamento de infinitos preconceitos e de históricas incompreensões no tocante à arte e suas manifestações exteriores, além de suas diatribes internas – naturalmente.

Se, em última análise, só podemos creditar à arquitetura uma forte e indefectível valência estética (isto é, artística), devemos então concluir que a arquitetura é uma arte, na plena acepção do

XXIV   ARQUITETURA PÓS-INDUSTRIAL

termo; isto, não só por razões subjetivas, ou seja, porque o mundo a vê assim, mas também por razões objetivas, porque a obra arquitetônica constitui, em todo caso, testemunho, significação de alguma outra coisa, é a expressão de um símbolo, uma idéia, de um país, de um homem, de uma comunidade; representa a melhor qualidade do homem, isto é, seu espírito de organização, de adaptação, de modificação e transformação do território, de vontade de sobrevivência.

A arquitetura encerra em si todas as modificações ambientais que a vontade do homem operou: com efeito, temos a arquitetura da paisagem, da cidade, dos jardins, mas também do isolamento, do edifício único e, em contrapartida, dos aviões, dos navios. Refletindo sobre os significados atribuídos de vez em quando a essas singularidades (especialidades), compreendemos que a arquitetura é o projeto, o desenho, a organização dos elementos, a otimização dos componentes, a visão de síntese do problema num prisma humanístico.

Concretamente, porém, de que se ocupa a arquitetura "verdadeira e própria"?

Existem muitas teorias a esse respeito, mas, antes de nos concentrarmos naquela que nos parece aproximar-se mais de um significado aceitável, é preciso dar uma idéia da maneira como se pode encarar a arquitetura (e como a encaram os críticos e os historiadores).

Antes de ler qualquer texto de história da arte ou da arquitetura, efetivamente seria de boa norma ler a biografia e a atuação do autor, para saber: quem é ele, qual sua formação cultural, qual sua especialidade, sob que aspecto "vê" o assunto em questão. Aliás, os críticos e os historiadores sofrem inevitavelmente a influência de sua formação cultural e intelectual, do ambiente em que cresceram e amadureceram, dos mestres que os educaram, e assim por diante. Daí que em seus escritos se encontrarão traços (também no sentido de oposição edipiana) do pensamento de seus mestres; e então a compreensão do leitor será tanto maior quanto mais estiver informado a respeito da personalidade do autor, ou pelo menos de seus mestres. Por exemplo, se um historiador se formou na escola de Croce, deveria ser (em noventa por cento dos casos) um idealista e, portanto, não atribuirá aos componentes sócio-econômicos aquela importância que, ao contrário, será absoluta para um marxista. Pouco importa que o autor tenha um nome praticamente desconhecido, desde que se possa remontar à sua escola.

PREMISSA   XXV

O problema é, então, enfrentado tendo-se em conta as várias interpretações críticas existentes: na arquitetura e na arte, se um historiador tem uma formação hauseriana ou se professa declaradamente o marxismo, sabemos que tenderá a supervalorizar todos os fenômenos sociais e econômicos, as relações de produção e as "instâncias coletivas", ao invés de pôr em destaque os aspectos formais próprios da obra ou a personalidade do artista ou as tecnologias empregadas.

Por conseguinte, é evidente a necessidade de compreender o ângulo do qual o crítico encara a arquitetura. A propósito dos críticos de interpretação da arte, Giulio Carlo Argan (1974) escreveu o seguinte:

> Os modernos estudos de história da arte se desenvolvem segundo quatro diretrizes metodológicas fundamentais: formalista, sociológica, iconológica, semiológica ou estruturalista. [...] A metodologia formalista tem sua origem na teoria da "pura visibilidade" que, no plano teórico, teve seu maior expoente em Konrad Fiedler e, no plano da aplicação histórica, em Heinrich Wölfflin. [...] Wölfflin procurou reduzir os sistemas de sinais representativos a algumas categorias fundamentais: linear e pictórico; superfície e profundidade; forma fechada e forma aberta; multiplicidade e unidade; clareza e não-clareza. [...] Nesta série de contrários, Wölfflin quer representar aquelas que considera as duas grandes direções da arte – a representação e a expressão, o clássico e o não-clássico, a arte do mundo mediterrâneo e a arte do mundo nórdico. [...] O método sociológico tem sua origem no pensamento positivista do século passado. Mas a primeira história social da arte, a de H. Taine, mais do que uma história da arte é uma história da sociedade sob a ótica da arte. [...] Se o método formalista estuda a maneira como a obra de arte se forma na consciência do artista e o método sociológico sua gênese e sua existência na realidade social, o método iconológico – instaurado por A. Warburg e desenvolvido especialmente por E. Panofsky para as artes figurativas e por R. Wittkower para a arquitetura – inspira-se na premissa de que a atividade artística tem impulsos mais profundos, ao nível do inconsciente individual e coletivo. [...] O estruturalismo lingüístico deu início, no campo dos estudos da arte, a pesquisas que se acham ainda num estágio experimental e que, até agora, localizaram-se especialmente no setor da arquitetura. [...] Além do conceito de forma, [...] além do conceito de imagem, que limita a atividade artística à esfera da imaginação, o conceito de "sinal" surge hoje como o único que se aplica indistintamente a todos os fenômenos artísticos e permite assim uma delimitação precisa da área fenomênica da arte[5].

Como Argan, já Bruno Zevi em 1948[6] tinha dividido as correntes críticas da arquitetura, chegando a uma tripartição de in-

---

5. G. C. Argan e M. Fagiolo, *Guida alla storia dell'arte*, Firenze, Sansoni, 1974, pp. 31-39.

6. No famoso *Saper vedere l'architetura* de 1948, reeditado em nove edições por Einaudi, Torino.

terpretações: conteudistas (subdivididas basicamente em sociológicas e materialista-técnicas), fisiopsicológicas (isto é, iconológicas) e formalistas (como para Argan).

Acima de todas e seguramente "multiabrangente", porém, colocava a interpretação espacial, que se relaciona mais propriamente com o objeto da arquitetura, o espaço.

É claro que aqui nos encontramos no âmbito da discriminação fundamental forma-conteúdo, típica do idealismo de Croce, à qual conseguimos, por outro lado, referir também a análise de Argan. Se examinássemos a análise crítica ou a obra histórica de qualquer outro personagem (praticando assim um trabalho "metacrítico"), provavelmente veríamos se evidenciarem outros parâmetros dialéticos em que se inserem as próprias categorias. Mais uma vez, vê-se muito bem a importância de ler sempre "criticamente" também os críticos e confrontar as teses de cada um, a fim de extrair delas uma conclusão sempre pessoal e conseguir uma compreensão mais profunda.

Por conseguinte, admitindo que a arquitetura é uma arte e que, como tal, é interpretável sob muitos pontos de vista, variáveis de acordo com a "ideologia" de cada um, é preciso dar um passo à frente rumo à disciplina específica e procurar compreender (também visando escolher mais conscientemente a chave interpretativa segundo as categorias de que falamos) do que a arquitetura se ocupa exatamente.

Até mesmo nesta, que poderia parecer uma questão óbvia, não existe unanimidade de pontos de vista; aparentemente, todos os críticos concordam com o plano teórico, mas os arquitetos, os "trabalhadores" e sobretudo o grande público – que jamais recebeu uma educação para o assunto "ambiente", em nenhum nível – não têm nenhuma certeza no tocante ao "significado" da arquitetura. Conforme veremos, também nisso, trata-se de um elemento fortemente determinante no processo de crises em gestação, razão por que é preciso trazer um pouco de luz também a esta região escura (ou em penumbra) do conhecimento.

Seria interessante aprofundar as relações históricas entre a estrutura física da cidade e a concepção da arquitetura, considerando-se que muitas idéias sobre a natureza bi, tri ou quadridimensional da arquitetura têm surgido em relação com as formas urbanas mais ou menos diversas, baseadas, por vezes, num *continuum* construtivo (de construção) (e, por isso, na arquitetura "de fachada" e nos *rues-corridors*) ou nas fábricas que se erguem (na Renascença e barroco, por exemplo) ou na "separação" de cada

PREMISSA

um dos edifícios no ambiente urbano ou natural (no racionalismo). Mas este é um assunto que demanda tempo e não serviria para uma compreensão imediata do problema inicial; porém, uma vez que se admita que essa correspondência é possível e admitindo-se também que entendemos que isso nos reporta a um quadro crítico atual, a um sistema de valores e de parâmetros hoje plenamente aceitáveis e compreensíveis (seria absurdo pensar que o arquiteto poderia desinteressar-se pelo interior de um edifício para limitar-se à decoração de uma fachada!), leiamos o pensamento de Nikolaus Pevsner:

> O que distingue a arquitetura da pintura e da escultura é sua característica espacialidade. Neste campo, e sobretudo neste campo, nenhum outro artista pode emular o arquiteto. Portanto, a história da arquitetura é, antes de tudo, a história do homem que modela o espaço, e o historiador deve ter os problemas espaciais sempre em primeiro plano[7].

Antes, havia ele afirmado:

> Sensações estéticas podem ser produzidas por um edifício de três modos:
> 1. podem ser produzidas pela maneira de tratar a superfície, pelas proporções das janelas, pelas relações dos cheios com os vazios, de um plano com o outro, da ornamentação, como as cornijas góticas do século XIV ou as guirlandas de frutas e folhas de um pórtico de Wren;
> 2. é esteticamente significativo o tratamento externo de um edifício em seu conjunto, seu contraste de bloco contra bloco, o efeito de um teto inclinado ou plano ou de uma cúpula, o ritmo das saliências e reentrâncias;
> 3. o efeito em nossos sentidos produzido pelo tratamento do interior, a sucessão dos ambientes, o alargamento de uma nave no cruzeiro, o majestoso movimento de uma escadaria barroca. O primeiro destes modos é constituído de duas dimensões; é o modo próprio do pintor. O segundo é constituído de três dimensões e, visto que trata o edifício como um volume, como uma unidade plástica, é o modo próprio do escultor. Também o terceiro modo tem três dimensões, mas refere-se ao espaço; é próprio do arquiteto, mais que os anteriores[8].

Outra passagem de Pevsner nos reporta a uma outra série de considerações:

> Podemos evitar entrar em contato com aquilo que o público chama de "belas-artes", mas não podemos fugir dos edifícios e dos sutis porém penetrantes efeitos de seu caráter, nobre ou vulgar, discreto ou pomposo, autêntico ou falso. Pode-se conceber uma época sem pintura, muito embora aqueles que acreditam

---

7. N. Pevsner, *Storia dell'architettura europea, op. cit.*, p. 5.
8. *Ibidem.*

XXVIII   ARQUITETURA PÓS-INDUSTRIAL

nos valores vitais da arte não a possam desejar assim [...]. Mas uma época sem arquitetura é impossível, enquanto seres humanos habitarem este mundo[9].

Essa enfatização nos conduz ao conceito da arquitetura como *experiência significativa*, ou então, por extensão, como ambiente capaz de condicionar o comportamento humano: daqui é que surge o impulso (que caracterizou o movimento moderno e do racionalismo) para a "qualidade" da arte de construir, para o caráter "social" da arquitetura e para a "esteticidade difusa", para que, mediante os melhoramentos qualitativos, tecnológicos e espaciais dos edifícios e de seu exterior, se chegasse a uma melhoria geral da vida urbana e das condições sociais da humanidade.

Fincando um pouco os pés no chão e para limitar-nos, portanto, à sensação gerada pela experiência da arquitetura e a seus conteúdos profundos, é conveniente refletir sobre o que afirmou o filósofo John Dewey (1934):

> A arquitetura não é representativa, se com este termo entendemos a reprodução em si mesma de formas materiais: houve quem supusesse que as catedrais "representariam" altas árvores numa floresta. Mas a arquitetura não se limita a utilizar simplesmente formas naturais, pilastras com arcos, cilindros retangulares, segmentos de esferas. Ela exprime seu efeito característico sobre o observador. Que seria de um edifício que não usasse e representasse as energias naturais de gravidade, força, impulso, e assim por diante? Seria preciso deixar que o expliquem aqueles que consideram a arquitetura como não-representativa. Mas a arquitetura não une a representação a essas qualidades de matéria e de energia. Ela exprime também valores duradouros da vida humana coletiva. Representa "as memórias, as esperanças, os temores, os escopos e os valores sagrados" daqueles que edificam. Prescindindo de todo cerebralismo, é por si mesmo evidente que toda estrutura importante constitui um tesouro de memórias acumuladas e um registro monumental de acalentadas perspectivas futuras[10].

E mais:

> [...] o organismo, que costuma fazer suas experiências em termos de tato, deve ter condições de experimentar em que medida são possíveis as relações espaciais em termos óticos. O gênero de projeção costumeiramente implícito na visão estética comporta um análogo relaxamento de um esforço que visa a consecução de fins particulares, de modo a permitir que toda a personalidade interaja livremente sem desvios ou coerções. As primeiras reações hostis a um novo modo de ver na arte devem-se normalmente à má vontade de efetuar algumas dissociações necessárias[11].

9. *Idem*, p. 6.
10. Cf. J. Dewey, *Art as Experience*, New York, 1934. Traduzido para o italiano com o título *L'arte come esperienza*, Firenze, La Nuova Italia, 1951.
11. *Ibidem*.

INTRODUÇÃO   XXIX

Por conseguinte, a arquitetura é *arte do espaço e de experiências significativas*, percepção e vida, movimento e observação; as quatro dimensões, de que tanto se tem falado no tocante à arquitetura moderna, são na realidade cinco, ou talvez seis, se levarmos em conta também as sensações subjetivas, a memória do edifício e do ambiente: um conjunto estrutural em que, além de um certo limite, não parece lícita a análise do particular, a exaltação do elemento. Parece-nos ser esta a conclusão mais lógica a tirar, ou melhor, a premissa que se deve estabelecer para a compreensão da arquitetura; uma compreensão que deve levar em consideração a crise histórica "estrutural" da arte.

Para enquadrar – ainda – numa visão lógica e coerente a crise da arquitetura moderna e do próprio conceito de moderno, também na arte é preciso ligar o declínio da filosofia como ciência do conhecimento ao declínio da arte como representação do real, e isto para a desvalorização do artista como intelectual carismático na sociedade. A evolução rápida da sociedade – muito além das estreitas possibilidades de compreensão do sistema educacional mundial – desferiu na arte moderna a martelada decisiva mediante a união antitética das ideologias pragmático-positivistas e materialista-marxistas.

Durante todos estes anos, as escolas de todos os níveis têm prosseguido em seu afã de ilustrar os estilos (ou melhor, as "ordens") da arquitetura, liquidando – em poucos casos felizes – a arquitetura moderna com poucas linhas, todas elas visando a "descoberta" do funcionalismo: é na ignorância coletiva que se busca, pois, o primeiro motivo da crise da arquitetura moderna.

Parte I:
A Crise na Europa Industrial Tardia

1. A Canonização do Moderno. Arquitetura e Reconstrução de 1945 a 1960

O fim do segundo conflito mundial na Europa marcou uma guinada decisiva para a evolução histórica do conceito de moderno, porquanto os problemas suscitados pela reconstrução de vastos territórios e de tecidos urbanos consolidados envolveram de modo brutal e direto, pela primeira vez, a arquitetura moderna.

Certamente é paradoxal que justamente ela, nascida na rejeição da história e com a declarada intenção de tornar-se autônoma do ambiente natural, bem como do ambiente construído (isto é, urbano e histórico), tivesse que haver-se com tal problema, uma vez que até 1945 as pessoas jamais se haviam preocupado com o que poderia significar construir em vasta escala ou replanificar ou até mesmo demolir e reconstruir centros históricos inteiros. O Movimento Moderno raramente pisara na cidade, preferindo a ela a tábula rasa das periferias, o relacionamento corbusieriano dos "volumes puros sob a luz", os novos bairros operários, a procura da acomodação racional.

Aos dois últimos conflitos mundiais é atribuído o mérito de terem provocado os mais violentos traumas e as mais radicais transformações na maneira de viver do nosso planeta: assim como o primeiro acabou com os velhos e confusos sistemas políticos imperialistas, adaptando finalmente também a realidade político-institucional às espetaculares mudanças geradas pela Revolução Industrial, o segundo conflito determinou uma radical e generali-

ARQUITETURA PÓS-INDUSTRIAL

zada transformação cultural e do *way of life* europeu, impondo, de um lado, os estilos de vida americanos e, de outro, os soviéticos, o que acabou rachando o mundo nos dois hemisférios: um capitalista e o outro comunista.

Quase um século se passara desde que Marx havia profetizado o despertar da classe operária e o fim do capitalismo: em 1948, a metade do mundo já era marxista (pelo menos de nome) e, de todo modo, em cada uma das duas metades o problema mais urgente a ser resolvido era somente um: a reconstrução.

A partir de agosto de 1945, a Europa começava a defrontar-se com a paz e, se o espectro da bomba atômica de Hiroxima parecia distante e obscuro, certamente sentimentos bem diferentes suscitavam os escombros mais próximos de Coventry ou Londres, Dresden ou Paris, Florença ou Hamburgo: enquanto ainda se encontravam na mesa de discussão as questões da política e das organizações militares e institucionais, o povo principiava a pensar concretamente na reconstrução. Reconstrução: palavra mágica que evoca o renascimento, a ressurreição, o sopro vital da concórdia e do entusiasmo; uma palavra a que se acrescentou um adjetivo e um ponto de interrogação: "Que reconstrução?"

Com essa expressão, iniciou-se um debate que, em seus elementos mais qualificantes, poderíamos voltar a propor concretamente, hoje que se fala da "reutilização" e de "recuperação", quando não, às vezes, de reconstrução ou de *urban renewal*: de que modo reconstruir?

Essencialmente, os problemas em discussão eram dois: de um lado, reconstruir os edifícios destruídos mais ou menos parcialmente pelos bombardeios nos centros históricos das cidades, recriando, bem ou mal, um tecido urbano consolidado na memória e na história; de outro lado, aproveitar a oportunidade dessa intervenção generalizada para reprogramar o desenvolvimento da cidade, retomar o controle do ambiente, melhorando os padrões habitacionais, para construir, *ex novo*, conglomerados urbanos ou cidades novas, a fim de descongestionar as metrópoles. Conexos a esses dois problemas fundamentais havia outros dois aspectos não negligenciáveis: a economicidade e a rapidez da reconstrução que, se resolvidos, permitiriam em pouco tempo reconduzir a Europa à estrada real do desenvolvimento e do progresso que haviam sido interrompidos pela guerra.

A arquitetura moderna, ou racional, isto é, entendida sem ornamentos e complicações formal-estruturais, parecia ideal para

A CANONIZAÇÃO DO MODERNO. ARQUITETURA E RECONSTRUÇÃO... 5

enfrentar e resolver de uma só vez problemas de custo e de tempo, enquanto ideologicamente unida à produção industrial e à parcelização, bem como à padronização de seus componentes.

Mais do que em qualquer outro país do mundo, na Inglaterra o impulso no sentido da industrialização da acomodação racional era fortíssimo e apoiado por uma porção de intelectuais e políticos respeitáveis, cujos nomes figuravam na revista *Architectural Review*: de suas páginas surgiam estímulos para a planificação territorial, lições sobre a arquitetura contemporânea, debates e análises da situação artística e arquitetônica mundial, anátemas contra as degenerações estilísticas e os desvios da ortodoxia do Movimento Moderno (ou seja, do racionalismo). Não era por mero acaso que a Inglaterra representava a vertente mais nobre da arquitetura moderna, tanto em termos de crítica (Giedion, Hitchcock, Pevsner e, mais tarde, Banham) como no que concerne a realizações e sobretudo, desde sempre, no que se refere a planificação territorial e utopia urbana.

De Owen a Howard, no século XIX, até o Greater London Plan de lorde Abercrombie, em 1944, a Inglaterra tinha desenvolvido progressivamente os temas urbanísticos, colocando-se na vanguarda no que se refere à legislação e ao controle do ambiente, absorvendo inicialmente as inspirações populares da ideologia da *garden city* howardiana na criação de uma nova cidade como Letchworth e Welwyn (fim do século XIX, início do século XX) e sucessivamente as mais radicais e intelectualizadas inspirações racionalistas da Carta de Atenas e da teoria dos "três assentamentos humanos", defendida em 1933 por Le Corbusier. Este último desejo ideológico acabara ligando definitivamente a Inglaterra ao carrossel do racionalismo de Gropius e Mies; um racionalismo, porém, depurado das acepções corbusierianas de contraste volumétrico e jogo espacial no âmbito de formas geométricas elementares, não mais de "objetos de reação poética", mas de formas puras e funcionais; seguidoras da ideologia maquinista, mas no âmbito de um discurso de polidez formal, elegância e simplicidade, tipicamente miesiano. Também a insistência nos temas da construção de massa, das habitações populares de baixo custo e industrializadas, era orientada mais na direção de Gropius do que de Le Corbusier ou Taut.

Pois bem, também naquele país, imediatamente depois da guerra, fazia-se a pergunta sobre como é que se devia reconstruir.

ARQUITETURA PÓS-INDUSTRIAL

Deslancharam muito bem as *new towns* de Stevenage, Harlow, os novos bairros de Roehampton, aperfeiçoar-se a já adiantada legislação urbanística. O "novo" funcionava, de parceria com o "moderno": Roehampton, nos subúrbios de Londres, constitui ainda um modelo de bairro integrado com tipologias diferenciadas, moderno do ponto de vista urbanístico, mas sobretudo moderno do ponto de vista da arquitetura empregada.

Nos centros históricos, porém, até na adiantada Inglaterra, as coisas não eram melhores do que no resto da Europa: em Londres, por exemplo, onde o debate sobre a reconstrução da City ou de parte do centro (Trafalgar e Piccadilly Circus) continuou por mais vinte anos; ou em Coventry, onde em 1947 foi aberta concorrência para a reconstrução da Catedral de Saint Michael.

As condições do edital previam a reconstrução da igreja no mesmo lugar onde ela se erguia em 1940, quando um violentíssimo bombardeio de aviões alemães arrasou-a. O edital frisava a vinculação com a vizinha Igreja da Holy Trinity, de estilo góticotudor, recomendando-se, outrossim, que a nova catedral fosse *in the English gothic style*: o que era verdadeiramente paradoxal para uma nação de arquitetos que se proclamavam modernos em toda circunstância.

O resultado dessa concorrência foi inevitavelmente seletivo: não era fácil tornar a evocar o "gótico inglês", mantendo-se num contexto ideológico moderno, a não ser a preço de um desonroso compromisso. Evidentemente, muitos arquitetos se retraíram diante de uma exigência estilística tão insultuosa; mas não foi o que fez Sir Basil Spence que, na qualidade de exímio profissional, colheu os louros do primeiro prêmio, "interpretando" o estilo gótico em registro moderno: truques de perspectiva, decorações e tessitura mural absolutamente fora de padrão e não modernos, ogivas cruzadas de concreto armado sobre delicadas pilastras, construção espacial e planimétrica tradicional; tudo traía confusão e sujeição em relação ao antigo. Na ocasião, o severo crítico da *Architectural Review* (1952) frisava que toda construção perspectiva e cênica parecia, antes, obra de um projetista de amostras ou exposições. No entanto, observava com propriedade, as "exposições não são obrigadas a aderir aos princípios arquitetônicos fundamentais, mas os edifícios que defendem um significado de permanência e de autoridade não podem ignorá-los, a não ser por sua própria conta e risco"[1].

---

1. J. M. Richards, "Coventry", *Architectural Review*, nº 661, jan. 1952.

A CANONIZAÇÃO DO MODERNO. ARQUITETURA E RECONSTRUÇÃO... 7

Em síntese, porém, Spence estava absorvido na esperança de que o projeto final corrigiria os "defeitos" da impostação originária. Como se pode ver, tratava-se de uma posição demasiado conciliatória para quem − via de regra − se arrogava o título de depositário da verdade modernista, ou racionalista, da arquitetura.

Seja como for, um ponto já parecia claro ao crítico de então: que a arquitetura moderna teria vida difícil no plano da comunicação (hoje em dia diríamos "semântico"), uma vez que o estilo moderno − dizia-se − não tinha praticamente condições de transmitir símbolos ou de propor associações de idéias. Isso equivalia a decretar-lhe a total falência. Implicitamente, admitia-se, por exemplo, que somente o gótico podia "suscitar sentimentos religiosos" e reconhecia-se que "a arquitetura religiosa é antes uma questão de sentimento do que de lógica"[2].

É a seguinte a frase-chave para compreender que com semelhantes defensores a arquitetura moderna já estava verdadeiramente morta:

Quando o problema é antes de planificação do que de estilo, o arquiteto moderno não deve temer perder o contato direto com seu público, porquanto a organização do espaço *não depende de símbolos ou de associações de idéias* [grifo nosso]. Ela permanece visível e imediatamente comunicativa[3].

E quando, ao contrário, se trata de símbolos, como no caso de Coventry? Que fará então o arquiteto para não "perder o contato" com seu público? A resposta é evidente: dando ao público o que ele espera, isto é, o gótico "interpretado" em registro moderno.

A esta altura, poderíamos também deter-nos e concluir, sem mais avançar, uma vez que o problema crucial em que a arquitetura moderna atolou acha-se justamente aqui: na relação entre antigo e moderno, na inserção do moderno no antigo, nas protelações que tem havido, em todos os níveis, de um diálogo paritário e correto entre as obras arquitetônicas verdadeiramente modernas e os ambientes históricos que se formaram mercê de lenta estratificação. Mas a história destes últimos trinta anos pode oferecer-nos inúmeros exemplos de escolhas erradas ou malogradas; e parece-nos até preferível o caso de insistir e aprofundar este tema decisivo para os destinos do moderno − destinos aparentemente comprometidos, em nossos dias.

2. *Ibidem.*
3. *Ibidem.*

Fig. 1. Basil Spence, projeto de reconstrução da Catedral de Coventry, Inglaterra (1951).

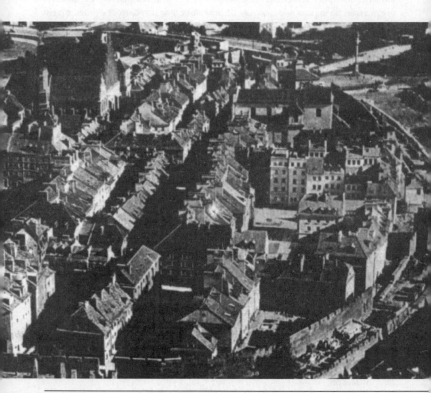

Fig. 2. Varsóvia. A cidade velha, reconstruída em 1953, exatamente "onde se erguia e como era".

A CANONIZAÇÃO DO MODERNO. ARQUITETURA E RECONSTRUÇÃO... 9

Enquanto na Inglaterra, já em 1950, tentava-se uma esquematização das tendências vigentes, traçando uma nítida demarcação entre a arquitetura dos pioneiros do Movimento Moderno (isto é, Le Corbusier, Perret, Aalto) e do International Style, e a dos orgânicos ou dos empírico-orgânicos (entre os quais Wright e Markelius, por exemplo)[4], consumava-se a rápida crise do CIAM[5], órgão máximo do Movimento Moderno Internacional, nas reuniões de Hoddesdon (Inglaterra, 1951), depois de Aix-en-Provence (1953) e de Dubrovnik (1956). Com efeito, aqui o incipiente Team X[6] iniciava o desmantelamento sistemático dos princípios basilares do International Style, propondo a reavaliação dos caracteres específicos, do *genius loci*, das tendências nacionais e locais, das morfologias naturalistas, orgânicas e historicistas.

No resto da Europa, era demasiado forte o desejo de curar as feridas da guerra, para permitir atitudes dilatórias ou excessivamente reflexivas e, por isso, o problema estético ou da qualidade arquitetônica era relegado a segundo plano, sem escrúpulo algum. Aliás, para justificar os eventos históricos dos anos 50, afirma-se que o Movimento Moderno concentrara-se quase exclusivamente nos conteúdos funcionais e estruturais da arquitetura, subavaliando abertamente os conteúdos simbólicos e formais e, ainda mais, os psicológicos. O ingresso na quarta dimensão – ou seja, no objeto cubista isolado e conclusivo em si mesmo e articulado em sentido volumétrico e espacial – excluíra o controle da chamada quinta dimensão, isto é, das sensações físico-psicológicas provocadas pelo espaço construído ou pela "experiência" da arquitetura.

4. Ver, por exemplo, J. M. Richards, "The Next Step?", *Architectural Review*, nº 639, mar. 1950.

5. CIAM é o Congresso Internacional de Arquitetura Moderna, organismo criado sob os auspícios de Le Corbusier para difundir a arquitetura moderna (ou seja, do Movimento Moderno, conforme posteriormente foi definido). Os congressos realizaram-se em La Sarraz (França), em 1928 (foi o inaugural); as sucessivas reuniões fizeram-se em Frankfurt, em 1929; Bruxelas, 1939; entre Atenas e Marselha na motonave *Patris II*, 1933 (e naquela ocasião foi redigida a Carta de Atenas, que lançou as bases da urbanística racionalista). Depois da guerra, os congressos realizaram-se em Bridgewater (Grã-Bretanha), 1947, e em Bérgamo, 1949; depois em Hoddesdon (Grã-Bretanha), 1951; Aix-en-Provence, 1953; Dubrovnik, 1956; e, finalmente, em Otterlo (Holanda), 1958.

6. O Team X nasceu em 1956, à margem do CIAM de Dubrovnik, como grupo "aberto" de arquitetos críticos do International Style: entre eles, Alison e Peter Smithson, Aldo van Eyck, Jacob Bakema, Jerzy Soltan, John Voelcker, George Candilis e também Ralph Erskine, Kenzo Tange, Ernesto Nathan Rogers, André Wogenskij.

ARQUITETURA PÓS-INDUSTRIAL

Com essa premissa, era inevitável a redução do significado do moderno em favor do "funcional" ou do "linear": e foram justamente a carência simbólica e a "assemanticidade" da arquitetura racionalista (além de sua pretensa encarnação do universo capitalista) que empurraram, por exemplo, os países comunistas – encabeçados pela União Soviética – para o neoclássico e o monumental.

A partir da mítica Revolução de Outubro de 1917, a jovem União das Repúblicas Socialistas Soviéticas suscitara, desde seus primórdios, grandes esperanças no ânimo dos arquitetos e dos intelectuais do mundo inteiro.

Como os futuristas com o fascismo, os construtivistas haviam lançado idéias e projetos que superavam toda imaginação, prefigurando um mundo novo onde a arquitetura maquinista e racional simbolizaria, por conta própria, uma sociedade baseada numa "perfeita" relação entre Estado e povo, uma sociedade sem classes; um mundo em que a indústria constituiria uma razão de vida e de orgulho para os próprios trabalhadores. Mas seus entusiasmos deviam logo ser arrefecidos pela classe política e burocrática no poder, bem como pela própria auto-exaltação nacionalista e partidocrática de Stálin: por volta dos anos 20, foram definitivamente apagadas as luzes da liberdade projetual e dos intercâmbios culturais com o Ocidente. Nos anos que se seguiram, impuseram-se arrogantes e enfatuados episódios celebrativos, bárbaros cruzamentos entre ecletismo historicista e academicismo neoclássico: estátuas, colunas e obeliscos que logo seriam desastrosamente imitados na Alemanha e na Itália.

A rejeição do moderno caracterizou toda a arquitetura soviética também nos primeiros anos do pós-guerra e, portanto, da reconstrução, com o agravante de que – devido à divisão da Europa em dois blocos – também os países da Europa Oriental (por exemplo, Polônia, Hungria, Bulgária) importaram o estilo do "realismo socialista" ou o monumentalismo nacionalista classicista que caracteriza a arquitetura soviética.

Na Polônia o forte sentimento nacional, tão duramente humilhado pela ocupação alemã, levou a reconstruir o centro de Varsóvia "onde se erguia e como era", ou seja, no estilo gótico-renascentista recente, típico das cidades européias centro-orientais: como se desejasse apagar da memória histórica toda lembrança da guerra e retomar o caminho a partir de 1939 e não de agosto de 1945. Com uma semelhante iniciativa, embora compre-

A CANONIZAÇÃO DO MODERNO. ARQUITETURA E RECONSTRUÇÃO... 11

ensível do ponto de vista emocional, reconhecia-se implicitamente que a arquitetura moderna era ineficaz para exprimir símbolos ou para despertar emoções (e, evidentemente, lembranças); era, pois, preciso recorrer a formas arquitetônicas exteriores, ou de "fachadas", tradicionais, por conseguinte compreensíveis e imediatamente identificáveis pelo povo como parte da sua "memória coletiva".

Vernáculo e monumentalismo historicista, duas faces de uma mesma moeda, é o que vemos, por exemplo, no projeto do Palácio Scanteia em Bucareste (1951), no projeto para um prédio residencial em Sztálinváros (a hodierna Dunaújváros), na Hungria (1951), no projeto da Casa Central da Cultura de Varsóvia ou no projeto para a estação terminal do metrô de Budapeste. O repertório formal é análogo, quase um International Style stalinista.

Nos países do Leste, reconstrução significava, pois, atuar sobre um duplo binário, sendo um "popular" do vernáculo erigido em sistema, do ecletismo historicista não desvinculado de uma interessada atenção para com o funcionalismo ocidental do *low-cost-housing*[7]; e o outro "oficial" da arquitetura monumental e supereclética, no qual a necessidade de imprimir um caráter de permanência e de estabilidade, de sugerir uma idéia de perene historicidade a um sistema político com ambições totalizantes, tornava-se o traço dominante de todo episódio arquitetônico.

Com efeito, a Itália, com seu jeito característico, não faz má figura nessa classificação do compromisso, embora suas circunstâncias se relacionem, por razões óbvias, mais às inglesas do que às do bloco soviético.

Também aqui cumpre observar que o fascismo tentara levar a Itália por um caminho semelhante ao soviético (arquitetonicamente falando), mas com pouco êxito. Isso devido a um conjunto de motivos muito válidos, entre os quais, por exemplo, a natural resistência dos intelectuais em aceitar imposições ou orientações anti-históricas, a força relativamente exígua de um regime, seja como for, "mórbido" em relação aos de outros países, a presença contínua de um debate sobre a arquitetura moderna e "racional"[8]

---

7. "Arte econômica de construção" (*Edilizia economica*) no termo corrente da urbanística inglesa do segundo pós-guerra.

8. A esse propósito, pode-se lembrar o MIAR (Movimento Italiano para a Arquitetura Racional), nascido em 1939 para institucionalizar as teses arquitetônicas, culturais e políticas do Gruppo 7, de Milão (Sebastiano Larco, Guido Frette, Carlo Enrico Rava, Adalberto Libera, Luigi Figini, Gino Pollini e Giuseppe Terragni).

Fig. 3. Varsóvia. Casa Central da Cultura (projeto).

Fig. 4. Bucareste. Palácio Scanteia (projeto, 1951).

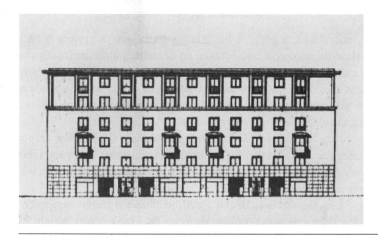

Fig. 5. Apartamentos em Sztálinváros (a atual Dunaújváros), Hungria (projeto, 1951).

Fig. 6. Budapeste. Estação terminal do metrô (projeto).

ARQUITETURA PÓS-INDUSTRIAL

e, sobretudo, a própria história da Itália, que a projetava naturalmente num contexto ideológico ocidental, num confronto com a cultura francesa e anglo-saxônica em particular. Todos esses filtros contribuíram para manter de algum modo a Itália unida ao movimento arquitetônico europeu e inserida no debate sobre a legitimidade da arquitetura racional.

Em 1945 – devido também ao regresso do exterior de personagens exilados pelas perseguições fascistas – novas idéias acenderam o debate no seio do restrito ambiente de intelectuais que discutiam a "qualidade" da reconstrução.

Em arquitetura, Bruno Zevi introduziu o termo "orgânico", para referir-se ao complexo da obra de Frank Lloyd Wright e a certas impostações não nitidamente racionais de Alvar Aalto e do New Empiricism sueco (liderado por Sven Markelius), no qual se contestava o primado da arquitetura racional no seio do Movimento Moderno. Os acontecimentos que sobrevieram, todavia, demonstraram que a arquitetura orgânica não poderia desempenhar um papel de divulgação do moderno, por lhe faltar o sinal emergente, o carisma, o suporte de sistematização ideológica totalizante que o racionalismo possuía, graças a Le Corbusier e a Gropius.

Na fase de "canonização"[9] do moderno, não se podia aceitar um "desvio orgânico" – conforme o definiam os teóricos ingleses da *Architectural Review* –, mas era preciso rebater poucos pontos firmes, claros, inequívocos; "simplificar" a impostação formal, centrar-se na pesquisa científica para componentes, na industrialização, no baixo custo dos edifícios que se casavam tão bem – aparentemente – com o gosto funcional-racional da arquitetura miesiana. Por isso, enquanto alguém tentava fazer compreender uma realidade essencial, ou seja, que a arquitetura moderna não podia redundar no racionalismo, este último marchava vitorioso, por toda parte, rumo à difusão e, até, à canonização de seu papel no capítulo da reconstrução pós-bélica.

Dissemos "vitorioso": mas até que ponto? Ou seria melhor perguntar: Onde? Certamente, não nos centros históricos, não no setor dos núcleos antigos das cidades, porém nas periferias, nas áreas "livres", em pleno interior, onde inexistia um condicionamento histórico-ambiental, uma intocável preexistência a enfrentar. É o caso de se perguntar como é possível que, apesar da ca-

---

9. Segundo a interpretação e o esquema conceitual estudado por J. P. Bonta em *Architettura. Interpretazione e sistemi espressivi*, Bari, Dedalo, 1981, pp. 89-116.

A CANONIZAÇÃO DO MODERNO. ARQUITETURA E RECONSTRUÇÃO... 15

nonização do International Style, este fosse mantido longe das cidades: uma rejeição subterrânea, uma desconfiança instintiva e preconceituosa solapavam, na base, as possibilidades da arquitetura moderna em tal sentido.

Dois exemplos caracterizam absolutamente a questão antigo-moderno na Itália: a reconstrução do Borgo San Jacopo, em Florença, e o Masieri Memorial, em Veneza; não se tratava de mera coincidência, pois são duas cidades que representam internacionalmente o símbolo da cidade "de arte" ou "cidade-monumento" (houve quem as denominasse também "cidades-museus") e nas quais a intervenção de construções substitutivas ainda hoje suscitaria polêmicas intermináveis.

Florença, 1946: face à gravidade das destruições causadas pela Wehrmacht nos arredores da Ponte Vecchio, em particular à ponte S. Trinità e ao Borgo San Jacopo, que serve de interligação, abre-se uma concorrência para a reconstrução desse bairro. A julgar pela ambigüidade terminológica do edital, o perigo reside no fato de que – conforme adverte Attilio Podestà nas páginas de *Casabella-Costruzioni* – "se queira ressuscitá-lo [o bairro] artificialmente, com uma série de falsos compromissos, ou, pelo menos, recorrendo a compromissos medíocres"[10].

De fato, neste ponto a opinião pública se divide em "ambientistas" e "modernistas", duas facções com que nos depararemos amiúde também mais adiante. No mesmo artigo, Podestà afirma:

> Uma cidade deve reconstruir-se todo dia sobre si mesma, se quer ser viva e não embalsamar-se em museu. [...] Devemos, pois, desesperar de toda nossa capacidade criativa? Daremos ainda valor aos obsoletos lugares-comuns contra a arquitetura moderna, "alarde de cânones brancos e de gesso"? Reconstruir um complexo ambiental como aquele perdido significaria gerar um falso e referir-se friamente a posições espirituais irrepetíveis. Julgo inútil relembrar como, em casos semelhantes, os antigos só se preocuparam em documentar uma nova potência criativa diante do passado[11].

Oito anos depois, em 1954, diante da apresentação dos primeiros projetos e devido às polêmicas que logo se acenderam, em vista do "absurdo feito regra" das determinações precisas de sucessivas circulares ministeriais no tocante ao "estilo" e às técnicas

---

10. "Responsabilità di una ricostruzione", *Casabella-Costruzioni*, nº 193, 1946, p. 15 e seg.
11. *Idem*, p. 16.

ARQUITETURA PÓS-INDUSTRIAL

para a reconstrução, num artigo publicado em *Cronache* Bruno Zevi escreve o seguinte:

> Os projetos foram apresentados: onze palacetes destituídos de qualquer imaginação, sem alma; pequenos trabalhos executados por geômetras decadentes que não passariam no exame do primeiro ano numa faculdade de arquitetura[12].

Depois do primeiro abortamento, pensa-se, portanto, na intervenção de um luminar da arquitetura, Giovanni Michelucci, que, no entanto, bate logo em retirada diante das pesadas condições impostas pelos proprietários e pelos órgãos ministeriais: uns limitam a tarefa ao "estudo das fachadas – e nenhum arquiteto que se preze aceitará aplicar um plano de edificação a uma casa feita por outrem"[13]; outros acham que se devem "recriar os valores ambientais *ante-bellum*". Nesta última expressão condensa-se a tacanhez cultural da burocracia, mas também uma difundida convicção geral da superioridade do passado: na ocasião, os italianos se revelam prisioneiros da história, ou melhor, do que julgam ser a história.

Rejeitando a presença do moderno e até mesmo – implicitamente – sua própria legitimidade em coexistir com o antigo, o crítico americano Bernard Berenson augura (em posição ainda mais reacionária e paradoxal com relação aos ambientalistas) a "reconstrução arqueológica integral" do bairro [de San Jacopo], evidentemente com base em fotos e desenhos originais. Operação que seria compreensível no clima cultural do século XIX, quando o ecletismo neogótico de Viollet-le-duc na França e o neomedieval-romântico de Beltrami, na Itália, impunham estranhas reconstruções ou reinvenções *ex novo* de castelos, igrejas e fortificações (por exemplo, Carcassonne), mas que na época moderna é totalmente insustentável.

Esta terceira posição, de imitação integral das formas do passado (que foi adotada, por exemplo, na Polônia), não desperta, porém, muito interesse na Itália, porquanto resultaria demasiado complexo e provavelmente antieconômico reconstituir tecidos urbanos inteiros na forma e nas decorações "originais": demasiadas atenções, demasiados vínculos, demasiada necessidade de mão-de-obra especializada e qualificada; razão por que semelhante prática é reservada aos monumentos, os quais são, na realidade, dignos de intervenções custosas e delicadas.

12. "Lo scempio di Borgo San Jacopo: allarme sui lungarni fiorentini", *Cronache*, 21.dez.1954.

13. *Ibidem*.

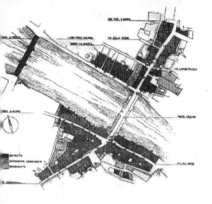

Fig. 7. Florença. Borgo San Jacopo: as destruições perto da Ponte Vecchio (1946).

Fig. 8. Projetos de reconstrução do Borgo San Jacopo (1954).

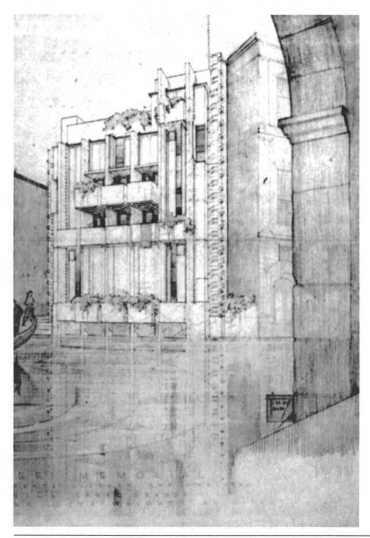

Fig. 9. Frank Lloyd Wright. Projeto do Masieri Memorial, em Veneza, no Canal Grande (1951-53). Perspectiva.

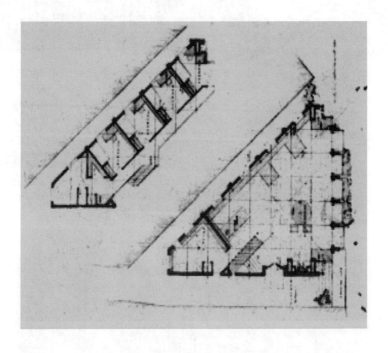

Fig. 10. Masieri Memorial. *Ao alto*: planta do andar térreo e da sobreloja. *Embaixo*: fachada.

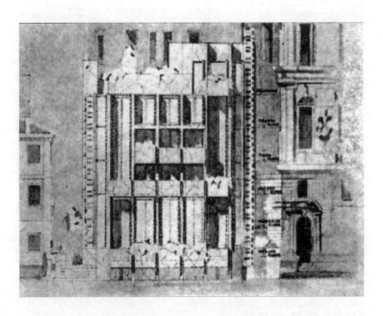

A CANONIZAÇÃO DO MODERNO. ARQUITETURA E RECONSTRUÇÃO... 19

Embora seja de nível histórico considerável, a reconstrução urbana é deixada, preferentemente, a cargo dos ambientistas, que julgam "adoçar" a arquitetura moderna com elementos de comprometimento estilístico, com evocações do vernáculo, das tradições populares, da história e do *genius loci*.

Não obstante, no caso de Florença, os modernistas falharam, pois os projetos conseguidos amoldavam-se todos à ambientação e à mimese: não foram propostas autenticamente modernas, porque estas tinham sido aprioristicamente rejeitadas e porque, em todo caso, seriam recusadas. Efetivamente, o clima dos anos 1953-54 estava decididamente inflamado por força de outro caso, talvez bem mais indicativo da verdadeira rudeza do choque entre a arquitetura moderna e a mentalidade vigente: o projeto do Masieri Memorial, em Veneza, de Frank Lloyd Wright.

Em 1951, o mestre americano encontrava-se em Florença, para uma exposição de suas obras, organizada no Palazzo Strozzi; acompanhava-o um jovem e brilhante arquiteto de Udine, de nome Angelo Masieri, apaixonado pela poética orgânica, a ponto de querer imprimir-lhe os caracteres inovadores num palacete de família no Canal Grande perto do Ca' Foscari, que pretendia restaurar para nele residir.

Masieri fez com que Wright se ocupasse pessoalmente do projeto e pediu-lhe que visitasse o lugar — o mestre retirou-se para seu estúdio americano e iniciou os primeiros estudos de composição. Porém, nesse meio tempo, Masieri morreu tragicamente num acidente rodoviário, e a família resolveu transformar o palacete numa espécie de fundação para estudantes de arquitetura. Wright empenhou-se a fundo no projeto, que denominou "Masieri Memorial": o projeto foi apresentado à Câmara dos Vereadores, onde se iniciaram discussões intermináveis sobre a forma idealizada, pelo mestre americano, sobre a conveniência de permitir uma presença tão "excêntrica" num ambiente imóvel e definido museologicamente como era o Canal Grande, sobre a própria legitimidade da introdução da arquitetura moderna num ambiente antigo.

Objetivamente, olhando-se hoje em dia o projeto de Wright, ele não parece tão desconcertante ou explosivo, tão fora de propósito, pois a equilibrada pureza dos volumes e das sacadas, a linearidade simples das partes decorativas contrastam nitidamente com os pretensiosos e redundantes palácios vizinhos ou com a

ARQUITETURA PÓS-INDUSTRIAL

exagerada "goticidade" do fronteiriço Ca' Foscari. Um episódio de grande simplicidade, diríamos mesmo de humildade e discrição, uma vez que se conhece a costumeira incisividade dos projetos wrightianos. Não é o que se dá com a perturbadora e envolvente rampa helicoidal do Museu Guggenheim em pleno centro retangular de Nova York, não são os telhados inclinadíssimos das Prairie Houses ou das Usonian Houses, nem a vistosa emergência da Price Tower de Bartlesville ou, pior, o fenômeno explosivo de Illinois, o arranha-céu de mil metros de altura. Nada de excepcionalmente contrastante, mas apenas um exemplo de grande lucidez projetual e de concreta consciência histórica. Seja como for, trata-se da afirmação de um princípio sacrossanto.

O próprio Wright escrevia, ao falar com evidente paixão de seu "modesto" projeto:

Amando Veneza como amo, eu quis, mediante a técnica moderna, fazer reviver a antiga tradição de Veneza. [...] Quis mostrar que a Arquitetura Orgânica não é um estilo, e tão-somente isso, mas que ela é capaz de fazer reviver as mais genuínas tradições da arquitetura, independentemente de sua nacionalidade, mantendo-as vitais [...]. Estou consciente da emoção suscitada, mas creio que, quando meu projeto for estudado, todo preconceito desaparecerá, por mais natural que seja em tais circunstâncias, e o Memorial que projetei no espírito de Veneza [...], será aceito com grato entusiasmo[14].

Um dos mais encarniçados detratores do projeto de Wright era Antonio Cederna, que sustentava a intangibilidade do ambiente veneziano, bem como a profícua presença do antigo palacete "menor" que se queria demolir para dar lugar ao Memorial como episódio "de pausa" entre as duas emergências, a do Palazzo Balbi e do Ca' Foscari. Na realidade, ele sustentava:

Tanto o Canal Grande como a Via Appia antiga são capítulos encerrados, lacrados, perfeitos, intocáveis [...]. Sequer o Padre Eterno, hoje em dia, pode construir ali. [...] A arquitetura contemporânea não pode ser igualada à antiga, porque nasceu de uma fratura da tradição arquitetônica, conforme jamais se dera em toda a história da arquitetura [...]. Um edifício contemporâneo só pode ser tolerado num ambiente antigo conquanto não seja notado, como ocorre em parte na estação ferroviária de Florença[15] [sic!].

Roberto Pane, que interveio na polêmica, escrevia, ao contrário, esposando as teses dos modernistas:

14. *Metron*, n°. 49-50, jan.-abr. 1954.
15. Citado no artigo de B. Zevi, em *Cronache*, 21.dez.1954.

A CANONIZAÇÃO DO MODERNO. ARQUITETURA E RECONSTRUÇÃO... 21

A preservação integral de todo o ambiente é um absurdo histórico, ou melhor, a mais segura ruína do que mais se queria salvar se perpetrou justamente por aquela intransigência que, não podendo exigir uma perpétua imobilidade, é forçada a fechar um olho sobre as falsificações que ocorreram depois, porque elas "não perturbam" [...]. Afirma-se que sua realização traria um elemento estranho ao ambiente; uma estrada ou uma praça, por serem organismos vivos, não podem ser consideradas segundo os objetos que se guardam num museu[16].

Muito mais profundo e articulado é o posicionamento de Sergio Bettini sobre o *Metron*. Por um lado, reconhecia enorme validade poética na obra de Wright, quando assim se expressava:

A arquitetura de Wright – diante das destiladas essências dos espaços cristalinos e um tanto gélidos de outras arquiteturas contemporâneas – é totalmente cheia de fantasia e emoção; repleta de imprevistos, de "arbítrios", de nuanças e até de humores irônicos; toda particularidade, ainda que mínima – todo "limite" figurativo colocado no abstrato espaço irregular – (uma parede, uma escada, um umbral de porta, uma janela), constitui uma imediata criação, pois encerra a presença, a vibração trépida do "sentimento", a "novidade" imprevisível de toda imagem de arte verdadeira: que podemos procurar reduzir com toda sutileza crítica à lógica de uma poética – só que ali sempre permanece, com o beneplácito de Deus, aquele resíduo irredutível que é, justamente, a poesia[17].

Por outro lado, ele confirmava a característica de excepcionalidade do ambiente veneziano e a perfeita legitimidade da intervenção moderna em geral e wrightiana em particular:

Em Veneza, e no Canal Grande, a "natureza" não é o deserto do Arizona, como em Taliesin West, ou uma cascata selvagem como em Falling Water. Em Veneza, pode-se dizer que a natureza só existe como cor indefinida – ar e água –; e tudo o que se vê é cultura e história dos homens. E acontece que, todo aquele que queira construir "organicamente" em Veneza, deve levar em consideração o caráter urbanístico da cidade conforme se disse muitas vezes, bem como a singular maneira como ele se manifesta na cor. [...] Não estamos entre aqueles que não admitem a legitimidade de toda poética moderna, mesmo da mais feliz; admitir-lhe, porém, a legitimidade, e muitas vezes a validade de resultados, não implica que se deixe de classificá-la: e confessamos que, às vezes, nos chocamos com a sua violência fria e inútil, com o seu modo afetado e triste de exprimir-se, com pessoas que odeiam a vida e não têm necessidade de felicidade. [...] Nesta pequena casa veneziana, parece-nos sentir que também o velho poeta tocou – talvez devido à circunstância humana que sugeriu a obra ou por causa da influência do ambiente nobilíssimo onde foi casualmente inserida – uma nobreza incomum: ele fala em voz baixa, na surdina [...]. [Veneza] oxalá não traia aquela "coragem da ocasião", que constituiu a substância mais profunda de sua vida nos sé-

16. *Ibidem*.
17. "Venezia e Wright", *Metron*, n°. 49-50, jan.-abr. 1945, p. 17.

22 ARQUITETURA PÓS-INDUSTRIAL

culos – aquela que no passado a convenceu a acolher um Cvducci, um Sansovino, um Longhena[18].

Mas o muro que se erguia contra Wright não era o da intolerância manifesta ou da incompreensão impudente; era, isto sim, o da hipócrita "disformidade" – mesmo que parcial –, contrária às normas do regulamento de construção municipal: a Comissão de Edificação se encarregara da ingrata tarefa de bloquear uma autêntica obra de arte – e igualmente uma autêntica manifestação de arquitetura moderna – em nome da burocracia.

Embora não compartilhasse plenamente a qualidade formal do projeto de Wright, Ernesto Nathan Rogers assim escrevia, nas páginas de *Casabella*:

> Como é possível que a maioria da Comissão de Edificação do município de Veneza não tenha encontrado nada mais digno do que invocar farisaicamente o regulamento? [...] Como é que logo afirmei que se devia aceitar a obra e não deixei nenhuma margem à alternativa de uma rejeição? Simplesmente porque a hierarquia dos valores no ordenamento da arte, como naquele de uma sã política, deve provir do princípio de liberdade, onde se acha implícito o conceito de responsabilidade e, como conseqüência, aquele de homenagem à honestidade, de renúncia à sabotagem da inteligência. [...] É melhor uma obra de Wright a mais, com o risco, de ver surgir, em compensação, outro Hotel Bauer, mais feio do que o primeiro, ao invés de ter que aturar um só Bauer (mas existe também o Danieli...) e condenar Wright. E, por mais humano que seja errar, quem não se sentirá seguro de afirmar que o projeto de Wright está muito longe daquelas feiúras? E que se acha, em todo caso, dentro daquela margem de segurança que se chama "decoro citadino"?[19]

Seja como for, o Masieri Memorial jamais foi construído, e a Itália – além de perder uma oportunidade excepcional – marcou outro ponto a favor da restauração antimoderna: causa que, por sua vez, não tinha propriamente necessidade de ulterior encorajamento.

Nos anos 1956-57 outros golpes eram desferidos na reputação da arquitetura moderna, enquanto – na opinião corrente – a canonização do moderno prosseguia implacavelmente. Se é verdade que, conforme sustenta J. Pablo Bonta, "no caso dos cânones o significado está relacionado com a forma como resultado de

18. *Idem*, p. 22.
19. E. N. Rogers, "Polemica per una polemica", *Casabella-Costruzioni*, n⁰ 201, mai.-jun. 1954.

Fig. 11. Livorno. Palazzo Grande (1948-52), de Luigi Vagnetti: exemplo do *Italian eclectic*, segundo Reyner Banham. *Abaixo*: fachada posterior.

Fig. 12. Roma. La Rinascente (1954-61), de Franco Albini. Pormenor da fachada.

Fig. 13. Veneza. Casa das Barcas (1957), de Ignazio Gardella.

A CANONIZAÇÃO DO MODERNO. ARQUITETURA E RECONSTRUÇÃO... 25

um consenso social"[20], isto significa, então, que a aceitação universal do moderno (entendido "canonicamente" como racional-simplificado) não corresponde a sua "aceitabilidade" universal. Ou o moderno só pode ser aceito "a despeito de si mesmo", onde as condições sociais, culturais, históricas ou urbanísticas o permitem (por exemplo, em espaços abertos, periferias, desertos, lugares despovoados do interior, cidades apinhadas como Nova York, Chicago ou mesmo Las Vegas), mas em geral continua inaceitável, em relação ao inconsciente da gente e aos ambientes históricos.

A canonização, com o inevitável corolário "moderno igual racionalismo", determinou os insucessos mais clamorosos do moderno, como o de Wright em Veneza e como no caso do Borgo San Jacopo em Florença.

Um ulterior exemplo do declínio – inevitável, segundo Bonta, quando a canonização se estendeu à coletividade – nos é fornecido pelo choque entre rigoristas ingleses do moderno-racional (encabeçados por Banham) e italianos *neoliberty* como Albini, Gardella, BBPR[21].

Enquanto nos centros históricos continuava lavrando a polêmica sobre o moderno, reativada em particular por uma brilhante e provocante conferência proferida por Cesare Brandi contra a arquitetura moderna[22], Reyner Banham atacava vigorosamente, em abril de 1959, o "desvio" italiano do chamado *neoliberty*, tachando-o de "retirada da arquitetura moderna"[23]. Com efeito, a retomada do decorativismo e do supérfluo figurativo constituía o elemento condutor da estética *neoliberty*; e certamente Banham não se enganava ao entrever, nesse exercício intelectualístico de belas formas, um sinal de desafeição pelo moderno e pelas sofridas conquistas do International Style. Com a Itália, Banham tinha já uma questão pendente, não encerrada, desde as ilusões vernaculares do "neo-realismo" do período imediatamente posterior à guerra, e desde 1952, quando descrevera com perplexa analiticidade o *Italian eclectic* do Palazzo Grande de Livorno. Agora o círculo se fecha, no reconhecimento de que na verdade a Itália

20. J. P. Bonta, *Architettura: Interpretazione e sistemi espressivi, op. cit.*, p. 96.

21. Escritório de arquitetos e urbanistas italianos formado em 1932 em Milão por Gian Luigi Banfi, Lodovico Barbiano di Belgiojoso, Enrico Peressutti, Ernesto Nathan Rogers.

22. A conferência foi realizada na Associação Cultural Italiana, na primavera de 1956. O texto integral foi publicado em *L'Architettura. Cronache storia*, nº 11, set. 1956, pp. 356-360.

23. *Architectural Review*, nº 747, abr. 1959.

ARQUITETURA PÓS-INDUSTRIAL

sempre demonstrou possuir duas almas – uma racional-internacional e outra orgânico-nacional –, tendendo, contudo, inequívoca e inevitavelmente ao ecletismo e ao vernáculo, primeiro um "novo ecletismo dentro do Movimento Moderno" e, depois, "um afastamento do moderno" no sentido de uma "regressão infantil".

É difícil dizer qual foi o peso desse contundente juízo de Banham no conjunto da situação arquitetônica italiana nos anos que se seguiram, mas, seja como for, assinala um ponto de não retorno da Itália no tocante à arquitetura moderna. Seja como for, trata-se de uma primeira etapa rumo à emancipação ou à abjuração dos princípios do Movimento Moderno e, em geral, das próprias formas do moderno: basta lembrar La Rinascente na Roma de Albini, ou a Casa das Barcas em Veneza, de Ignazio Gardella, ou então a Torre Velasca em Milão e o edifício na Praça Meda do grupo BBPR, para avaliar a distância que separa o International Style e o risco de contigüidade com o ambientismo e o vernáculo mais deteriorado.

No final dos anos 50, o panorama mundial apresentava-se aparentemente calmo com relação à codificação-canonização do moderno, enquanto – nos limites anteriormente indicados – ele gozava de amplo crédito junto ao *establishment* cultural. Em 1957, o Interbau de Berlim Ocidental oferecia uma clara demonstração disso.

Numa vasta área do bairro de Hansa, que foi arrasado pelos bombardeios de 1943, situado na periferia do grande parque berlinense, o Tiergarten, o Senado de Berlim decidira promover uma concorrência internacional para o projeto e a construção de mais de mil duzentos apartamentos com os respectivos equipamentos a serem distribuídos em lotes confiados a vários projetistas e empresas. A exemplo do bairro de Weissenhof[24], trinta anos antes, essa manifestação devia representar o banco de provas das melhores energias do mundo para o ideal da reconstrução, uma espécie de *expo* de arquitetura e engenharia e de afirmação dos princípios de socialidade e racionalidade democrática, nos quais devia inspirar-se o renascimento da Alemanha.

---

24. Em 1927, no bairro de Weissenhof, Stuttgart, as autoridades alemãs tentaram uma insólita experiência de desenho urbano, convidando os maiores arquitetos europeus a exprimirem-se livremente. Participaram Mies van der Rohe, Peter Behrens, Hans Poelzig, Le Corbusier, Walter Gropius, Hans Scharoun, Bruno Taut, Johannes J. P. Oud, quando cada um construiu à sua própria maneira os vários conjuntos residenciais do bairro.

Fig. 14. Milão. A Torre Velasca (1950-58), do grupo BBPR.

Fig. 15. Berlim. O Interbau no bairro de Hansa (1957).

A CANONIZAÇÃO DO MODERNO. ARQUITETURA E RECONSTRUÇÃO... 29

Entre os arquitetos participantes (enquanto Le Corbusier participara polemicamente com a sua *unité d'habitation* no lado oposto da cidade), encontramos os melhores nomes da arquitetura moderna mundial: Walter Gropius, Hans Scharoun, Egon Eiermann, Oscar Niemeyer, Arne Jacobsen, Frei Otto, Bakema e Van den Broek, Pierre Vago, Luciano Baldessari.

A linguagem predominante era o racionalismo, urbanístico e arquitetônico, com raras concessões ao gesto excêntrico e criativo; mas a diversidade do conjunto realizado (isto é, os vários edifícios arquitetônica e volumetricamente diferenciados), que hoje seria considerada um fator de validade e de equilíbrio, era sentida como um desvio apenas tolerável pela ortodoxia racionalista-modernista. Com efeito, a *Architecture d'Aujourd'hui* sentenciava:

> O bairro de Hansa não é, afinal, a prefiguração da "futura cidade". Uma tal diversidade de arquiteturas, de volumes, é impensável para os grandes programas. [...] Não obstante, o conjunto reflete alguns aspectos fundamentais de urbanística contemporânea, e testemunha a vontade de impor-lhe os princípios para o futuro: baixa densidade edificada no solo, espaços verdes aos pés dos edifícios, independência do trânsito no interior da unidade residencial, equipamento urbano harmonioso e em escala humana[25].

O Interbau representava a vitrina do moderno por excelência e, entrementes, exemplificava o limite territorial (ou seja, a periferia) em que o moderno estava confinado. Tal situação de divergência (moderno na periferia, clássico nos centros urbanos) só podia gerar efeitos contrastantes na elite dos arquitetos do mundo inteiro e em particular impelir alguns rumos à prefiguração de mundos ideais, nos quais se pudessem resolver *ex machina* os problemas políticos, sociais, estéticos e tecnológicos: em outras palavras, um direcionamento para a utopia.

A ARQUITETURA DE 1960 A 1973: O PARÊNTESE DA UTOPIA

1960 pode ser definido como o ano em que começa a soprar o vento da utopia, o momento de conjunção de inspirações múltiplas e contraditórias visando conjuntamente exaltar os componentes mais modernos da sociedade e representar – balouçando entre visões oníricas e hipertecnologizadas – um hipotético mundo futuro.

25. "Interbau", *L'Architecture d'Aujourd'hui*, nº 75, dez. 1957-jan. 1958, p. 6.

ARQUITETURA PÓS-INDUSTRIAL

A pesquisa sobre o futurismo, sobre o ano 2000, sobre as megaestruturas urbanas inicia-se naquele período, os primeiros anos de década de 60, que, no país do máximo desenvolvimento ideológico da utopia, a Inglaterra, foram, não por mero acaso, definidos como os *swinging sixties*. Os anos 60 são os anos dos Beatles, da crise de Cuba, da primavera de Praga, da contestação dos jovens, da revolução cultural de 1968; anos de profundas mudanças no *status quo* cultural e de mistura de valores, de generosos estímulos para o futuro e, em última análise, de enraizada ilusão no progresso ilimitado e no bem-estar sempre crescente.

Numa análise retrospectiva, constata-se, no entanto, que luzes e sombras não alteram o julgamento sobre o moderno, nem seu destino como componente artístico-cultural de todo o século XX: não obstante o vôo rumo à Utopia – sonho vivido por quase todos os arquitetos de valor nos anos 60 –, a realidade era e continua sendo hostil ao gosto moderno. O conservadorismo de massa impede, em suas mais autênticas manifestações, a difusão da arte e da cultura modernas, continua hostil às mudanças profundas, às "revoluções", embora tenham transcorrido mais de cinqüenta anos desde os primeiros indícios da mudança, a partir das *Demoiselles d'Avignon* de Picasso ou da Casa Steiner em Viena, de Adolfo Loos.

O projeto que mais parece encarnar todas as características da utopia moderna (e que nos orienta na datação deste parêntese do gosto) é a planta de Tóquio, de Kenzo Tange. Como todos os outros projetos que examinaremos, trata-se de uma primeira e consistente visão de uma sociedade radicalmente renovada, na qual capacidades tecnológicas, de controle ambiental e formal, fundem-se numa concepção da vida baseada, de um lado, na mobilidade (e aqui é evidente o apelo aos princípios racionalistas da Carta de Atenas) e, no outro, na concentração.

Neste último aspecto a utopia diferencia-se drasticamente dos ditames da urbanística racionalista: não mais unidades habitacionais isoladas no verde, dispostas como tabuleiro de xadrez ou de um modo regular qualquer no âmbito de uma rígida malha viária, para se conseguir a máxima dispersão no território, mas, sim, arranha-céus polifuncionais ou gigantescas "unidades de habitação" oniabrangentes, dotadas de todos os serviços indispensáveis ao funcionamento da cidade, na busca, portanto, da concentração, da aglomeração revitalizante.

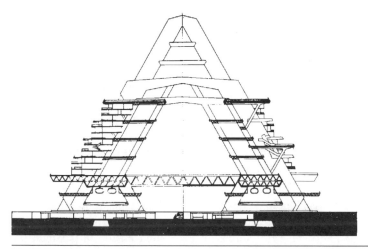

Fig. 16. Kenzo Tange. Planta de Tóquio (1960). Seção da estrutura, claramente inspirada no Wohnberg de Walter Gropius de 1928.

Fig. 17. Planta de Tóquio. Perspectiva plástica.

ARQUITETURA PÓS-INDUSTRIAL

É a idéia da megaestrutura, que nesses anos se identifica quase constantemente com a utopia: a cidade funde-se num único crisol, o edifício, que, por sua vez, perde sua conotação de molécula urbana em vista de sua multiplicação dimensional e funcional. Dessa maneira, eliminam-se muitos problemas, resolvendo-os de uma vez por todas, num só golpe: projetando um único edifício, ou melhor, uma estrutura não-acabada (porque esta é mais propriamente a megaestrutura[26]), projeta-se toda a cidade, suas vias internas e serviços.

Kenzo Tange parte da lúcida análise da Tóquio existente, uma megalópole de dez milhões de habitantes (como Nova York, Paris, Londres), cujos cinqüenta e oito por cento se acham empregados no setor terciário; logo, uma cidade já pós-industrial, enorme concentração de funções e de homens, baseada fundamentalmente na mobilidade. Com efeito, assim se externa Tange:

> No estado atual, uma população de um milhão duzentas mil pessoas recolhe-se diariamente nas três circunscrições centrais de Tóquio. [...] A cidade contemporânea de dez milhões de habitantes está em constante movimento, e é esse movimento que lhe dá vida e permite seu crescimento. Mediante o movimento, os habitantes de tal cidade realizam as funções que fazem dela o cérebro da nação[27].

Posto em discussão o problema primário, Tange desenvolve um revolucionário projeto de cidade, toda ela construída sobre o mar, na baía de Tóquio, ao longo de um eixo "conjugado" a mais níveis de fluxo num sistema que ele próprio define como "cíclico", para permitir o escoamento máximo de veículos (ele sustenta que "esse tipo de auto-estrada poderia absorver uma circulação dez a trinta vezes maior do que a suportada pelas atuais estradas de alta velocidade).

Ao longo do eixo acham-se o centro cívico, claramente diferenciado em sua arquitetura, as estações de entroncamento (intercâmbio), os edifícios administrativos; nas "espinhas" laterais, todas dispostas perpendicularmente ao eixo, situam-se as megaestruturas residenciais em forma de tenda, com o perfil característi-

---

26. No sentido atribuído à palavra por seus divulgadores iniciais, Fumihiko Maki e Ralph Wilcoxon, respectivamente em 1964, em *Investigations in Colllective Form*, e, em 1968, em *Council of Planning Librarians Exchange Bibliography*, nº 66; bem como nos termos sintetizadores de Reyner Banham em seu *Megastructure*, London, Thames & Hudson, 1976.

27. H. R. von der Mühl (org.), *Kenzo Tange*, Zürich, 1978; tradução italiana, Bologna, Zanichelli, 1979, p. 64.

A CANONIZAÇÃO DO MODERNO. ARQUITETURA E RECONSTRUÇÃO... 33

co de dupla hipérbole, cada uma dotada dos serviços indispensáveis, e dispostas de maneira cuidadosa e ligeiramente diversificada na enseada.

Racionalismo controlado, urbanística avançada e solução megaestrutural integram-se com outras finalidades, todas elas originais e concorrentes para constituir com elas um projeto revolucionário:

> O custo de construção na baía será, sem dúvida, mais elevado do que aquele para uma construção terrestre; mas dessa maneira se correrá o mínimo risco de especulação nas áreas [...]. Com o tempo, a partir das construções na baía, o Japão poderia redescobrir o mar. Tóquio, que cedeu as melhores áreas costeiras aos assentamentos industriais, poderia voltar a ser uma cidade debruçada sobre o mar. [...] A nova fundação não orientada para uma direção definida não pode resolver os problemas que afligem Tóquio. Em nossos projetos os objetivos fundamentais da nova fundação poderiam ser os seguintes: 1) transformar um sistema radial centrípeto em um sistema de desenvolvimento linear; 2) encontrar os meios para transferir as estruturas urbanas, o sistema de transporte e a arquitetura da cidade a uma unidade orgânica; 3) encontrar uma nova ordem espacial urbana que reflita a organização aberta e a mobilidade espontânea da sociedade contemporânea[28].

A partir do pós-guerra, pela primeira vez, um arquiteto é chamado a enfrentar um problema global, a questionar problemas existenciais e a dar-lhes uma resposta não banal: o salto é colossal, partindo das "unidades de habitação" ou das *Siedlungen*, e até do Interbau. A planta de Tóquio concretiza o desejo urbano, amplia o "efeito cidade", o gosto pela concentração social, que estava implícito desde a própria formação da cidade, leva em consideração a cidade-jardim e o ideal pequeno-burguês da pequena casa com jardim, projetando em dimensões futuráveis (e, no entanto, verificadas com exatidão nos custos) um pungente problema de hoje.

Daí em diante, a pesquisa sobre o futurismo e o desenvolvimento das formas mais impensáveis, desde o moderno-maquinístico até o *kitsch*, multiplicam-se em número e ressonância, até ofuscarem os "pequenos" problemas que deixamos, por exemplo, em Veneza ou em Florença: trata-se de sombras que não podem interferir com as grandes visões de conjunto da Utopia (que não é reconhecida como tal, naturalmente) e que não afetam a ineluta-bilidade, a "necessidade" do moderno levado às suas extremas conseqüências.

28. *Idem*, p. 69.

Fig. 18. Megaestruturas de Jan Lubicz-Nycz. Projeto para um albergue/hotel e anexos coletivos em Mônaco, Montecarlo (1969-70).

A CANONIZAÇÃO DO MODERNO. ARQUITETURA E RECONSTRUÇÃO... 35

Os apelos freqüentíssimos à "poesia" das refinarias ou dos hangares para as empresas espaciais, ou dos submarinos atômicos ou dos mísseis intercontinentais, à estética das histórias um quadrinhos, dos filmes de ficção científica, das formas vivas (biomórfico) implicam a transfiguração do moderno para o essencial, o brutal, de um lado, e o lúdico, o onírico e o absurdo, do outro. A arquitetura moderna dos anos 60 acha-se – não por acaso – nas megaestruturas de Lubicz-Nycz para Tel Aviv-Jafa (as chamadas "colheres") e para Mônaco-Montecarlo, no Habitat 67 de Moshe Safdie na Expo de Montreal, e sobretudo nas formas urbanas geniais, paradoxais e desconcertantes do grupo inglês Archigram.

Consumismo do objeto arquitetônico e identificação da sociedade "eletroatômica" com o Ideal constituem a raiz de suas afirmações ideológicas: os arquitetos do grupo – Peter Cook, Ron Herron, Michael Webb, Warren Chalk e Dennis Crompton – chegam a contestar o funcionalismo da Bauhaus e preconizam a necessidade de introduzir, na arquitetura, o "efêmero", a mudança, a adaptabilidade, equiparando os problemas técnico-sociais da arquitetura aos da conquista do cosmo (argumento que na época era atualíssimo) e procurando novas formas urbanas e, portanto, de vida associada. O problema da forma das cidades foi superado na passagem do edifício isolado – que não tem nenhuma importância porque não-duradouro, consumível e modificável – para a cidade abrangente, ampla, que deve possuir uma estrutura-base fixa e uma capacidade de alojamento (ou de inserção, como na Plug-in-City ou de empilhamento) dos módulos habitacionais pré-fabricados, industrializados e variáveis segundo o gosto.

Também aqui, dispensa-se o máximo de atenção aos problemas do tráfego, das vias de comunicação e dos pontos de intercâmbio; aos problemas tecnológico-estruturais e, por conseguinte, da "cápsula" habitacional; aos problemas da vida associada e, logo, dos lugares de "lazer coletivo" como o Fun Palace ou a Fun Tower de aspecto entre o missilístico e o biomórfico.

Provavelmente, a capacidade inventiva e imaginativa do grupo Archigram é inigualável e ergue-se como símbolo de uma época, não menos do que foram os Beatles ou os estudantes da Sorbonne de 1968, porque nos projetos de Peter Cook ou de Ron Herron encontramos os sonhos de uma época afluente, os ideais de quem não duvida do progresso científico, tecnológico, social e cultural; de quem não teme romper todos os vínculos com a tradição ou suscitar a dissensão geral dos míopes ou dos incultos.

Fig. 19. Megaestruturas de Moshe Safdie. O Habitat 67 em Montreal para a Exposição Internacional de 1967, inteiramente pré-fabricado em módulos tridimensionais.

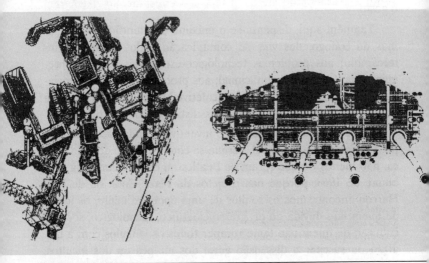

Fig. 20. Megaestruturas "criativas" do grupo Archigram. *À esquerda*: Plug-in-City (projeto, 1964). *À direita*: Walking City (projeto, 1964).

A CANONIZAÇÃO DO MODERNO. ARQUITETURA E RECONSTRUÇÃO... 37

Walking City representa o ápice do esforço imaginativo do tempo, uma cidade "que anda" e se desloca em volta de um *tópos*, sem raízes ou história, fechada em sua moldura inacabada ou aberta para todas as mudanças, sobre suas pernas telescópicas: extremo paradoxo de um gosto que nos parece leonardesco para o futurismo, o absurdo verossímil, o inconcebível em seu momento histórico. Numa palavra, utopia que dirime as costumeiras polêmicas infindáveis, mas que, de todo modo, é "aceita" justamente porque claramente improponível.

Pelo final dos anos 60 todos os arquitetos de um certo nível tinham em suas gavetas projetos de cidade e traziam sua contribuição para a utopia moderna: porém, poucos estavam efetivamente em condições de efetuar escolhas originais ou de indicar caminhos novos e, portanto, de emergir.

Entre as numerosas concorrências que visavam a procura do futurismo ou do diverso (lembramos os casos de Bratislava[29], de Paris com o Centro Beaubourg, de Londres com as restaurações de Westminster e do Piccadilly Circus), houve uma que permitiu a afirmação de uma proposta autenticamente moderna e inovadora, a Concorrência "para uma cidade nova", aberta em 1970 na França, publicada na revista *Construction et Humanisme*

O projeto que obteve o Nombre d'Or era de dois arquitetos italianos, Aldo Loris Rossi e Donatella Mazzoleni. Evidentemente, eles visaram perturbar e provocar a comissão julgadora, derrubando todos os tradicionais princípios urbanísticos do racionalismo e exasperando até as elucubrações formais do Archigram. Nenhuma forma é claramente perceptível porque o projeto, denominado justamente "cidade-estrutura", concentra-se nos aspectos esqueléticos e não epidérmicos do organismo urbano.

Como em toda megaestrutura clássica, um único edifício (ou melhor, uma espécie de laje) de trezentos andares, com oitocentos metros de altura, um quilômetro de extensão e uma profundi-

---

29. Trata-se da Concorrência Internacional de Bratislava, que foi aberta em 1968 (durante a chamada "primavera de Praga"), para um conjunto residencial para cem mil moradores com dependências coletivas para esporte e lazer, estacionamento de automóveis, estádio, pista, piscinas, áreas para a cultura, uma faculdade de química e física para cinco mil estudantes, um instituto científico e pavilhões para exposições. Participaram da concorrência arquitetos de dezenove países com oitenta e quatro projetos, mas nenhum tirou o primeiro prêmio, pois a comissão julgadora julgou que os projetos denunciavam uma crise cultural com relação às operações de tão amplo alcance.

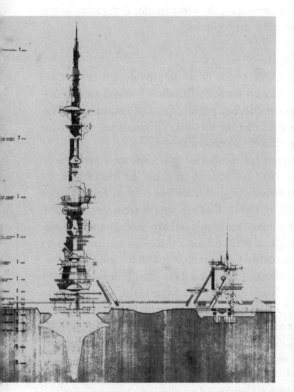

Fig. 21. Megaestruturas italianas: o projeto da "cidade-estrutura" de Aldo Loris Rossi e Donatella Mazzoleni (1970). Seção e plástico com indicação de matrizes funcionais.

A CANONIZAÇÃO DO MODERNO. ARQUITETURA E RECONSTRUÇÃO... 39

dade média de quarenta e oito metros, abriga duzentas e cinqüenta mil pessoas e oferece todos os serviços indispensáveis e não indispensáveis, uma perfeita rede de transportes pluridirecionais, um calculado sistema de estruturas e de instalações tecnológicas, que permite a inserção contínua de módulos habitacionais "consumíveis". Não passa de um solo colocado em sentido vertical, com grandes vantagens econômicas para a racionalização das redes de infra-estrutura, a economia de terreno agrícola, a presença de vastos territórios verdes na base da estrutura, a carga semântica e característica de um hábitat qualificado e inconfundível. Mas é também uma "obra aberta" porque se caracteriza principalmente pelo inacabado, isto é (conforme já tinha pensado Le Corbusier para a planta de Algeri), para a possibilidade de que "cada um" construa sua casa na forma que preferir, em estilo dórico ou jônico, com as colunas, as agulhas góticas ou os estuques rococó, permanecendo firme a malha estrutural e instalatícia, onde existem anexos de serviços ou equipamentos, se e quando for necessário.

Além da efetiva exeqüibilidade de uma proposta candidamente anárquica desse tipo, subsiste a grande carga utópica, simbólica e cultural do projeto "cidade-estrutura". Em sua cientificidade analítica, ela constitui ainda a última utopia positiva do nosso tempo, o ápice de um discurso talvez elitista, mas, não obstante, generoso, que pretendia propor uma solução global, menos ridiculamente setorial, do problema-cidade.

A ARQUITETURA DEPOIS DE 1973-75: A ERA DA RECUPERAÇÃO

Depois de 1970, ou melhor, depois de 1973, o dilúvio.

Até então, a pesquisa arquitetônica e os sonhos urbanísticos tinham produzido desenhos de cidade ricos de imagens: o ideal racionalista da planificação global fundira-se no ideal do ano 68 da nova sociedade, sem, contudo, a pretensão de influir realmente nas relações culturais de massa. Em outras palavras, o debate sobre as novas formas "urbatetônicas", que já definimos como "utopia moderna", permanecia estranho não só à maior parte da sociedade (que percebia seus ecos somente mediante as manifestações colaterais de costume, como os filmes de ficção científica, os romances, os estudos científicos sobre a vida no "Segundo Milênio"), mas também à grande parte dos profissionais empenhados na real construção da cidade. A afirmação não parece ir-

40   ARQUITETURA PÓS-INDUSTRIAL

reverente, mas a realidade dos eventos sucessivos demonstrou, ao que parece, que esse desinteresse era mais profundo e enraizado do que poderia parecer.

Contrariamente ao que afirma Charles Jencks, não julgamos aceitável, qual ponto de mudança de direção para a arquitetura moderna, a implosão do "famigerado" complexo Pruitt-Igoe de Minoru Yamasaki, em St. Louis, Missouri, no dia 15 de julho de 1972 ("cerca de 15:32 h"), na medida em que a demonstração da influência psicológica negativa do edifício sobre seus moradores não pode comprometer toda a ideologia do moderno: pode apenas induzir a incluir finalmente na pesquisa arquitetônica as chamadas ciências humanas e sociais, como a psicologia, a sociologia, a prossêmica. Uma correção da ideologia racionalista não pode desconjuntar a "compreensividade" e a licitude do moderno, nem, por outro lado, a disciplina arquitetônica pode fechar-se em si mesma e endossar teses decorativistas ou fachadísticas: a arquitetura "moderna" do Pruitt-Igoe não colimou seu escopo, mas isso só nos convence de que é um erro praticar um rigoroso racionalismo diante da complexidade e da mutabilidade da sociedade contemporânea.

Ainda menos convincentes são as outras duas datas propostas por Jencks para a "morte" da arquitetura moderna: 1967, quando ruiu por "colapso cumulativo" o Ronan Point Building, ou mesmo 1961, quando Jane Jacobs publicou seu livro *The Death and Life of Great American Cities*.

Neste último caso, segundo Jencks, "nenhum arquiteto moderno ofereceu uma resposta convincente para sua condenação" da ideologia moderna (evidentemente, racionalista) das cidades: o fato permaneceu irrelevante, porque a crise humana e civil das grandes cidades – no mundo inteiro – é bem conhecida e atribuível a causas bem mais profundas, muitas das quais talvez inelutavelmente congênitas ao mundo industrial e capitalista. A formação e a planificação dos grandes conglomerados urbanos continua sendo um problema central, mas a via para resolvê-lo – ou, seja como for, o modo mais lúcido para enfrentá-lo – parece ser aquela apontada pelos modernos utopistas, por Tange, pelos membros do Archigram, por Lubicz-Nycz, e não pelo *urban renewal* ou pelas recuperações de centros históricos reduzidos e inaptos para suportar o peso da concentração humana (admitido que ainda se fale de cidade em expansão).

O ano que pode realmente marcar uma mudança de direção para uma segunda fase do modernismo (mais que para um *late-*

A CANONIZAÇÃO DO MODERNO. ARQUITETURA E RECONSTRUÇÃO... 41

modern) é 1973, quando lavra a maior e mais decisiva crise econômica que o mundo ocidental recorda; é mais importante e profunda, inclusive que a Grande Depressão de 1929, porque, de lá para cá, o mundo se aproximou, por assim dizer, e os acontecimentos econômicos e políticos do mundo inteiro acham-se inter-relacionados, as nações isoladas não são auto-suficientes mas ampla e profundamente interdependentes.

Com o ataque egípcio a Israel em outubro daquele ano, começava uma infindável guerra entre os países árabes do Oriente Médio e o Estado de Israel, imediatamente depois do Kippur (devido à data de início, que coincidia com a festividade religiosa hebraica), e destinada, à primeira vista, a despertar a costumeira e indolente indiferença nos países ocidentais. Acontece, porém, que dessa vez os árabes estavam decididos a jogar até as últimas conseqüências, a qualquer custo, a carta da exploração petrolífera. Diante do apoio oferecido a Israel por quase todo o mundo ocidental, os árabes decidiram o bloqueio das exportações de petróleo para aqueles países, enquanto fosse prestado o fornecimento de armas e aparatos bélicos a Israel. Rompido todo acordo anterior e mostrando o punho de ferro também às multinacionais petrolíferas anglo-americanas (ameaçadas de nacionalização), os Estados árabes perceberam que possuíam uma formidável arma de pressão junto aos países ricos.

No fim da guerra, estava seriamente comprometido o princípio da exploração indiscriminada e arbitrária das companhias petrolíferas em terra árabe. Diante das circunstâncias, os árabes começaram a pensar num verdadeiro e autêntico desenvolvimento industrial e comercial autônomo. O preço do petróleo bruto passou repentinamente de quase dois para onze dólares por barril, gerando, assim, uma série de efeitos letais em cadeia sobre toda a economia ocidental: fundadas como estavam (e estão) na exploração de uma única fonte energética "não renovável", o petróleo, as indústrias ressentiram-se imediatamente com o terrível golpe e reagiram com o único meio de que dispunham, aumentando os preços de seus produtos.

A espiral dos aumentos dos custos e dos preços gerava inflação e, em muitos casos, tornava finalmente insustentável, para as indústrias, continuar sua atividade produtiva: desemprego, recessão, estagnação econômica, estagflação, passaram a ser as palavras mais usadas depois de 1973.

Em situações críticas, ninguém mais ousaria falar de pesquisa arquitetônica formal e urbanística, tampouco de pesquisa de no-

42 ARQUITETURA PÓS-INDUSTRIAL

vos materiais ou de matérias plásticas, ou de utilizar aço e vidro nas construções.

Um motivo muito mais prosaico justifica a atividade arquitetônica e histórico-crítica destes últimos anos, pois – se é verdade que desde 1960 divisam-se traços de uma filosofia projetual, mais intimista e menos totalizante, mais arbitrária e lúdica e menos sistemática e "monótona" (que C. Ray Smith define como "supermaneirismo") –, é também verdade que o espírito moderno-racionalista de inventar soluções totais, de enfrentar os problemas em escala urbana, megaestrutural e planetária não morre antes de 1973, conhecendo sua última façanha no parêntese da "utopia moderna".

Nos anos 60 os americanos já tinham voltado, com os pés bem fincados na terra, com a revalorização do gesto *kitsch* e anarcóide em âmbitos privados, não oficializado nem levado ao nível de definição ideológica; depois da "questão energética", que data de 1974-75, difunde-se o refluxo "no privado", e o constante recuo da ideologia do geral para o particular, a desistência de discutir, de levantar problemas básicos.

Paralelamente ao surgimento da questão energética, aflora um problema que se revelará preocupante alguns anos mais tarde: a "questão demográfica", ou seja, a constante diminuição dos nascimentos nos países mais industrializados e, por conseguinte, a progressiva desaceleração dos processos aglomerativos. Londres, Paris, Nova York, e também Milão e depois Roma, não crescem mais. Cabe ainda avaliar se foi a crise econômica ou a crise demográfica que produziu um bloqueio na expansão das cidades. Permanecem as cifras, subsiste o fato de que, coincidindo com a desistência (natural ou forçada) de projetar a expansão, 1975 é proclamado pelo Conselho da Europa "o ano europeu do patrimônio arquitetônico"; e de que, em seguida, com os numerosos debates que são promovidos, a atenção se desloca para o patrimônio de construção existente, isto é, para os núcleos históricos, para os centros habitacionais existentes e, depois, para a necessidade de sua reconstrução para fazer frente aos novos padrões habitacionais, as novas funções a serem assumidas; é o advento da Era da Recuperação.

A segurança de um ambiente já definido e consolidado no tempo, como o centro histórico da cidade européia, oferece nesses anos de crise econômica e de idéias a solução para os tradi-

A CANONIZAÇÃO DO MODERNO. ARQUITETURA E RECONSTRUÇÃO... 43

cionais problemas habitacionais. Concentrar os próprios esforços no ambiente construído, nas preexistências históricas que são mais ou menos merecedoras de tutela, nos cenários vinculantes (e, portanto, até simplificativos no processo projetual), liberta os arquitetos do problema da forma, a partir do momento em que a única operação universalmente aceita é a restauração ou a reconstrução dos edifícios, que salvaguardem a intangibilidade da cenografia urbana, ou da fachada.

Num problema que por ora definiremos como "restauração" arquitetônica, a questão espacial é irrelevante, se a caixa edificatória *deve*, por definição, permanecer intocável: a intervenção se dá no interior do edifício, que muitas vezes é completamente esvaziado e reconstruído com técnicas modernas, e na fachada externa, em geral só na via principal. Esse tipo de operação pode ser lícito para uma obra arquitetônica de efetivo valor ambiental (cuja fachada constitua um fundo cenográfico especialmente sugestivo), mas em absoluto pode ser generalizado, a menos que se solapem as bases do próprio significado da arquitetura.

Pode parecer estranho, mas, depois de alguns anos de intervenções nos centros históricos do mundo inteiro, podemos afirmar, com dados à mão, que as intervenções "conservadoras" nos centros históricos produziram efeitos devastadores no ambiente e na ideologia projetual. No ambiente, as "repristinações" estilísticas ou mesmo "tipológicas"[30] impuseram dissecações (embalsamamentos) de tecidos urbanos inteiros em sua maquilagem externa sem o mínimo cuidado com as demolições internas; ou então legitimaram falsos historiadores com o pretexto da "unidade estilística" ou da "recuperação funcional": fábricas inteiras desativadas ou edifícios rurais foram destinados à reutilização, depois de serem eliminados grosseiramente as características mais salientes, modificadas as disposições murais internas e acrescentadas com o máximo cuidado mimético fundações e equipamentos.

---

30. Lembramos o caso de Varsóvia (ou também de Dantzig), reconstruída integralmente "onde se erguia e como era" em 1945, depois da destruição nazista, ou então o caso mais modesto do "setor San Leonardo" em Bolonha, quando em 1978 foram reconstruídas algumas casas-estacionamentos no centro histórico com o método da "repristinação tipológica". Todavia, entre os dois casos citados existem substanciais diferenças de impostação cultural e metodológica, que não podem ser discutidas aqui; deve-se apenas esclarecer que, no primeiro caso, tratava-se efetivamente de reconstrução de casas demolidas, enquanto no segundo não havia casas demolidas, mas áreas nuas nas quais foram construídos edifícios no estilo "presumível" das casas vizinhas.

Fig. 22. A "recuperação" em Londres: The Barbican (1974-79), na City.

A CANONIZAÇÃO DO MODERNO. ARQUITETURA E RECONSTRUÇÃO... 45

Não obstante, além das aparências, o renascido amor pela história e pelos centros históricos oculta os costumeiros interesses e, sem contar os milhares de motivações mais ou menos convincentes, representa o seguno grande assunto para os empreendedores depois da Reconstrução: é só pensar no imenso *precinct* do Barbican em plena City londrina, recentemente concluído[31], ou nos muitos exemplos de imóveis restaurados com poucos recursos em nossas cidades e que foram revendidos, fracionados, a peso de ouro, praticamente como se fossem novos.

Produz-se um ulterior efeito da Era da Recuperação[32] na própria filosofia do projeto, em nível metalingüístico, de construção da ideologia.

Para encontrar uma fratura ideológica dessas proporções é preciso remontar a Gropius e à escola da Bauhaus, à rejeição "integral" da história: neste caso, é rejeitada, ao inverso, a própria filosofia do moderno. Não à arquitetura do Movimento Moderno, não ao racionalismo, ao organicismo, ao expressionismo, ao informal; não às generosas idéias totalizantes e cartesianas do racionalismo, mas não, também, às idéias moderadas, e inclusive do organicismo wrightiano, equiparados à luz de sua contraposição ao historicismo. Sim à recuperação integral das formas "históricas" clássicas, aos ambientes tradicionalmente vividos pelas pessoas, às vias-corredores, às praças, às fachadas, à decoração epidérmica; numa rejeição sistemática e obsessiva, neurótica, de toda conquista da ideologia modernista.

Tudo isso – ironia da história – em nome dos próprios ideais que tinham informado os primeiros modernos: democracia, livre-arbítrio, antitotalitarismo[33]; com a maioria, a revalorização da "memória coletiva", isto é, da pretensa sensibilidade comum em relação à história e ao próprio passado. Generosa ilusão anarcóide ou esnobismo cultural?

Tudo isso significou e significa a Era da Recuperação, em que presentemente estamos vivendo; o frenesi (dentro de certos

---

31. Por volta de 1976. Não se trata, porém, de "recuperação", mas de um ousado exemplo de "reconstrução" atrasada do pós-guerra.

32. Porque todas essas operações de reutilização, restauração, reestruturação, saneamento, *renewal*, são enquadrados no nome mais simpático de "recuperação" urbana.

33. Ver a propósito a desconcertante Carta de Solidarnosc, de 1981, sobre a arquitetura que, a respeito da arquitetura moderna, fala de "totalitarismo", "ruptura da continuidade cultural", e reafirma como solução a "retomada da continuidade", "reencontrando as noções fundamentais de estilo, módulo, cânone", para construir a cidade "na base de modelos elementares de casas, ruas e praças".

limites, porém apreciável) de valorizar a própria história com total desvantagem para o moderno. Para convencer as pessoas a se desabituarem do "estilo moderno", que jamais tinham entendido nem aceito, certamente não era necessária uma atitude desse tipo por parte dos intelectuais e dos arquitetos.

No limiar do ano 2 000, repristinar as formas da cidade medieval e oitocentista, dos edifícios neoclássicos ou ecléticos significa ceder à "cultura popular" ou capitanear um refluxo ideológico de todo modo inevitável num momento de crise econômica e de valores? Significa, acaso, captar a mudança do gosto nos outros setores pela arte, transferindo-o para a arquitetura, ou conscientizar-se do término da era industrial e do ingresso na era pós-industrial e pós-moderna?

Resolver essas interrogações significaria ter solucionado os pontos do atual momento histórico-crítico da arquitetura: e isso só pode ser fruto de um paciente trabalho informativo e de análise sobre a real essência do moderno.

2. O Conceito de "Moderno": Teoria e Ideologia

Segundo o dicionário de Zingarelli, "moderno" (do latim *modo*, advérbio para "agora mesmo") significa "introduzido ou começado há pouco, típico da era atual ou de um período recente"; o de Devoto-Oli amplia o horizonte para interpretações mais abrangentes:

> Pertencente ou voltado para o tempo presente ou ao mais recente, especialmente enquanto âmbito de participação direta ou de interesses atuais. Por exemplo, a *língua moderna*, as *modernas instituições*, as *modernas descobertas da ciência e da técnica*; em particular, próprio do patrimônio da civilização e cultura de nossos tempos: a *música*, a *pintura moderna*. Sugestivamente, pode implicar uma atitude favorável ou hostil no tocante às mais recentes aquisições do progresso, às vezes efêmeras ou provisórias: *estes jovens modernos!*

Por isso, um dicionário mais atualizado registra uma nuança polêmica (quando não parcial) na qualidade de "moderno", à luz do significado ético-social do termo e das inevitáveis resistências que a cultura consolidada opõe às rápidas mudanças da idade contemporânea.

Poder-se-ia fazer um interessante cotejo entre os dois termos "contemporâneo" e "moderno", mais aparentemente semelhantes.

Se este último denota adesão ao espírito do progresso e, por assim dizer, existe dinamicamente, prefigurando a categoria dialética do devir (um *pànta rèi* heraclitiano), o primeiro termo denota uma existência estática, isto é, não perturbada pela contínua negação de si ou pela dialética (ou então pelo espírito do progresso). Em outras palavras, se *moderno* só pode ser algo de ideologicamente vizinho do espírito dos tempos e em linha com o progresso industrial, científico e tecnológico (e social), *contemporâneo* é também aquilo que está ideologicamente longe deste mito, embora vivo e presente em nossos dias.

Somente à guisa de um exemplo banal: contemporâneo mas não moderno é quem rejeita a tecnologia, a ordem social, política e econômica hoje existente, para augurar um retorno ao "bom selvagem", à terra, ao cavalo, ao artesanato, quando não à pura e simples vida agreste semicontemplativa de cunho medieval: contemporâneo porque existe hoje, como pessoa ou, com mais freqüência, como movimento; não moderno porque, independentemente de qualquer juízo de valor de nossa parte, opõe-se aos esquemas da civilização industrial ou pós-industrial do mundo ocidental (mas também dos Estados socialistas), ao consumismo, ao terciário.

Contemporâneo (e não-moderno) é também quem permanece preso a esquemas conceituais e a modas culturais do presente, rejeitando o diálogo e a compreensão das vanguardas (sobretudo artísticas), fechado no âmbito da conservação pura e simples.

Historicamente, o progresso social sempre foi determinado por um embate entre vanguardas, conservação e reação, no qual cada um estava perfeitamente consciente de seu papel: à Revolução Francesa seguiu-se a Restauração, mas, não obstante o peso de conservadores e reacionários, os novos princípios de liberdade e democracia surgiram num tempo relativamente breve e foram logo empalmados pela humanidade inteira.

Do choque dialético nasce o novo, toma forma aquele progresso social que, tão enaltecido pelo positivismo do século XIX e pelo materialismo histórico, conhece hoje em dia uma fase de incerteza e de reflexão.

"Moderno" parece implicar, pois, automaticamente, uma instância moral, quer se fale de arquitetura ou de literatura, de arte ou de música. O *Dicionário Enciclopédico Italiano* nos confirma: "[moderno é o que] [...] que pertence ou se refere ao nosso tempo ou aos tempos mais vizinhos de nós [...] por exemplo, *a parte moderna de Milão, os bairros modernos de Túnis*, são os setores novos da cidade; mas em outros casos o limite pode recuar

O CONCEITO DE "MODERNO": TEORIA E IDEOLOGIA 49

vários séculos, quando *moderno* se contrapõe a *antigo*, ou a *medieval*, excluindo às vezes o período contemporâneo"[1].

Aqui, evidentemente, refere-se ao fato de que – por convenção – a Idade Moderna constitui o período histórico que vai de 1492 (descoberta da América) ao século XIX. Mais adiante, precisa o dicionário: "[moderno] [...] é próprio, peculiar do nosso tempo, ou tem seus aspectos, suas características etc. (inclui, ademais, a idéia do progresso, da evolução que caracteriza a idade contemporânea e se contrapõe, mais do que ao antigo, ao que é antiquado, envelhecido e às vezes a *tradicional, convencional*)"[2].

Aliás, é o que se ouve repetir com freqüência nas extenuantes polêmicas da arquitetura moderna em confronto com a *tradicional*, ou *antiga*, ou *clássica*.

Da essência precipuamente ética e dialética do moderno nos fala também o *Dicionário de Arquitetura e Urbanística*:

A formação do conceito de *moderno* na cultura ocidental pressupõe a aquisição do conceito de *antigo*, ou seja, a formação – num determinado momento histórico – da vontade de abandonar uma *tradição* para reconstruir um mundo cujo modelo é derivado da história[3].

E mais:

Ser *moderno* pressupõe, portanto, uma dupla referência à contemporaneidade, que deve aparecer dividida de maneira inconciliável entre um *ser* negativo e um *dever ser* positivo. O conceito de moderno se esclarece desse modo [...] como programática vontade de atuação do único empenho imperioso na situação histórica determinada[4].

Também a história do termo "moderno" aparece ligada mais a épocas "rebeldes" do que ao inteiro decurso histórico: tendo surgido já com Villard de Honnecourt (século XIII) e no século XVII, quando se delineava a reação barroca à herança maneirista, ele encontra maior espaço e possibilidade de aplicação com o romanticismo oitocentista, quando aparece bem clara a necessidade de distinguir os aspectos do industrialismo daqueles da civilização camponesa.

1. *Dizionario enciclopedico italiano*, v. VII, Roma, 1970, "Moderno", pp. 844, 845.
2. *Ibidem*.
3. *Dizionario di architettura urbanistica*, Roma, Editoriale Romana, 1968, pp. 66-113.
4. *Ibidem*.

50 ARQUITETURA PÓS-INDUSTRIAL

O fato de o termo "moderno" adquirir no século XIX seu valor polêmico definitivo deve-se às enormes mudanças sociais que então se processavam; o progresso incubado pela Revolução Industrial gera os binômios antinômicos cidade-campo (interior), indústria-agricultura, progresso-conservação, esquerda-direita, traduzindo-se – em termos ideológicos – em luta de classes e teorização da evolução dialética. O moderno é, pela primeira vez, oposto com rigor ao antigo: na atitude "radical" de John Ruskin e dos românticos ingleses contra a restauração solidifica-se a rejeição da mediação ambientalista e repristinadora (à Viollet-le-duc) e a aceitação de um jogo estilístico desinibidor, prelúdio das invenções originais do século XX. Assim, tanto em literatura como em música, bem como na arte e na arquitetura, o termo "moderno" deve quase tudo ao século XIX e ao seu ardoroso debate ideológico-filosófico.

Outros[5] ligaram a origem da modernidade à afirmação do cristianismo e, por conseguinte, à rejeição do passado como tal (isto é, como "antiquado" e não-progressivista), ou à rejeição do caráter "decadente" da arte clássica greco-romana e helenista. Também nos séculos sucessivos, o problema teria sido colocado sempre com esquematicidade: em fins do século XVIII, em ambientes religiosos – com referência à tradição medieval e depois renascentista – fala-se de *querelle des anciens et des modernes*.

Segundo Albino Galvano:

[...] a partir da segunda metade do século XVI até fins do século XVIII, [o moderno] implica a referência a um modelo, precisamente o renascentista, do qual o gosto moderno parece ter-se afastado, corrompendo-se. Num certo sentido, neoclássico e romântico interromperão essa desconfiança com um otimismo que as gerações ulteriores verão como ilusório, justamente na medida em que se esteiam em modelos do passado, na questão do antigo e da Idade Média, parecendo enredados num esforço acadêmico. No entanto, com o realismo, o Art Nouveau e os vários "ismos" do começo do século XX, o significado de moderno encontra uma nova carga positiva: ser "moderno" significa estar no caminho certo, diante de nostalgias do passado que deságuam no academicismo[6].

Daí se verifica, mais uma vez, que, há quase um século, o termo adquiriu carga e força categorial: a sua "brutalidade" – neste caso neutra, com relação às formas, ou melhor, ao valor que a elas se pode atribuir – nos é confirmada pelo próprio Gal-

5. Entre eles, Albino Galvano sobre a *Enciclopedia universale dell'arte*.
6. *Enciclopedia universale dell'arte*, "Moderno", pp. 535-540.

O CONCEITO DE "MODERNO": TEORIA E IDEOLOGIA 51

vano: "A arte parece moderna a um julgamento que prescinde do valor realizado e assume como categoria predicativa a afirmação de 'novidade' quanto a uma situação de cultura historicamente concluída"[7].

Nessa frase encerra-se uma intuição importante: aquela sobre a *anticlassicidade* do moderno, isto é, a rejeição programática de assumir modelos formais ou culturais derivantes da história; o conceito pode ser mais bem esclarecido e justificado, se substituirmos a palavra *história* pela palavra *classicidade*.

Não se deve esquecer, com efeito, que da história derivam inesperadas lições de modernidade, isto é, de atitude inovadora e antiacadêmica, a que é perfeitamente lícito referir-se: a classicidade (ou o classicismo, que é um conceito um tanto diferente e posterior) constitui sempre o bitolamento normativo que dirige invariavelmente as artes, é o "cânone" em sua plena maturação, cruzamento entre a perfeição rebuscada geométrico-ideológico e o "consenso" ou a compreensão geral. O classicismo tende então a esclerosar a busca e a forçar a invenção dentro de canais estreitíssimos, além de representar sempre, como que por sua própria natureza, a ideologia do Poder.

Mas retornemos ao moderno. É oportuno que se defina um conceito mediante seu contrário? É correto dizer que o moderno existe enquanto existe o antigo? É suficiente referir-se apenas a um termo antinômico ou podem ser procurados outros?

Para fornecer uma resposta genérica, é preciso que se diga que a história, e também a história da forma estética, continua seguindo um fio de oposições, forma-se pelo embate entre caracteres dialéticos; pelo que, estando as categorias *moderno* e *antigo* ligadas à história – ou seja, existente enquanto existe um processo histórico – aplica-se a elas a mesma doutrina de filosofia da história (e também, se quisermos, das formas institucionais e sociais). Com efeito, Herbert Marcuse acha que:

Não existe obra de arte que não rompa a posição afirmativa com o "poder do negativo", não existe obra de arte que, em sua própria estrutura, não evoque palavras, imagens, música de uma outra realidade, de outra ordem que é rechaçada por aquela constituída, porém também vivas na memória e na antecipação, vivas no que acontece a homens e mulheres, bem como em sua rebelião. Onde falta a dialética entre afirmação e negação, entre prazer e dor, entre cultura intelectual e cultura material; onde a obra não mais suporta a unidade dialética entre aquilo que é e aquilo que não pode (e deveria ser), perde sua verdade, nega-se a si mesma. Mas justamente na forma estética estão presentes esta dialética e os

7. *Ibidem.*

52 ARQUITETURA PÓS-INDUSTRIAL

caracteres críticos, negatórios e transcendentes da arte burguesa – seus caracteres antiburgueses[8].

O pensamento de Marcuse, afinado com a tradição do materialismo histórico e marxista, é claro. Mediante a definição da arte como valor autônomo (e não necessariamente burguês ou "de classe") compreendemos seu caráter subversivo; esta qualidade carece da atribuição de "moderno", mas isso não influi, porque o próprio Marcuse explica a contradição intrínseca entre cultura e forma estética, seu caráter dialético:

> Se examinarmos as obras da cultura burguesa, pelo menos a partir do século XIX, veremos que nelas predomina uma atitude efetivamente *antiburguesa*: a cultura intelectual acusa, repele, evita a cultura material da burguesia. Dela se acha separada: dissocia-se *a si mesma* do mundo das mercadorias, da brutalidade da indústria e do comércio burgueses, do desvirtuamento das relações humanas [...]. O universo estético *contradiz* a realidade, e a contradiz de maneira "metódica", intencional. Trata-se de uma contradição que jamais é "direta", imediata, total, que não toma a forma de romance (poesia, pintura etc.) social ou político. Ou então, quando a toma (como nas obras de Büchner, Zola, Ibsen, Brecht, Delacroix, Daumier, Picasso), a obra permanece fiel à estrutura da *arte*, à *forma* do drama, do romance, da pintura, exprimindo, por conseguinte, de maneira clara a divergência da realidade. A negação é "contida" pela forma; é uma contradição sempre "quebrada", sublimada, que transfigura, transubstancia a realidade dada – e a libertação dela[9].

Como se vê, a cultura (e a arte) burguesa, chamada "classista", sai plenamente reabilitada, ao passo que emerge nitidamente a essência conflitual e progressiva da cultura "como tal": mesmo discurso para a história, para as formas institucionais e políticas. É do conflito, do embate das idéias que nasce a civilização, e não da "tolerância" niveladora: as arestas não devem ser aparadas.

> Neste mundo, o que se tornou intolerável é a opressiva unidade dos contrários: a unidade de prazer e de horror, de calma e violência, de gratificação e destruição, de beleza e disformidade, que nos golpeia tangivelmente em nosso ambiente cotidiano [...]. A dimensão política não pode mais permanecer afastada da estética, nem a razão da sensibilidade, o gesto da barricada daquele do amor. É bem verdade que o primeiro significa ódio, mas ódio por tudo o que é desumano, e este "ódio corajoso" é um elemento fundamental da revolução cultural[10].

8. H. Marcuse, *Controrivoluzione e rivolta*, Milano, Mondadori, 1973 (orig. EUA, 1972), pp. 114-115.
9. *Idem*, pp. 107, 108.
10. *Idem*, p. 156.

O CONCEITO DE "MODERNO": TEORIA E IDEOLOGIA   53

Jürgen Habermas, herege ortodoxo da escola de Frankfurt, chega por outras vias a uma concepção mais estritamente filosófica e política do moderno, embora sempre definida em termos dialéticos. Se com Marcuse estamos em condições de generalizar o espírito dialético da história e de compreender que todo termo pode (até deve) ser definido em relação com seu oposto, Habermas nos coloca diante de um problema de "sistemas gerais", de relação entre "formações sociais" na história.

Nesta ótica, existem cronologicamente formações *pré-culturais*, típicas da Antiguidade pré-clássica, baseadas (como núcleo institucional) no sistema das parentelas não-classistas, exauridas na satisfação de necessidades primárias, enquanto não existe produto excedente; formações *culturais*, isto é, tradicionais, típicas de toda a história como nós a conhecemos, pelo menos até a Revolução Francesa e até o século XIX, baseadas na dominação de classe e na criação do Estado em que se sublima o sistema das parentelas e, por conseguinte, que exprimem formas artísticas "representativas" e autogratificantes; formações *liberal-capitalísticas*, ou seja, modernas, típicas dos nossos tempos desde o século XIX, baseadas na relação entre trabalho assalariado e capital, enquadradas no direito privado burguês e no Estado "anônimo" organizado politicamente e dirigido pelo princípio da eficiência.

Essa sucessão histórica é essencial para compreender em que medida a própria concepção filosófica, política, social e "sistêmica" do moderno chegou ou não a uma mudança de direção ou se chegou a encaminhar-se para o fim.

A cada estágio da evolução social tem correspondido um ponto de crise, que teve o mérito de imprimir na sociedade uma aceleração no desenvolvimento a partir de uma ruptura mais ou menos drástica com o passado: foi o que aconteceu com a sociedade pré-cultural, na qual mudanças externas (crescimento demográfico, fatores ecológicos, dependência interétnica) subitamente exigiram demais à organização parental-tribal, incapaz de desenvolver adequadamente o seu controle, provocando assim sua crise "de identidade".

Para o sistema social tradicional ("antigo" ou então "clássico"[11]), a crise é mais evidente, em virtude da organização estatal fundada na dominação de classe e na passagem dos poderes da

---

11. O termo "clássico" não é usado pelos filósofos ou pelos cientistas políticos, mas pelos historiadores de arte com referência à "classicidade", isto é, à maturidade do estilo. Neste caso, pretendeu referir-se à sociedade antiga representada com toda a evidência e "significatividade" pela arte "clássica".

54 ARQUITETURA PÓS-INDUSTRIAL

família para o Estado, bem como da legitimação radicada em imagens "tradicionais" do mundo e da vida civil: as contradições internas, "entre as pretensões de validade de sistemas de normas e justificações, que não podem admitir explicitamente a exploração, e uma estrutura de classe que arvora em regra a apropriação privilegiada de riqueza produzida socialmente"[12], geram uma ulterior crise de identidade. O problema da distribuição desigual da riqueza cria problemas de controle para a sociedade tradicional, que só pode responder com uma escalada da repressão.

O novo sistema que substitui a sociedade tradicional, ou seja, o sistema liberal-capitalista, fundamenta-se em novas bases de legitimação, no realismo de reconhecer não mais uma sociedade ideológica e programaticamente interclassista e hierarquizada, mas uma sociedade em que uma classe (a burguesia) detém o poder em virtude de um pacto, isto é, de uma relação entre trabalho assalariado e capital; na prática, uma sociedade fundada *no interesse* e não *no valor*[13].

Deste modo, o Estado liberal "moderno", protótipo de "Estado administrador"[14], reduz-se a "instituição complementar" do livre mercado; garantindo integridade territorial e proteção às mercadorias nacionais no exterior, bem como condições de estabilidade política e "ordenada" convivência civil no interior, o Estado liberal-capitalista acaba fundando-se no princípio da eficiência e, em vista da interconexão de seus elementos e da complexidade do problema de sua legitimação, não pode facilmente incorrer em crise de identidade.

No entanto, num modo mais temível, porque global e amorfa, sua crise (inicialmente econômica e depois de valores ou pseudovalores) passa a ser chamada *sistêmica*: é a situação em que nos encontramos atualmente e diante da qual alguns (Touraine, Bell, Benamou, Caramello, Köhler e Lyotard) falam de passagem para a era "pós-industrial" ou "pós-moderna"; Habermas, como outros (Offe, Döbert, Nunner), ao invés disso, fala de "crise de nacionalidade", ou do eficientismo do "capitalismo maduro" (*Spätkapitalismus*).

---

12. J. Habermas, *La crisi della razionalità nel capitalismo maturo*, Bari, Laterza, 1979 (original alemão, Frankfurt, 1973), p. 24.

13. J. Habermas e N. Luhmann, *Theorie der Gesellschaft oder Sozialtechnologie?*, Frankfurt, 1971, p. 251 e segs.

14. No sentido analisado por Max Weber em *Wirtschaft und Gesellschaft*, Köln, 1956 (trad. it. *Economia e società*, v. II, Milano, 1968).

O CONCEITO DE "MODERNO": TEORIA E IDEOLOGIA   55

Pelo que parece, inexiste unidade de pontos de vista sobre a situação atual, que não envolve apenas as instituições ou os sistemas sociais como tais, mas também todas as expressões culturais que esses sistemas possuem: conforme sempre tem acontecido, também a arte agora está encerrada no sistema sociocultural. As crises de *input* (ou seja, de legitimação ou "de fundo") do sistema econômico e político transformam-se em crise de *output* (ou seja, de expressão ou "representação") no sistema sociocultural.

Dessas considerações feitas em sentido diacrônico como que emerge a inelutabilidade de um estado de crise no sistema social capitalista, estado que hoje não sabemos até que ponto pode ser "permanente". A compreensão do moderno é então ligada a uma visão mais geral do problema arquitetônico e artístico, enquadrada no mais vasto capítulo da "sociedade moderna".

Não nos encontramos diante de um mero problema de "estilos" ou de opções acadêmicas entre moderno e pós-moderno: pelo contrário, é preciso entender que esses termos se correlacionam com verdadeiros e autênticos sistemas sociais, políticos e econômicos, razão por que a redução dialética à opção estilística se traduz no consumo – em termos de moda – de um bloco de sinais internos e não conflituosos com relação ao Estado capitalista-liberal. Inexistindo uma proposição em positivo na escolha pós-moderna, o sistema tolera e até favorece um crescimento (mesmo que marginal) deste estilo, enquanto privado da carga subversiva antitradicional do moderno.

Portanto, se em sentido diacrônico há uma concatenação lógica entre os sistemas sociais, em sentido sincrônico existe, isto sim, uma opcionalidade, ou seja, uma possibilidade de escolha, entre *antigo* (ou melhor, *tradicional*), *moderno* e *pós-moderno*: por conseguinte, o termo *moderno* não é somente oponível ao *antigo* enquanto categoria temporal, mas é sobretudo definível enquanto oposto ao *tradicional* como categoria ideológica; e, por isso, também ao *pós-moderno*, no sentido de diferenciar-se dele de maneira profunda.

Não se trata tanto de um problema ontológico ou histórico, ou seja, referente à esfera da essência ou da existência objetiva, porque "objetivamente" existem uma sociedade e uma civilização pós-industrial e pós-moderna; mas trata-se, isto sim, de um problema prevalentemente ético, ou seja, que remete à esfera dos comportamentos possíveis.

ARQUITETURA PÓS-INDUSTRIAL

Na relação com seus termos antagonistas, o moderno constitui historicamente um salto de qualidade, porque representa o máximo da abstração institucional, filosófica e política: suas aspirações não são classistas, mas globais; são a justiça, a igualdade, a liberdade. Numa palavra: o progresso social não desvinculado do progresso econômico, político e tecnológico. As aspirações do tradicional, ou dos sistemas sociais tradicionais, podem ser traduzidas em termos mais imediatos de poder, de riqueza, de proclamada afirmação de superioridade, de negação da igualdade e da liberdade como valores.

Tem-se afirmado que, no mundo capitalista moderno, os valores de liberdade, igualdade e justiça social são "pseudovalores", enquanto o capitalismo, por sua própria natureza, opõe-se à efetiva consecução desses valores: mas, se isto é verdade, é também verdade que nenhum expoente da classe burguesa no poder, em nenhum Estado do mundo "civil", jamais declararia opor-se ao progresso social e, portanto, à busca constante daqueles valores. Não se trata, obviamente, apenas de hipocrisia, mas de algo mais profundo: na cultura liberal-capitalista burguesa, isto é, moderna, a aspiração para resolver os problemas sócio-econômicos gerados pelo próprio sistema é real, e constitui um dos pólos dialéticos do sistema, um fator de contradição que não se pode eliminar, cuja manifestação mais evidente é a expressão artística.

Em outras palavras: também mediante a arte, os intelectuais modernos – embora "expressão da sociedade burguesa" – estimulam as instituições no sentido de propenderem para valores de significado comum e incontestável. A tensão sempre existente entre realidade factual e intencionalidade crítica constitui a essência da sociedade capitalista moderna: o espírito dialético alimenta-lhe a vontade e, no fundo, garante-lhe a sobrevivência – como formação social e institucional.

Então, se o moderno, o tradicional, o pós-moderno podem ser vistos em sincronia, e ao moderno atribuímos um significado prevalentemente ético, isto é, moral, segue-se que são igualmente possíveis comportamentos de tipo tradicional (por mais inatual que o termo talvez soe) e de tipo pós-moderno em *toda época histórica*[15].

Isso é exato na medida em que é possível ser sempre rigorosa e coerentemente conservador, ligado a uma visão "classicista"

---

15. É a tese defendida também por Umberto Eco em *Alfabeta*, nº 49, jun. 1983, p. 22.

O CONCEITO DE "MODERNO": TEORIA E IDEOLOGIA   57

e tradicional da sociedade e, portanto – em arte e em arquitetura –, ligados ao classicismo, à harmonia, à proporção, à representatividade, à magniloqüência pública e à convencionalidade
"estilística" privada, a Alberti como a Palladio, à Schinkel como
ao Mies americano (neste sentido o classicismo transcende, de
um lado, as usuais distinções entre racionalismo e Movimento
Moderno e, do outro, historicismo e academia).

Assim sendo, é possível sermos pós-modernos se não nos
sentirmos à vontade com os mitos modernos do progresso indefinido, da tecnologia industrial, da racionalidade e da eficiência
como bases do sistema social. Jean-François Lyotard foi quem,
melhor que qualquer outro, sintetizou os termos da "condição
pós-moderna" como "incredulidade quanto às metanarrações",
isto é, como civilização da incerteza, da incredulidade com relação à positividade e aos próprios objetivos do progresso, da insegurança no tocante a todas as regras do jogo.

Os pós-modernos questionam não só a exatidão ou a justeza
de regras essenciais para a legitimação e a justificação do saber
(e, em geral, da formação social), mas também do mesmo modo
com o que estas regras são unidas: ou seja, a linguagem e a metalinguagem. É na invenção de novas regras, não mais programaticamente ditadas por "imperativos morais categóricos", que se
concentra o saber pós-moderno; em particular, o pós-modernismo é uma busca da "instabilidade", em oposição ao determinismo do moderno (ou seja, próprio da sua inelutabilidade ética).
Com efeito, segundo Lyotard:

> [...] o determinismo é a hipótese na qual repousa a legitimação mediante a per-
> formatividade: dado que esta se define por meio de uma relação *input/output*, o
> sistema em que se introduz o *input* deve estar sujeito ao estado estável; ele segue
> uma "trajetória" regular, cuja função contínua e derivável pode ser definida, a
> qual permitirá antecipar corretamente o *output*. Tal é a "filosofia" positivista da
> eficiência. [...] A pragmática do saber científico pós-moderno possui escassa afi-
> nidade com o objetivo da performatividade. A expansão da ciência não se produz
> graças ao positivismo da eficiência. Ao contrário: trabalhar para a prova significa
> procurar e "inventar" o contra-exemplo, vale dizer, o que é ininteligível; traba-
> lhar para a argumentação significa procurar o "paradoxo" e legitimá-lo mediante
> novas regras do jogo do raciocínio[16].

Em outras palavras: diante da complexidade da crise sistêmica, basta que se mudem as regras do jogo, que se modifiquem os

---

16. J.-F. Lyotard, *La condizione post-moderna*, Milano, Feltrinelli, 1981 (o-
riginal francês, 1979), pp. 98-99.

58 ARQUITETURA PÓS-INDUSTRIAL

objetivos últimos, que se "justifiquem" os paradoxos do existente, para que se diga que os problemas foram resolvidos (num modo novo, evidentemente).
Com efeito,

[...] a idéia (ou a ideologia) de controle perfeito de um sistema, que deveria permitir melhorar-lhe os serviços, parece inconsistente diante da contradição com a qual ela reduz a performatividade que declara aumentar[17].

Aliás, qual o objetivo da pesquisa sócio-política? Não é o "consenso universal", como julga Habermas, porém a "justiça"; segundo Lyotard, "o consenso tornou-se um valor fora do comum e suspeito. O mesmo não se pode dizer quanto à justiça. Logo, é preciso chegar a uma idéia e a uma prática de justiça que não estejam ligadas às do consenso"[18].

A conclusão é impecável e ao mesmo tempo alarmante: "Delineia-se uma política em que serão igualmente respeitados o desejo de justiça e o de ignoto"[19].

Agora se compreende muito bem quais são as visões do mundo e da sociedade que os termos "tradicional", "moderno" e "pós-moderno" encerram. Mas, da esfera da filosofia e da política, passemos à esfera estética e arquitetônica em particular.

O PROBLEMA DA LINGUAGEM: TRADICIONAL, MODERNA, PÓS-MODERNA EM CONFRONTO

Em termos de linguagem arquitetônica, os três pólos histórico-ideológicos correspondem exatamente a três códigos lingüísticos diferentes e bem identificados; a construção desses códigos remonta a tempos muito diferentes, mas, apesar de tudo, a divulgação e a "canonização" dessas linguagens constituem fenômeno relativamente recente.

De mais sólida tradição (em todos os sentidos) é a linguagem "tradicional", que podemos subdividir em "clássica" e "vernacular" (ou não-clássica) e que remonta quase à noite dos tempos, isto é, às teorizações greco-romanas, a Vitrúvio, a Leon Battista Alberti, a Francesco Milizia (para limitar-nos aos nomes mais conhecidos); de recente aquisição – de todo modo extremamente

17. *Idem*, pp. 101, 102.
18. *Idem*, p. 120.
19. *Idem*, p. 122.

O CONCEITO DE "MODERNO": TEORIA E IDEOLOGIA 59

controvertida – é a linguagem "moderna" (ou anticlássica), cuja construção remonta aos anos 20-30 deste século, mas que, em sua formulação mais ampla, infelizmente "pós-canônica"[20], foi relançada por Bruno Zevi em 1973. Última, porém não menos aguerrida e agressiva, é a linguagem "pós-moderna", teorizada e canonizada pelo historiador americano Charles Jencks em 1976, nas "cinzas" do falecido Movimento Moderno.

Nesta subdivisão tripolar e atemporal, dominada pela discriminação fundamental clássico-anticlássico, o pós-moderno surge alheio de conotações dialéticas, opositivas ou simplesmente categoriais, porquanto só está interessado num movimento de opinião difusamente anti-racionalista (e, *tout court*, antimoderno) e neotradicionalista (isto é, neovernacular e neoclassicista). Hoje não é fácil identificar outros movimentos fora dessa esquematização essencial, posto que a adesão convicta à ideologia modernista ou a persecução acrítica do ideal classicista (ou vernacular) determinam uma clara escolha de campo: nesta fase histórica, a opção pós-modernista revela-se o caldeirão em que se agitam – com resultados imprevisíveis para o futuro – instâncias historicistas e busca do exasperadamente novo, o *melting pot* da interdisciplinaridade estética e lingüística.

Estabelecer esquema, colocando no mesmo plano "antigo" e "moderno", significaria, do ponto de vista lingüístico e ainda mais aquele lógico-filosófico, confundir o plano histórico com os planos ético e ideológico. "Antigo" é um termo certamente abrangente de outros termos, com o inequívoco significado ideológico (e ético): "clássico", "vernacular", "anticlássico"; no entanto, onde "clássico" e "vernacular" podem ser compreendidos sob o rótulo de "tradicional". Neste último caso, acha-se implícito um juízo moral ou então ideológico, enquanto dividimos o "antigo" (categoria histórica) em "tradicional" e "antitradicional"[21].

Para permanecer num mesmo plano lógico (ou seja, no plano histórico), oposto a "antigo" só pode ser o termo "contemporâneo", que é isento de conotações éticas; assim, o contemporâneo

---

20. Sempre na acepção de J. P. Bonta (*op. cit.*), isto é, considerando que numa fase sucessiva àquela da canonização segue-se a "reinterpretação" amplamente fundada nas precedentes evoluções críticas.

21. Que é somente anticlássico; isto, enquanto o vernáculo é um código dito "espontâneo", ao passo que o clássico é uma linguagem canonizada; o primeiro se presta a evoluções "naturais" e não se arvora em regra (portanto suscetível de ser violada); o segundo é linguagem acadêmica e hierarquizada, portanto propensa a suscitar sentimentos de rebelião e de revolta, e, por isso, de "cesura" lingüística.

60 ARQUITETURA PÓS-INDUSTRIAL

pode ser tradicional (ou classicista ou vernacular), moderno (isto é, anticlássico) e pós-moderno.

Por conseguinte, "moderno" é uma categoria ideológica legitimamente aplicável ao passado: pode haver um "antigo moderno", entendendo-se com essa definição um evento historicamente referível aos séculos anteriores, mas ideologicamente orientado em sentido revolucionário, anticlássico. É só pensar nas categorizações já correntes e consolidadas de artistas como Michelangelo, Borromini, "anticlássicos" com relação a outros "clássicos" como Bramante ou Bernini, para se ter uma idéia da aplicabilidade do "moderno" em situações do passado.

A LINGUAGEM CLÁSSICA DA ARQUITETURA

A construção da linguagem clássica da arquitetura já remonta a muitos séculos. Sem adentrar uma matéria já muito estudada e debatida, podemos referir-nos, para nossos objetivos, às definições conclusivas que, em 1963, nos ofereceu John Summerson, respeitável historiador inglês[22].

Clássico é tudo aquilo que provém ou se inspire na Antiguidade greco-romana, e em particular o que foi codificado segundo critérios particulares e perfeitamente inteligíveis. Não é suficiente que um edifício disponha do vocabulário obrigatório na classicidade, isto é, as colunas, os capitéis, os frontões, as modinaturas etc.; é preciso, também, que sejam respeitadas algumas relações aritméticas para garantir a "proporção", ou seja, a harmonia da estrutura. Contudo, segundo Summerson,

> É possível [...] que um edifício não apresente alguma das características próprias da arquitetura clássica e que, no entanto, se qualifique como edifício "clássico" somente em virtude de sua proporção? Julgo que a resposta deve ser negativa. Ao descrever semelhante edifício, pode-se dizer que suas proporções são clássicas; mas sustentar que *é* clássico só contribuiria para desorientar e constituiria um abuso de terminologia. Os portais da Catedral de Chartres deveriam então ser considerados clássicos, caso se levasse em consideração sua disposição e proporção, mas ninguém jamais se arriscaria a defini-los a não ser como góticos[23].

Apesar disso, o "uniforme" que os edifícios clássicos vestem pode ser reconhecido principalmente por via das ordens, das clás-

---

22. Em *The Classical Language of Architecture*, London, Methuen & Co., 1963 (trad. it., Torino, Einaudi, 1970).

23. J. Summerson, *Il linguaggio classico dell'architettura*, Torino, Einaudi, 1970 (original inglês, Londres, 1963), p. 17.

O CONCEITO DE "MODERNO": TEORIA E IDEOLOGIA   61

sicas cinco ordens identificadas pelos costumeiros tratadistas renascentistas, o último dos quais foi Sebastiano Serlio: jônica, dórica, coríntia, toscana e compósita. Deve-se justamente a Serlio, entre outras coisas, o recurso de "isolar" as colunas do contexto para propô-las didascalicamente em série, para constituírem a base gramatical da "língua clássica". A "superposição das ordens" em altura permite, como é sabido, vencer o problema estrutural e decorativo dos edifícios de muitos andares da Antiguidade: pensemos no Coliseu, ou então em todos os mais importantes edifícios renascentistas, e teremos uma imagem clara do classicismo.

Abandonada (mas até certo ponto) a rígida jaula das ordens, o classicismo atualiza-se, concentrando-se na *harmonia* e na *proporção*, na *simetria* e no *equilíbrio*: Ledoux e Schinkel constituem os intérpretes mais exemplares do classicismo nos albores do século XIX. Segundo Summerson,

[...] embora tenha sublinhado apenas a importância da geometria sólida pura no projeto de Ledoux e no museu de Schinkel (o Altes Museum de Berlim), não passará despercebido que as ordens arquitetônicas estão presentes em ambos: no projeto de Ledoux, sob forma de um pórtico grego numa extremidade do edifício, que regula suas linhas principais e à qual corresponde, na outra extremidade, uma colunata semicircular; no museu de Schinkel, sob forma de uma colunata grandiosa e esplendidamente articulada, que influi formalmente de modo considerável sobre todo o projeto. [...] Embora tenhamos a impressão de que já estamos no limiar da arquitetura moderna, tal limiar devia ser transposto muito mais tarde. Entrementes intercorre a maior parte do século XIX e parte do século XX[24].

Abstraindo, porém, o problema das ordens, decerto não secundário, o que nos interessa recuperar – para melhor entender a noção de "classicismo" (e, portanto, de "tradicional") – é o problema da *harmonia*, isto é, daquele elemento que nos faz pular do classicismo para o moderno e desmascarar definitivamente um dos grandes equívocos em que esbarrou o Movimento Moderno (não a "linguagem moderna", como veremos).

Summerson dedica um interessante capítulo justamente ao "clássico no moderno", o que, em termos lógico-ideológicos, nos faz sentir calafrios; perguntando-se em princípio "o que é a arquitetura moderna?", Summerson responde:

Se vos dispuserdes a expor o que é a arquitetura moderna, só podereis fazê-lo descrevendo os resultados alcançados por determinadas personalidades inovadoras, suas relações de tempo e espaço e o transtorno por elas progressi-

24. *Idem*, p. 75.

62　　　　ARQUITETURA PÓS-INDUSTRIAL

vamente causado à tendência geral da teoria e da prática arquitetônica. As raízes da arquitetura moderna acham-se no pensamento e na atividade dessas cabeças, e seu pensamento e sua atividade estão indissociavelmente conectados com suas realizações contra, sua aliança com, e os desvios da tradição clássica de seu próprio século e dos precedentes[25].

Isso constitui algo limitativo e certamente redutivo no sentido de uma categoria histórica e ideológica cuja plena autonomia temos visto. Em todo caso, Summerson sublinha com agrado que todos os modernos (isto é, os mestres do Movimento Moderno), de Behrens a Perret, de Gropius a Le Corbusier, partem de elementos clássicos e permanecem solidamente ligados à tradição classicista. Falando dos dois primeiros, ele afirma em particular:

A construção de semelhantes edifícios [as fábricas de Behrens em aço para a AEG e as obras de Perret em concreto armado] proclamou uma liberdade nova que, embora não tivesse relações com ordens específicas, achava-se ainda estreitamente ligada aos ritmos e à disposição geral da arquitetura clássica[26].

No que concerne a Le Corbusier, não precisamos surpreender-nos ao ler o que se segue:

Se quiséssemos expor em poucas palavras os resultados arquitetônicos de Le Corbusier, deveríamos dizer que ele revolucionou por completo a arquitetura, deixando-a diferente daquela que tinha encontrado. Logo antes dele, homens como Behrens e Perret tinham domado o caos da técnica empírica e da construção industrial, disciplinando-as dentro de uma estrutura projetada classicamente. Le Corbusier libertou-se de uma estrutura desse gênero [...] mas exerceu um controle mais poderoso e eficaz do que poderiam fazer as ordens simbólicas de Behrens e Perret, aplicando o que tinha chamado de *tracés régulateurs*, linhas de controle. Ao agir dessa maneira, Le Corbusier retomava um tipo de controle que jamais tinha caído no esquecimento, mas que pertence essencialmente ao Renascimento e é fundamental tanto nas obras de Alberti como nas de Palladio[27].

Efetivamente, falar de um Le Corbusier classicista pode parecer estranho e em gritante contradição com a imagem do maior mestre do Movimento Moderno; mas se pensarmos na insistência de Le Corbusier nos temas da *section d'or* e do *modulor*, bem como na indiscutível classicidade geométrica das caixas de construção de seu racionalismo inicial (Maison La Roche, Villa Stein

25. *Idem*, p. 73.
26. *Idem*, p. 79.
27. *Idem*, p. 80.

O CONCEITO DE "MODERNO": TEORIA E IDEOLOGIA

em Garches, Villa Savoye em Poissy, pavilhão do Esprit Nouveau etc.), a dúvida justifica-se. Estamos sempre diante de um autêntico artista moderno, porém atormentado por problemas de sistematização e codificação de uma nova linguagem, polida, funcional, racional, sem ornamentos e preciosismos virtuosos, mas que aspire à proporção e à harmonia, ao "belo" matemático e cartesiano da classicidade.

A relação equívoca dos primeiros modernos como o classicismo até agora não foi muito aprofundada, provavelmente pelo desejo de conservar íntegro o mito dos Mestres, provavelmente por convicção de que o impulso classicista teria constituído apenas um estímulo dialético em direção a uma linguagem menos acadêmica e mais aberta às inovações do século XX. De qualquer forma, por própria admissão de Le Corbusier, Mies van der Rohe e outros, a linguagem moderna nasce em estreita correlação com as estruturas lógicas da linguagem clássica; não é por acaso que Summerson conclui assim seu livro:

> "Procedimento racional": trata-se, talvez quanto ao tempo, do último, mas certamente não do mais insignificante patrimônio que a arquitetura contemporânea recebeu do classicismo. É isso que controla e estimula a invenção. Isso sempre foi e provavelmente sempre será a maneira de a criação arquitetônica operar. E a história da linguagem clássica da arquitetura fornece o antiqüíssimo, o mais universal e explícito modelo deste processo[28].

Por conseguinte, a linguagem clássica da arquitetura reenvia a um mundo arcaico, fundado nos princípios essenciais da tradição pré-liberal-burguesa, a conteúdos transcendentes com relação ao tempo e ao espaço: estamos na presença de um "estilo internacional", baseado na harmonia, na proporção, no equilíbrio, na simetria, na axiomatização de leis universais. Em filosofia, o idealismo, o racionalismo cartesiano e o platonismo (além do catolicismo contra-reformista) fornecem o suporte ontológico-ideológico do classicismo como ordem sobrenatural e imutável: é o "mundo das idéias" que sobrepuja o mundo real (ou melhor, o mundo "aparente", na concepção platônica que desvaloriza o perceptível e o real com relação ao ideal). Um corpo hirto de regras, de definições, de axiomas, cai do alto sem problemas de justificação: é a academia, a linguagem da Tradição, da conservação, da separação classista, da coerência acrítica com a ideologia no poder. Em política, é a linguagem das ditaduras, ou dos Estados

---

28. *Idem*, p. 82.

64 ARQUITETURA PÓS-INDUSTRIAL

autocráticos, que se encobrem de retórica e de classicismo para relembrar as pompas de um esplêndido (ou como tal pretenso) passado.

A arte almeja a reprodução figurativa, a celebração, a pomposidade ingênua e cheia de empáfia do realismo. Uma vez que nisto só é justificada pelo momento histórico, pode-se julgar "clássica" a arte (e a arquitetura) greco-romana, não-clássica a arte gótica e medieval (por certos aspectos, mesmo "popular"), classicista já a arte renascentista e, ainda mais, a barroca e a barroca tardia: o neoclassicismo oitocentista já é intempestivo, em violenta oposição às instâncias estéticas provenientes das classes sociais emergentes, da burguesia e da indústria. A ética do classicismo é a aceitação fideísta da regra, a segurança da não-escolha, a tranqüilidade "agreste" num espaço sem tempo.

A LINGUAGEM MODERNA DA ARQUITETURA

A linguagem moderna[29] da arquitetura não encontra, paradoxalmente, uma sistematização teórica convincente para toda a duração de seu (pretenso) sucesso. A primeira tentativa, árdua e contestadíssima, de estabelecer regras – ainda que elásticas e definidas em negativo – remonta a 1973 e se deve a Bruno Zevi, talvez o mais conhecido entre os historiadores italianos da arquitetura.

Notamos que 1973 é um ano que definimos alhures[30] como "chave" para os acontecimentos sucessivos e que, na perspectiva histórica, já pode ser considerado início da "era pós-moderna"; logo, é pelo menos surpreendente que uma tentativa de esquematização dos contornos, até então magmáticos, da arquitetura moderna seja empreendida justamente por volta daquele ano. Não obstante, apesar da canonização já adquirida da linguagem moderna como racionalismo, e das infinitas deturpações causadas pela interpretação profissionalista do International Style, Zevi constrói um código do moderno "anticlássico" muito mais amplo e "abrangente" do que o difundido antes por Gropius e depois por Le Corbusier, Giedion, Hitchcock e Johnson.

---

29. Naturalmente, pretendemos aqui equiparar os conceitos de "moderno" e de "modernismo", isto é, de modernismo e de projeto moderno, como no pensamento de Habermas e de Adorno (ver *Casabella*, nº 463-464, nov.-dez. 1980).

30. Ver pp. 40-42.

O CONCEITO DE "MODERNO": TEORIA E IDEOLOGIA 65

A característica de "abrangência" própria da linguagem moderna identificada por Zevi diferencia drasticamente a arquitetura que pode ser enquadrada em tal categoria por aquela canonizada em 1932 por Henry-Russel Hitchcock e Philip Johnson, no momento da apresentação do International Style.

Cotejando o léxico, a gramática e a sintaxe destes últimos com as hipóteses de Zevi, de quarenta anos após, compreendem-se muitas coisas. Muito embora em um artigo de 1951 Hitchcock negasse a intenção didascálica da amostra do Museu de Arte Moderna de Nova York[31], esta se revela hoje como a oficialização de uma metodologia profissional e de uma escolha estética seguramente inovadora quanto às persistentes inclinações historicistas e decorativistas, mas também como uma enunciação de princípios fundamentais da arquitetura "moderna".

Aliás, Hitchcock tentava justificar-se:

> O erro cometido por muitos leitores do *International Style* foi [...] presumir que, quanto aos autores, o que eles ofereciam como diagnóstico e prognóstico seria destinado a ser utilizado como prontuário de regras acadêmicas[32].

Mas expressões axiomáticas e categóricas como "*os telhados planos são de tal modo práticos que aqueles inclinados ou curvos só se justificam em casos excepcionais*"; "*o arquiteto que constrói no estilo internacional procura revelar a verdadeira natureza da sua construção e exprimir claramente sua resposta a exigências funcionais*"; ou como "*a marca do mau arquiteto moderno reside no fato de ele cultivar a assimetria por motivos decorativos [...]. A marca do bom arquiteto moderno, pelo contrário, reside no fato de que a regularidade de seus traçados tende à simetria bilateral*" são traçados de uma tal clareza que não parecem deixar margem a dúvidas: o moderno circunscreve-se à linguagem funcionalista da simplicidade, da pureza, da abstração geométrica.

Os pontos identificados por Hitchcock e Johnson para definir a arquitetura moderna – isto é, o estilo internacional, como eles denominam o novo estilo do século XX, impregnado do *Zeitgeist* industrial – são: a funcionalidade, a arquitetura como volume, a

31. A exposição, que deu origem ao famoso livro homônimo, era The International Style: Architecture since 1922, realizada no Museu Arte Moderna, de Nova York, em fevereiro de 1932, promovida por Philip Johnson e Henry-Russell Hitchcock. Tratava-se da primeira exposição de arquitetura do museu, que surgiu em 1929.

32. H.-R. Hitchcock, "The International Style Twenty Years After", *Architectural Record*, ago. 1951.

ARQUITETURA PÓS-INDUSTRIAL

"regularidade", a eliminação da decoração aplicada. São todos pontos derivados de uma análise crítica de arquiteturas construídas de 1922 a 1932 no "estilo moderno". Tendência ao classicismo e tridimensionalidade dominam a concepção dos dois apóstolos americanos da arquitetura moderna.

Para Bruno Zevi, pelo contrário, trata-se de interpretar uma gama mais extensa, espacial e temporalmente, de textos "significativos e paradigmáticos" e extrair disso bases lingüísticas (ou então "regras"), sem as quais a "comunicação" arquitetônica seria impossível: "Certamente, [o arquiteto] pode construir, até em estilo babilônico, se quiser, mas com isso só comunicará as próprias neuroses"[33].

Os pontos (ou "invariantes") que Zevi constata são sete: o "elenco como metodologia projetual", "assimetria e dissonância", "tridimensionalidade antiprospética", "decomposição quadridimensional", "estrutura em relevo, conchas e membranas", "temporalidade do espaço", "reintegração edifício-cidade-território" ("urbatetura")[34].

Programaticamente enunciada, a intenção consiste em criar uma *basic language* muito elástica, porém esquematicamente definida em sentido anticlássico, ou seja, no mais verdadeiro sentido do moderno. Na ótica de tudo o que vimos como moderno, as propostas de Zevi são as únicas que se enquadram plenamente nesta categoria; com efeito, ele próprio avisa o leitor:

> Não se admire se descobrir que, entre cem edifícios construídos, noventa são completamente anacrônicos, datáveis entre a Renascença e o mundo Beaux-Arts; oito contêm de maneira incoerente algum elemento léxico moderno; e dois, na melhor das hipóteses, cometem erros gramaticais, portanto não falam a velha língua, nem a nova[35].

Se as quatro regras de Hitchcock e Johnson denotam uma concepção classicista da arquitetura, que está ligada à idéia da fragmentação da cidade oitocentista; se também Le Corbusier, com seus "cinco pontos"[36] que gravitam no âmbito das prescrições lexicais, ou seja, morfológicas, permanece no âmbito de

---

33. B. Zevi, *Il linguaggio moderno dell'architettura*, Torino, Einaudi, 1973, p. 11.

34. Termo lançado em 1965 por Jan Lubicz-Nycz (ver *L'Architettura, cronache e storia*, nº 121, nov. 1956) e depois retomado por Bruno Zevi.

35. B. Zevi, *Il linguaggio moderno dell'architettura*, p. 11.

36. Os "cinco pontos", "princípios da nova arquitetura", eram: *pilotis*, jardins suspensos, planta livre, janelas longitudinais, fachada independente.

O CONCEITO DE "MODERNO": TEORIA E IDEOLOGIA   67

um modernismo "histórico" mais que ideológico, com Zevi, ao contrário, estamos em cheio na ideologia modernista, pois redescobrimos elementos essenciais da liberdade projetual.

A quadridimensionalidade implica, por exemplo, a "temporalização" do edifício, ou seja, sua percorribilidade, a fruição cinemática do espaço (exatamente, de uma arquitetura entendida como espaço e não como volume), a variabilidade da "experiência" arquitetônica[37]. E, assim, a "reintegração edifício-cidade-território" (por exemplo, na ideal "megaestrutura urbana" típica da utopia moderna) propõe um modelo novo de vida associada, mais "moderno" que a cidade oitocentista classicista baseada na *rue-corridor*, ou do *suburb* americano das casinhas unifamiliares, com base nos gigantescos *highways*; o edifício tenderia, portanto, a perder a conotação de isolamento "volumétrico" para fundir-se com a cidade: a arquitetura cruza-se com a urbanística na urbatetura, em que o arquiteto-humanista reencontra seu papel de guia.

Logo, que diferença entre a busca da "regularidade" de Hitchcock e Johnson (e Le Corbusier, Mies, Gropius e todos os racionalistas) e a apodítica "assimetria e dissonância" de Zevi! Segundo Zevi, "a simetria é uma invariante do classicismo. Por conseguinte, a assimetria o é da linguagem moderna. Extirpar o fetiche da simetria significa percorrer um longo trecho da estrada que leva à arquitetura contemporânea [antes, moderna]"[38]. Isto evidencia que a linguagem moderna fundamenta-se na contraposição ideológica com o classicismo (que constitui parte da linguagem "tradicional" da arquitetura).

O funcionalismo coloca os dois americanos em igualdade de condições com Zevi (que o define como "elenco das funções"), mas o estilo dos primeiros visa justificar a linearidade e a geometricidade da construção, ou seja, visa traduzir todas as funções possíveis em formas arquetípicas, em volumes geométricos concluídos em sua "pura" solidão; o estilo de Zevi é mais coerente com suas premissas, visto que jamais nega os resultados "brutalistas" da decomposição volumétrica e da contraposição espacial, custe o que custar. Com efeito, segundo Zevi, a metodologia do elenco é basilar, abrange todas as outras invariantes da linguagem moderna:

[...] o classicismo, antigo ou pseudomoderno, encaixa as funções humanas, coagindo-lhes a especificidade; depois sobrepõe e justapõe as caixas, de modo a

37. Na plenitude do termo entendida por John Dewey (ver o prefácio deste livro).

38. B. Zevi, *Il linguaggio moderno dell'architettura*, p. 21.

68 ARQUITETURA PÓS-INDUSTRIAL

formar um caixotão de construção. O elenco ressemantiza os volumes e, reagrupando-os, tutela sua individualidade[39]. [...] Não existe arquitetura moderna fora do processo do elenco. O resto é fraude, classicista ou pseudomoderna: um crime, se quisermos falar uma linguagem pertinente[40].

Além da linguagem contundente, é um fato que a preocupação pela forma, pela simetria e pela proporção tem sacrificado, muitas vezes, o espaço da arquitetura, as exigências reais dos moradores, isto é, a verdadeira essência da arquitetura: e isto não apenas nos imponentes edifícios da Antiguidade clássica, mas também em muitíssimas obras contemporâneas, que são tristemente conhecidas como "modernas".

Dos poucos elementos que temos observado, compreende-se perfeitamente que não é fácil distinguir a "verdadeira" arquitetura moderna: modernizaram-se as colunatas, os amplos pórticos, os capitéis, os materiais, as tecnologias, mas o peso da tradição classicista permanece imponente. Isso é quase inevitável, se é verdade que – conforme temos visto – o mundo da tradição (que inclui o classicismo e o vernáculo) representa a instintividade humana, os sentimentos mais profundos (diríamos "íntimos", se o vernáculo fosse ainda atual) da alma humana: isto é, os laços sanguíneos, a idéia da dominação, da vida como luta, do estatismo como soma de normas repressivas e indiscutíveis, tudo isso atribuível à tríade tradicionalista Deus-pátria-família.

O que representa, ao inverso (ou "deveria representar", segundo a impostação ética do modernismo), o mundo moderno, cuja linguagem Zevi aplicou quase com exatidão à arquitetura?

Fundamentalmente, a civilização liberal-burguesa pós-iluminista, fundada nos princípios essenciais das filosofias positivista e materialista. A linguagem moderna contrapõe-se intencionalmente à linguagem clássica, autodefinindo-se como "anticlássica", e se refere – nesta acepção – a toda a história: *anti*estilo por excelência, enquanto *re*discussão e *re*definição permanente do estilo, caracteriza-se por refletir a concepção pragmatista (ou empirista) do mundo.

Seus ascendentes em filosofia são os positivistas de Comte (com o mito do progresso indefinido), os materialistas (de derivação idealista) Marx e Engels com toda a tradição socialista e libertária do utopismo (Fourier, Owen, Saint-Simon), os iluministas não-totalitários da *Encyclopédie*, entre os quais Voltaire; mas

39. *Idem*, p. 18.
40. *Idem*, p. 19.

O CONCEITO DE "MODERNO": TEORIA E IDEOLOGIA   69

sobretudo os empiristas ingleses do século XVII (Locke, Berkeley, Hume) até Aristóteles, verdadeiro progenitor do naturalismo, ou seja, da escola empírica e anti-racionalista.

Os dois pólos dialéticos da história – só com o fim de ser esquemáticos – acham-se todos aqui: racionalismo e empirismo, idealismo e materialismo, tradição e progresso, rigidez e flexibilidade, *abstração e empatia*, classicismo e modernismo, e assim por diante.

Não existe – no modernismo – um transcendente "mundo das idéias": tudo é explicado pela razão, ou pelo menos é explicável, na lógica galileana da experimentação e da análise *a posteriori* (contra a síntese *a priori* típica dos esquemas racionalistas), da avaliação no campo, da busca não preconceituosa de pequenas verdades locais (e não de uma Verdade geral). É a linguagem difícil da heresia contra a academia, ou então da marginalização contra o *establishment*, o poder constituído: basta pensar, justamente, em Galileu e na Igreja, ou em Oscar Wilde e na sociedade vitoriana do século XIX, na heresia luterana, em Tommaso Campanella, em todos os apóstolos da modernidade, imolados no altar da pesquisa e da contestação, da angústia e da dúvida, contra a certeza e a inderrogabilidade das "regras do jogo".

É a linguagem da burguesia da Revolução Francesa (não da burguesia vitoriana ou oitocentista tardia), do povo russo do Outubro de 1917, dos cientistas e dos intelectuais do século XIX, dos musicistas do século XX (basta pensar em Berg, Stravinski, Shostakóvski, e hoje em Luciano Berio, em John Cage, em Xenakis); na arte, é a linguagem da arquitetura medieval e gótica, do maneirismo dos últimos anos do século XVI, do estilo *liberty*, do futurismo, do cubismo e do pós-impressionismo (isto é, dos ismos abstrato-figurativos).

Sem sombra de dúvida, o Poder expresso pelo modernismo é o democrático, fundado na discussão e na participação, mas também na "revolução permanente", no progresso dialético das formas sociais e institucionais, não cristalizadas em aspectos imutáveis. Do ponto de vista ético, predomina o mito da eficiência, do progresso indefinido, da aspiração à justiça social, a redefinição dos métodos, mas não dos objetivos igualitários e sociais: a ânsia "industrial" substitui aquela que temos definido como a tranqüilidade "agreste" da vida coletiva. A indústria, com suas férreas leis, emblematiza o modernismo e certamente testemunha sua vitalidade permanente, ou seja, a tensão "transformatória" da matéria e da natureza.

70 ARQUITETURA PÓS-INDUSTRIAL

O moderno é "obra aberta", *work in progress*:

[...] fruto das sete invariantes, o não-acabado é condição para que a arquitetura seja envolvida na paisagem urbana, lhe assimile as contradições, se enlameie na sujidade e no *kitsch*, a fim de recuperá-los em nível expressivo. Os sociólogos salientam que nos *slums, bidonvilles*, favelas e *barriadas* ferve uma intensidade de intercâmbios comunitários desconhecidos nos bairros "planificados" de casas populares. Por quê? Nestes últimos faltam a aventura, o espírito de pioneirismo, o sentido da vizinhança, o *kitsch* auto-administrado com seus aspectos negativos e, no entanto, cheios de vitalidade. Pois bem, na linguagem moderna não-acabada, a participação constitui indispensável complemento estrutural da ação arquitetônica[41].

Assim sendo, segundo Zevi, a linguagem moderna não é a canonizada pelo International Style, mas é o conjunto das orientações formais e ideológicas que vão do racionalismo ao expressionismo, do organicismo ao informal, num panorama como nunca diversificado e articulado e até contraditório.

Não obstante o empenho de Zevi e de alguns outros no mundo, a ideologia modernista, em última análise, foi plagiada pelos teóricos do Movimento Moderno, isto é, pelos racionalistas: concretizou-se uma extraordinária mistificação, rotulando como modernas construções bem distantes, ideológica e formalmente, da riqueza conceitural do termo. Era inevitável que a academia "modernista", que o "estatuto funcionalista do Movimento Moderno, que o *star system* dos grandes mestres fossem sucedidos por um movimento de violenta e radical rebelião, que erguesse a bandeira dos problemas sem solução, descuidados ou agravados pela obra do Movimento Moderno: do espírito regionalista ao *genius loci*, da "memória coletiva" da história à cidade oitocentista "real". Nascia o pós-moderno.

A LINGUAGEM PÓS-MODERNA DA ARQUITETURA

A rebelião, inicialmente caracterizada por impulsos vanguardistas, espalha-se por toda a década de 60, sem assumir conotações de movimento unitário: elemento comum é somente a rejeição do academismo modernista e da visão totalizante e cartesiana da sociedade, pregada por Gropius e pelos outros racionalistas.

41. *Idem*, p. 68.

O CONCEITO DE "MODERNO": TEORIA E IDEOLOGIA   71

O Team X já tinha levantado esses problemas com relação ao velho CIAM, provocando sua rápida consunção, enquanto na Itália o *neoliberty* agitara um pouco as águas estagnantes da ortodoxia racionalista. Agora, depois dos movimentos da arte *pop*, das pesquisas de Louis Kahn, de Paolo Soleri (com a sua Arcosanti) e de Robert Venturi, a contestação da regra torna-se a legitimação do arbítrio, a reavaliação da história, a exaltação do *kitsch*.

Venturi em particular desenvolve aquela tendência para o não-acabado, para o *kitsch*, que já vimos presente entre as características da linguagem moderna da arquitetura, evidenciando a vivacidade e a positividade conceitual do "estilo Las Vegas", no qual o vivido predomina e às vezes exprime valores estético-arquitetônicos. A aceitação do significado social da aglomeração urbana e da sacralidade do gosto pequeno-médio burguês leva Venturi a ulteriores progressos no sentido da definição de novos modelos projetuais e novas propostas arquitetônicas.

Com efeito a reconstrução da gênese de uma linguagem pós-moderna está sendo extremamente difícil, na atual fase da crítica histórica, porque, de um lado, ela parece muito variegada, de matrizes muitas vezes antitéticas; e, de outro lado, porque muitos arquitetos, que depois foram incluídos no movimento pós-modernista, negam pertencer a ele, ou apresentam disso uma explicação diferente. Seja como for – independentemente de sua posição oficial –, Robert Venturi merece ser definido como "emblemático" da arquitetura pós-moderna.

Já vimos quais são as bases teórico-filosóficas do mundo pós-moderno, ou do pós-modernismo, razão por que nos deteremos nos conseqüentes desdobramentos deste pensamento na arquitetura. Para sermos mais claros, trata-se de uma aplicação *a posteriori* de uma etiqueta mais ou menos adequada a um complexo sistema de fenômenos de rebelião no *establishment* modernista, amadurecido nos anos 60 e 70.

Se Robert Venturi, com suas arquiteturas construídas, pode ser considerado o mais completo arquiteto pós-moderno (é só pensar no programático antimodernismo do Headquarters Building for Nurses and Dentists, 1960, em Pensilvânia; ou no memorável jogo de linhas da Franklin Court em Filadélfia, 1972-76; ou no mais irônico e desinibido cruzamento entre memória histórica e vernáculo *country* do projeto de casa em New Castle County, Delaware, 1978; ou, finalmente, no divertido e desconcertante

72 ARQUITETURA PÓS-INDUSTRIAL

Clube de Jazz, em Houston, 1976); então Charles Jencks deve ser considerado, sem dúvida, o profeta da "Internacional pós-moderna".

Em 1977, quando o termo já aparece difundido entre os trabalhadores, mas ainda olhado com suspeitas, Jencks propõe um conjunto de definições para a "linguagem pós-moderna" e delineia uma série de pontos de convergência entre os arquitetos mais representativos do antimodernismo. Pela primeira vez, tenta-se sistematizar um acúmulo de motivações e de escolhas estilísticas no âmbito de uma gama de valores comuns; Jencks chega assim à definição daquela que se pode dizer a principal característica da nova linguagem: o *código duplo*, contraposto ao código único do Movimento Moderno (que era aquele da "forma que segue a função").

Na prática, segundo Jencks,

[...] um edifício pós-moderno é, se quisermos uma definição sintética, um edifício que fala pelo menos em dois níveis, simultaneamente; ao nível de outros arquitetos e de uma minoria interessada, que se preocupa com os significados estritamente arquitetônicos, e ao nível do público em geral ou dos habitantes do lugar, que se preocupam com outros problemas que têm a ver com o conforto, o modo tradicional de construir e um modo de vida. Aí está por que a arquitetura pós-moderna parece híbrida e, se quisermos uma definição visual, mais ou menos como a fachada de um templo grego clássico. Este último é uma arquitetura geométrica com elegantes colunas caneladas na parte de baixo e no alto um tumultuado painel com gigantes em luta, um frontão pintado com vivazes cores azuis e vermelhas. Os arquitetos sabem ler as metáforas implícitas e os significados sutis dos tambores das colunas, onde o público responde às metáforas explícitas e às mensagens dos escultores[42].

Aliás, essa definição comporta uma série de conseqüências que não podem ser negligenciadas. Se uma arquitetura não fala uma linguagem "univalente", ou seja, teoricamente compreensível por qualquer um, mas uma linguagem bivalente (ou multivalente), isto é, decodificável em vários níveis em função do diferente grau de cultura, ela evidentemente não só não se propõe algum objetivo didascálico, ou ético ou ideológico (de igualitarismo programático, por exemplo), mas detém-se simplesmente no âmbito de seu específico disciplinamento elitista, conscientizando-se de uma realidade objetiva – objetivamente conservadora –, segundo a qual o populacho inculto deve dar aquilo que pode entender (isto é, vernáculo, as morfologias tradicionais, aquilo que é no-

---

42. C. Jencks, *The Language of Post-Modern Architecture*, London, Academy Editions (1977), 1981, p. 6.

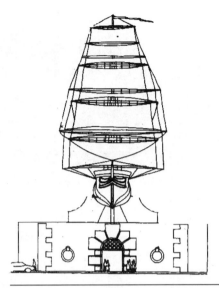

Fig. 23. Robert Venturi, projeto para o Clube de Jazz (1976), em Houston, Texas.

Fig. 24. Oberlin, Ohio. The Allen Memorial Art Museum (1973-76), de Robert Venturi.

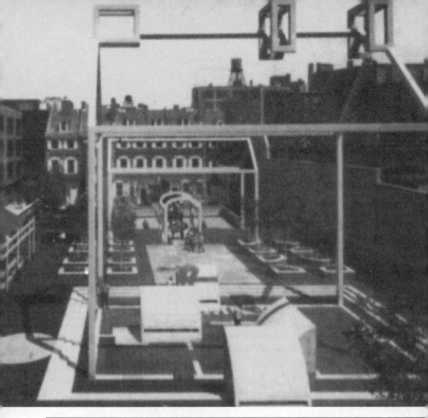

Fig. 25. Filadélfia. Franklin Court (1972-76), de Robert Venturi.

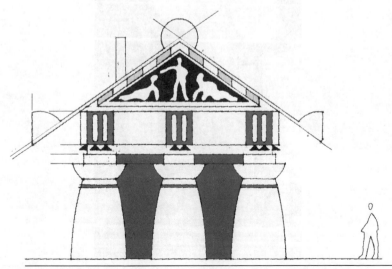

Fig. 26. Robert Venturi, projeto de casa para fim de semana (*c.* 1975).

O CONCEITO DE "MODERNO": TEORIA E IDEOLOGIA   75

bremente definido como "a memória coletiva"), ao passo que os outros arquitetos-intelectuais-estetas devem oferecer elementos de reflexão e de interpretação a um nível mais elevado (ou seja, a citação historicista exasperada, a deformação "supermaneirista" de estilos a trezentos e sessenta graus). Em outras palavras: a realidade do *status quo* da separação cultural (talvez, de todo modo, inevitável) entre massas e intelectuais.

Por conseguinte, por que preocupar-se em fazer da arquitetura um intrumento revolucionário? Partindo (na época das primeiras contestações estudantis, por volta de 1968) com a afirmação do primado da política e com a definitiva "morte da arte" e, depois, com a negação à arquitetura de toda implicação política, retorna-se banalissimamente à arquitetura *sem* política, ao puro disciplinamento, e antes, para cúmulo, à arquitetura *declaradamente* estranha à mínima tentativa que seja de culturizar a vida coletiva.

Por isso, o código duplo parece ser a legitimação, a oficialização de um fracasso; talvez uma realidade de que as pessoas devam conscientizar-se, mas decerto um amargo retrocesso no tocante a todos os ideais socialistas, igualitários, com os quais se nutriram não só os mestres do Movimento Moderno. Não obstante, Jencks revela-se extremamente equilibrado ao selecionar os ímpetos expressivos, os parâmetros inovadores do novo movimento, distinguindo no bojo – na medida do possível – uma multiplicidade de alinhamentos e de tendências, não necessariamente homogêneos do ponto de vista ideológico, além de estilístico.

Atualmente, existem, ao que parece, três pólos lingüístico-ideológicos circunscritos pelo rótulo do pós-moderno: o *supermaneirismo*, o *pseudovernáculo* e o *neo-historicismo*; deles nos ocuparemos mais amplamente a seguir; vejamos agora de que maneira Jencks determina as características próprias da linguagem pós-moderna da arquitetura (ou, mais exatamente, a linguagem da arquitetura pós-moderna[43]).

Jencks distingue[44] entre "moderno", de 1920 a aproximadamente 1960, e "pós-moderno", depois desta data, junto com um

---

43. A distinção não nos parece fora de propósito se, como parece, neste segundo caso (a linguagem da arquitetura pós-moderna) se entende como uma *reductio ad unum* de arquiteturas *objets trouvés* e não prefiguração lingüística de um novo estilo.

44. *Late-Modern Architecture*, London, Academy Editions, 1980.

76 ARQUITETURA PÓS-INDUSTRIAL

"moderno tardio"; entre as características ideológicas do pós-moderno, em contraposição ao moderno, encontram-se: o código duplo relativamente ao International Style, ser "popular" e pluralista em relação ao utópico e idealista, preferir as tradições e a liberdade de escolha estilística quanto ao *Zeitgeist*, limitar-se à "peça única" contra a visão totalizante da cidade, preferir uma forma significativa ou expressiva a uma forma determinista, funcional.

Entre os componentes mais propriamente estilísticos do pós-moderno, prefere-se a expressão híbrida à singeleza; a complexidade à simplicidade; o espaço variável "com surpresas" ao espaço isotrópico indiferenciado; o ecletismo contra o purismo; a decoração aplicada contra a nudez decorativa; a citação histórica contra a rejeição da história; preferem-se a metáfora, o humor, o símbolo, a representação ao seu seco repúdio. Assim, no caso das "idéias projetuais", é evidente a preferência pós-moderna pela recuperação dos centros históricos; o *urban renewal* às *new towns*; para a integração funcional nas cidades prefere-se a separação; à continuidade de construção da *rue-corridor* oitocentista preferem-se os volumes isolados no verde; a ambigüidade em vez da transparência; a colagem-colisão semântica em lugar da "integração harmoniosa".

Depois de etiquetar, assim, tudo o que se opõe à ideologia modernista, Jencks está consciente do risco de destruir toda a disciplina arquitetônica, baseada no elenco (e, seja como for, a interpretação) das funções: daí a definição de "totalmente inclusivo" para a linguagem pós-moderna, enquanto "isso inclui o estilo e a iconografia modernista como abordagem potencial a ser usada nos casos apropriados (para fábricas, hospitais e algum escritório)"[45]. Bondade sua.

Por conseguinte, que mundo pode ser evocado por um tal universo de imagens e de experiências estéticas que nada têm de unitárias, sendo até ecléticas, híbridas, programaticamente desconexas e *kitsch*? Talvez uma civilização pós-industrial, uma civilização do terciário, toda de colarinhos-brancos, imersa num mar de informações, onde o trabalho manual é executado por robôs e o intelectual por computadores? Um mundo em que o homem é finalmente aliviado de toda fadiga e pode dedicar-se a atividades artísticas ou lúdicas, numa espécie de éden "macio" ou "eletrônico"?

---

45. C. Jencks, *The Language of Post-Modern Architecture*, p. 7.

O CONCEITO DE "MODERNO": TEORIA E IDEOLOGIA   77

A resposta é difícil, porque a condição pós-moderna está seguramente ligada, neste momento, a uma semelhante visão do mundo; mas é também verdade que – além das idéias professadas pelos arquitetos pós-modernos – não existe interesse especial pela condição social do homem ou pela análise do real. Falta não só uma avaliação analítica e crítica dos atuais modos de perversão social, mas também um itinerário projetual de mediação junto à sociedade do futuro. Em outras palavras, parece que nos confiam, mais uma vez, a uma espécie de passivo e aquiescente mecanicismo histórico, no qual as condições futuras da sociedade se acham "neutramente" determinadas pela própria evolução da sociedade capitalista: a aceitação do sistema social, na convicção de uma possível neutralidade com relação a ele, surge como a condição principal para a manifestação do pós-modernismo.

Que mais poderiam significar expressões como "crise do determinismo", "rediscussão do mito do progresso", "reelaboração das regras do jogo", senão uma preferência (em termos éticos) pela intuição e a insegurança no tocante à racionalidade e à certeza? Se, de um lado, o jogo estilístico, o *bricolage*, o ecletismo supermaneirista desmitificam o classicismo e o passado (também o mais recente), injetando humor e desempenho no contexto urbano, por outro lado, a recuperação rigorosa do neoclassicismo histórico da arquitetura prospética e metafísica, "alheia" a contaminações *kitsch*, denuncia a *aspiração* à certeza da regra, à segurança que o tempo presente não pode oferecer (e muito menos no futuro).

É evidente que, além de uma provisória e talvez interessada etiqueta, as tendências neoclassicistas (e neo-acadêmicas) presentes no pós-moderno não podem concretamente conviver com outras que a elas se opõem decisivamente. A civilização pseudoclássica evocada por Robert Venturi – e que pode ser considerada (por que não?) um momento de reflexão da cultura durante o período mais acelerado de sua evolução – não pode ser a mesma do funéreo e maníaco classicismo de Léon Krier ou de Ricardo Bofill.

O ecletismo radical, supermaneirista ou transvanguardista[46], pseudovernacular ou pseudo-historicista, pode representar a mudança de rumo no sentido de uma nova arquitetura moderna. Veremos que é justamente a filosofia do projeto que diferencia a ati-

---

46. No sentido atribuído ao termo por Achille Bonito Oliva em 1979 em *Flash Art*, nº 92-93, para definir novas tendências da arte contemporânea.

78 ARQUITETURA PÓS-INDUSTRIAL

tude das várias tendências e que, a partir da técnica do desenho até a inteira abordagem projetual, tudo é completamente diferente em seu interior.

À guisa de conclusão e de síntese, pode-se identificar claramente três mundos projetuais, ligados, no bem e no mal, consciente ou inconscientemente, a três visões gerais da vida: *tradicional, moderno* e *pós-moderno*. Já vimos suas principais características, as principais correspondências entre filosofia, arte, política, economia e arquitetura.

Surgiu, porém, uma dúvida: e se alguém interpretasse essa tripartição ideológico-estética (que chamamos de "atemporal") como "estilos", entre eles qual forma de um edifício escolher indiferentemente?

O problema do estilo já tinha sido enfrentado, com típica linearidade, por Walter Gropius; em 1954 ele afirmava: "O estilo é a repetição sucessiva de uma expressão que foi usada como denominador comum para todo um período"[47]. Isto é, fala-se comumente de estilo românico, gótico, barroco, "império", "Luís XV", e assim por diante, mas sempre entendendo que se refere a uma única concepção da arquitetura, a da fachada e das decorações aplicadas, ou da concepção bidimensional (oitocentista) da arquitetura. Além do mais, o estilo – por exemplo, no mobiliário – implica muitas vezes uma indiscriminada variabilidade de escolha, uma indiferença pelo contexto, ou a especificidade da função, ou o caráter dos habitantes. Pelo contrário, a concepção da arquitetura que indicamos inicialmente nos leva a excluir que uma referência qualquer ao moderno (mas também ao tradicional ou ao pós-moderno) pode exaurir-se em termos de estilo.

Isso em virtude de um respeito fundamental que se deve, por um lado, à forma e, por outro lado, à ideologia, e devido a uma desconfiança pessoal em relação à chamada neutralidade da arte ou da arquitetura. Demasiadas vezes temos visto, também nos livros de história, a "neutralidade" elogiada pelos conservadores ou pelos reacionários, animada como sendo equivalente ao "não perturbar o condutor". Quem é que sempre se bateu para impedir ao artista uma função social ainda que mínima (evidentemente de crítica)? Quem se empenhou em impedir que o arquiteto ou o urbanista metesse o bedelho nas questões vitais (para a renda e

47. W. Gropius, *Architettura integrata*, Milano, Garzanti, 1978 (orig. EUA, 1955), p. 110.

O CONCEITO DE "MODERNO": TEORIA E IDEOLOGIA 79

o capital) da planificação territorial? De Michelangelo a Honoré Daumier, de Picasso a Le Corbusier até os "utopistas modernos", a história é rica de exemplos.

Se é lícito encarar com suspeitas quantos se iludem em separar forma e ideologia social, pode-se ter a absoluta certeza de que em alguma parte se festejará o fim de um pesadelo. Foi, com efeito, dito:

> Entre formas arquitetônicas, práxis e teorias políticas pode haver instrumentalizações recíprocas temporárias, convergências de interesses materiais, afinidades eletivas sinceramente sentidas por este ou aquele em um dos dois campos, mas não muito mais: o resto são mistificações ou dados de crônica social que muito pouco significam a longo prazo [...]. Adeus, portanto, e esperemos para sempre, aos mitos da arquitetura politizada e demagógica, da arquitetura socialista, fascista e assim por diante[48].

Chega de política, portanto!, parece ser a mensagem atual. E, então, eis o retorno ao ecletismo, ou seja, aos "estilos", todos legítimos, todos ainda colocados no mesmo plano.

Diante do *revival* estilístico, é precio avaliar-lhe exatamente as conseqüências. Gropius advertia:

> A arquitetura moderna não é constituída por algum ramo de uma velha árvore; mas é uma nova planta que surge diretamente das raízes (grifo nosso). Isso não significa, porém, que hoje se assista a um inopinado advento de um "estilo novo"; o que vemos e experimentamos é um movimento em evolução, que criou uma visão fundamentalmente diversa da arquitetura[49].

---

48. P. Portoghesi, *Postmodern*, Milano, Electa, 1982, p. 39.
49. W. Gropius, *Architettura integrata*, p. 110.

Parte II:
A Arquitetura depois de 1975

3. Depois da Arquitetura Moderna: A Tradição

Assim como a fênix que renasce das cinzas, hoje, que nos encontramos nos umbrais do ano 2000, a tradição "renasce" nas teorias e nas realizações práticas da arquitetura contemporânea.

Já demonstramos como é perfeitamente lícito falar de "tradição contemporânea", na medida em que o componente estético-ideológico "tradição" pode ser perfeitamente utilizado, em nossos dias, para o discurso projetual.

Dizer, no entanto, que ela "renasce" não fica muito claro, a menos que se tenham presentes alguns dados. Em primeiro lugar, uma certa tendência cultural – historiográfica e arquitetônica – tinha propagado o mito da "morte da história" e, por conseguinte, do passado, da tradição, da classicidade, difundindo o culto do progresso ilimitado e da imoralidade da recuperação de elementos lexicais tradicionais. Em segundo lugar, antes de um certo período (digamos os anos 70), nenhum profissional da arquitetura construída sério jamais tinha discutido a estética funcionalista do International Style, ou melhor, nunca pensara antepor questões sociais ou psicológicas, existenciais, às questões econômicas, tecnológicas e funcionais fundamentais.

Essas duas dominantes da arquitetura do pós-guerra ofuscaram um pouco uma realidade, submersa porém inexoravelmente presente: a realidade do classicismo, do vernáculo, do "tradicional", que atravessou as revoluções da arte moderna, do vanguardismo, da contestação permanente; mascarada, de vez em quando, por ortodoxia modernista, por adesão ao lugar e ao *genius loci*, por "contextualismo" e *straight revivalism*.

Pode-se facilmente constatar a sensação de que a tradição jamais morreu: não se pode dizer, por conseguinte, que ela "renasceu". Hoje não existe nenhum salto histórico, de interrupção do progresso, de recuo, ou de inversão de marcha, porque – na realidade – nunca houve uma verdadeira cultura moderna da arquitetura; a história prossegue tranqüilamente sua marcha sem saltos, e a continuidade da arquitetura tradicional estende todas as suas ramificações. A interposição de clássico e moderno, de tradicional e revolucionário ali está para nos mostrar como não se pode desposar imprudentemente – no campo arquitetônico – algumas teorias historiográficas, filosóficas e sociológicas mais extremas.

A linha contínua que liga a arquitetura moderna à vanguarda histórica e à utopia, à Revolução e à Democracia cruza-se com a linha que liga a arquitetura tradicional com a conservação e a canonização dos estilos, o rigor da Regra, o realismo, o reformismo e a oligarquia, mas também (na versão classicista) com o monumentalismo propagandístico dos regimes absolutistas.

Não podemos mais acreditar na versão otimista dos fáceis esquemas históricos, segundo os quais a era do funcionalismo (industrial) foi substituída pela era pós-moderna (pós-industrial): sequer podemos pensar que, depois de trinta anos de moderno, tenha-se subitamente passado a refletir no mais alto valor do "tradicional".

Na realidade, pode-se demonstrar que a regra classicista sempre esteve presente e atuante bem no âmago do chamado Movimento Moderno (foi o que vimos com Hitchcock e Johnson[1]); que no pós-guerra a insistência nos temas estéticos "racionalistas" e sócio-tecnológicos "funcionalistas" nada mais é do que a tentativa – bem-sucedida – de acobertar com a máscara de *Zeitgeist* conteúdos classicistas e tradicionais; que em nossos dias até o feliz rótulo de pós-moderno encobre operações que trazem o inconfundível carimbo de fábrica do classicismo e do vernáculo; que, finalmente, sempre em nossos dias e sempre para a confusão de quem adentra uma tal selva para desenredar-lhe os fios condutores, noventa por cento da arquitetura (e das construções) são projetados e construídos com critérios absolutamen-

---

1. Ver capítulo anterior.

DEPOIS DA ARQUITETURA MODERNA: A TRADIÇÃO 85

te tradicionais, nas formas vernaculares mais tradicionais, com o único objetivo de adequar a oferta de construção às demandas indiferentes da massa.

A profissão (ou, para melhor nos expressarmos, o ofício) continua no sempiterno aproveitamento do filão "tradicional" sem propor-se, ainda que minimamente, o objetivo de promoção cultural, de estímulo ideológico, de "animação" social ou psicológico. Todas as esquálidas periferias das cidades contemporâneas podem ser reduzidas a uma estética classicista, enfocada na regra da repetitividade, da monotonia, da economicidade a todo custo – isto é, à custa da humanidade e da qualidade de vida de todo o ambiente. O Pruitt-Igoe Housing, que Charles Jencks define como ponto de morte da arquitetura moderna, ratifica, isto sim, a mais evidente falência da arquitetura de massa entendida como arquitetura simplesmente "racional", econômica, organizada do alto, ou seja, burocratizada, sem variações, formalmente fechada e composta: em suma, classicista.

Estará, então, a arquitetura tradicional fadada a falir? Não é tão simples afirmar isto.

Os dois grandes filões da arquitetura tradicional são o *classicismo* e o *vernáculo*, um entendido como monumentalização e racionalização "arquitetônica" do segundo, que, pelo contrário, cobre o campo bem mais vasto da chamada "arte de construção" (para nos atermos às usuais distinções da crítica crociana). Num caso, temos a transfiguração classicista do real, o academismo, a "interpretação", enquanto no outro temos uma ampla gama de opções, a partir da imitação pura e simples do estilo "regional" ou "popular" até a manipulação eclética – sempre, porém, no âmbito de um inculto realismo; em ambos os casos, a Regra põe em igualdade de condições todas as tendências: é o cimento que liga todos os ramos de uma única árvore.

Entre os classicistas, na primeira fileira, encontraremos mais facilmente os arquitetos de renome, muitas vezes de moda, que – conscientemente ou não – lançam densas cortinas de fumaça para mascarar, justificar, transformar suas idéias e sua arquitetura, para fornecer ao externo, à massa, a imagem do intelectual engajado que, como quer que seja, interpreta, de modo correto, as exigências da sociedade e orienta, de modo correto, as necessidades nascentes, os desejos e as angústias de todos nós.

Entre os vernaculistas, na segunda fileira, acham-se todos os outros arquitetos menos renomados, os "párias" da cultura, mas com freqüência os *bigs* da profissão, as sociedades de engenharia e de arquitetura, os estudos técnicos impessoais, os técnicos provincianos (mais sujeitos aos impulsos das tradições regionais): isto é, todos aqueles que, não se prendendo a muitos escrúpulos culturais, preferem oferecer a seus clientes um produto ultrapassado (fora de época), medíocre, porém mais ou meno eficiente, mais ou menos econômico, de fácil colocação no mercado, de indiscutível aceitação no plano formal e físico.

Aparentemente, toda a ideologia, a cultura, a intelectualidade estão no primeiro setor, com os classicistas. Mas isso não é totalmente verdadeiro. Não têm faltado − e não faltam atualmente − os defensores convictos, culturalmente sagazes, do vernáculo, ou seja, da imitação pura e simples do antigo; em geral, desprezam a modernidade, porém com mais freqüência só atacam o "culto" da modernidade, amam tudo o que é antigo (clássico ou popular), pregam a recuperação indiscriminada das antigas arquiteturas urbanas, via de regra européias.

O CLASSICISMO

Colocados diante do real dilema do ato de projetar, isto é, da construção e da relação com instituições ou contrapartes "profanas", os arquitetos oscilam entre classicismo e "racionalidade", entre a linguagem popular (o "vernáculo") e uma moderna interpretação em registro culto de étimos regionais ou arcaicos: parece ser a melhor escolha, a mais responsável e a mais digna de um intelectual, diante do vasto público que se cala mais ou menos atônito, face à Regra da Criação. A atitude acadêmica serve para dar o tom, para supervalorizar uma imagem cultural alheia às reais exigências humanas. Quando os acadêmicos, ou seja, os classicistas, projetam, participam de concursos, seus desenhos impõem-se arrogantes e altissonantes nas mesas das juntas examinadoras ou nas páginas das revistas; refinados em seu culto especialista e introvertido ao "belo desenho", satisfeitos com sua perfeição formal, declaradamente "metafísica".

Cabem algumas sutis distinções, para evitar que sejam colocadas sob uma única bandeira ideologias totalmente opostas e finalidades contrastantes; seja como for, "tendências" que têm elementos de distinção. Deixaremos para o fim, *last but (not) least*, o setor da imitação, o vernáculo, no qual é preciso, também, esclarecer funções e posições e verificar o que se entende, hoje, por linguagem tradicional e "popular".

DEPOIS DA ARQUITETURA MODERNA: A TRADIÇÃO 87

Quando se fala de arquitetura classicista, "neo-acadêmica" – e isto não só de um ponto de vista formal, mas também ideológico e sobretudo semiológico –, o pensamento se transporta para as imagens de Aldo Rossi, de Léon e Rob Krier, de Christian de Portzamparc, de Maurice Culot (e dos Archives d'Architecture et d'Urbanisme, de Bruxelas), de Ricardo Bofill (e do Taller de Arquitectura). Um pequeno degrau mais abaixo em termos de definição ideológica, mas sobretudo por ambigüidade formal e talvez devido a uma acentuada predileção pelo desenho em si, acham-se Joseph Paul Kleihues e Oswald Mathias Ungers, para os quais se pode falar de "culto do projeto".

Mais distantes dessa dimensão rigorosamente[2] projetual estão os italianos em geral e, entre eles, Massimo Scolari, Franco Purini, o GRAU (Gruppo Romano di Architettura e Urbanistica), apóstolos da chamada "arquitetura desenhada" e, não obstante, também aqueles como Rossi, pretensos neo-racionalistas. Conforme veremos, seus desenhos parecem pertencer à esfera auto-contemplativa, numa espécie de neurose do desenho, voltada obsessivamente para a pesquisa da definição formal, bidimensional, pictórica.

Trata-se de nomes importantes, de personalidades realizadas, às quais hoje se reporta a grande maioria dos estudantes das faculdades de arquitetura que ainda não esposaram a causa pósmodernista (com a qual não é por acaso que alguns acadêmicos já entraram em violenta colisão): com a maior cautela, procuraremos enfocar algumas características invariantes de seus projetos, algumas linhas de tendência, e compreender em que consistiria seu "classicismo" (ou academismo, que por enquanto admitimos, um tanto forçadamente, como sinônimo). Para tentar uma classificação crítica, não basta, com efeito, apenas um olhar para os projetos ou para os edifícios construídos, mas é igualmente necessário conhecer as idéias desses arquitetos, confrontá-los entre si, captar-lhes os motivos inspiradores, avaliar o impacto semântico dos edifícios e sobretudo a eventual relação em termos comunicacionais com as declarações ideológicas e programáticas dos autores: em outras palavras, a relação entre o "dizer" e o "fazer".

O que causa assombro em Aldo Rossi – o cabeça indiscutível dos *Rats* (ou "neo-racionalistas" da Tendência) – é a extrema e dilacerante dicotomia entre teoria-ideologia e práxis-projeto: a uma concepção solidamente marxista da sociedade e das relações

---

2. O termo não é absolutamente casual, mas refere-se ao "rigor" e à "regra" do classicismo.

88 ARQUITETURA PÓS-INDUSTRIAL

entre classes e Poder, entre progresso e instituições, corresponde uma arquitetura metafísica, "racional", "lógica", "reduzida aos arquétipos", fundada na mitificação da tipologia e na obsessiva redução semântica.

Ele próprio confirma a aspiração à simplicidade e à essencialidade "ideológica" da arquitetura:

Acreditamos ainda profundamente numa arquitetura racional onde a redução das tarefas não constitui uma tímida limitação diante dos problemas, porém o modo mais concreto de trabalhar; a arquitetura não é "um estilo de vida": onde quer que nos encontremos, a arquitetura como "estilo de vida" pertence ao falso moralismo, totalmente decorativo, de uma parte do Movimento Moderno[3].

Mas nos confirma também a necessidade do compromisso político da arquitetura:

Acreditamos que hoje em dia uma linha de desenvolvimento passa pelas contradições, contanto que estas sejam usadas com consciência. Defendemos o metrô e a Universidade de Moscou, bem como a Alameda Karl Marx de Berlim Oriental, quando estes fatos tiveram um profundo significado, que superava qualquer questão de estilo. E também hoje olhamos para aquelas construções com profundo interesse diante de todos aqueles eventos autênticos e de ordem geral, que sacodem a técnica e permitem atribuir a essa técnica um conteúdo progressista; mas não somos nós que vamos dar este conteúdo, embora devamos estar prontos para dar a resposta necessária aos problemas[4].

Portanto, também Rossi crê num progresso, evidentemente social, econômico e político, ou seja, numa possibilidade de melhoria das condições de vida e de trabalho do homem, numa perspectiva de mudança radical das instituições e dos mecanismos de regulação social.

Ele nega, porém, muitas vezes, que este espírito "socialista" possa espelhar-se na produção arquitetônica. Afirmações como "a arquitetura é parente da engenharia e, por conseguinte, da física"[5], ou "a arquitetura, nascida da necessidade, é agora autônoma; em sua forma mais elevada ela cria peças de museu a que os técnicos recorrem para transformá-las e adaptá-las às múltiplas funções e exigências em que devem ser aplicadas"[6] significam

---

3. VV. AA., *Architettura razionale*, Milano, Franco Angeli, 1985; prefácio de Aldo Rossi, p. 17.
4. *Idem*, p. 16.
5. *Idem*, p. 13.
6. A. Rossi, *Scritti scelti sull'architettura e la città, 1956-72*, Milano, CLUP (1975), 1982, p. 339 (do seminário sobre a teoria do projeto arquitetônico no Ins-

DEPOIS DA ARQUITETURA MODERNA: A TRADIÇÃO 89

uma sujeição da arquitetura ao seu mais estreito âmbito disciplinar, uma vontade férrea com relação a um discurso de compromisso ou de envolvimento na crítica político-ideológica (na medida em que isso possa efetivamente ser em vão, como o demonstra
a história do Movimento Moderno).

O fechamento semântico e a discrasia ideológica levam necessariamente ao formalismo, mascarado por "refundição disciplinar" (Scolari), "analogias", "tendências à eliminação dos erros"; uma espécie de laboratório de pesquisa pictórica sobre formas reiteradas, tipologias e espaços indiferentes às funções: "espaço da arquitetura, sem sujeições ou tutelas políticas, sociológicas e tecnológicas"[7].

Por isso, a "função segue a forma"[8], como veremos também
em Léon Krier e nos outros classicistas; Aldo Rossi e a Tendência
perseguem teoricamente ideais comunistas, mas, como intelectuais, prestam-se a endossar um papel neutro, antes remissivo e
conservador, da arquitetura na sociedade.

Com efeito, de que serve dizer: "O problema consiste em desenhar novos trechos de cidade, escolhendo tipologias capazes de
pôr em crise a disposição tradicional. Esta pode ser uma perspectiva para harmonizar a cidade socialista"[9], quando, depois, o resultado de semelhantes elaborações é um projeto como a escola
secundária em Broni, Pávia (1980), que qualquer observador
imediatamente associa aos *stalags* nazistas, à construção de peni-
tenciárias, e que um observador mais culto pôde comparar ao
Panopticon[10] de Jeremy Bentham (1787)? Que ideal progressista
ou de uma humanidade melhor podem inspirar os modelos de
estética carcerária, como o Complexo Residencial Gallaratese,
em Milão (1968-76), ou o Isolado 10 da Kochstrasse na IBA (In-
ternationale Bau Austellung) de Berlim (1979-80), ou o projeto
para o novo Centro Empresarial de Florença (1977)?

Está bem que Rossi considere o conceito de arquitetura como "monumento" e como "permanência" no interior da cidade,

tituto Universitário de Arquitetura, de Veneza, realizado no ano acadêmico de
1965-66).

7. VV. AA., *Architettura razionale*, p. 170.

8. Pondo por terra a tradicional fórmula do funcionalismo racionalista, "a
forma segue a função", em voga em toda a primeira metade do século XIX.

9. A. Rossi, *Scritti scelti sull'architettura e la città, 1956-72*, p. 440 (de *Lotus*, nº 7, 1970).

10. Aliás, no seu livro (*op. cit.* pp. 467-468) o próprio A. Rossi fala do Pa-
nopticom (ou Inspection House) em termos problemáticos, e reconhece-lhe a
primogenitura das construções carcerárias européias, em que a tipologia raciona-
liza "a antiga crueldade" pelo máximo controle da ação humana.

90 ARQUITETURA PÓS-INDUSTRIAL

mas o problema essencial e subestimado da "simbolização" do tecido urbano não pode ser simultaneamente exaltado no plano ideológico e projetual, e ofuscado, transformado em algo insuportável e sufocante no plano da comunicação. Se o público já odeia a arquitetura – "que conspurca as periferias e destrói os centros históricos" (Scolari), porque vê nela o desprezo da individualidade e o terror de uma escala desumana, gigantesca –, que pode ele pensar de uma arquitetura que, rejeitando a especificidade da indicação funcional, trata a habitação como um cemitério ou a escola como um cárcere?

Se o confronto das imagens não é bastante eloqüente, considerem-se então as afirmações de princípio dos defensores de Aldo Rossi e da Tendência; e confrontem-se estas com as premissas libertárias de uma concepção autenticamente progressiva da arquitetura. Segundo Massimo Scolari:

"O monumento" evidencia a dominante coletiva na própria estrutura da cidade e a regula, por assim dizer, "democraticamente". Num plano de postura social mais vasta, a escolha monumental se opõe ao consumismo da cidade privada, à artificiosa demanda do novo. [...] Conforme dissemos no início, o progresso não é novidade e mutação, ou pelo menos ele não o pressupõe necessariamente; pelo contrário, progresso é esclarecimento, passagem do complicado para o simples. Na arquitetura significa *simplicidade, unidade, simetria e justas proporções, clareza tipológica, homogeneidade entre planta e construções, e negação da desordem, mesmo sendo ela justificada para reproduzir simbolicamente a crise de uma cultura* (grifos nossos)[11].

Onde, evidentemente, por "progresso" *só* se entende o da arquitetura, nesta interpretação particular. Na última frase de Scolari está a chave para a *reductio ad unum* da arquitetura de Rossi e da Tendência: a regra classicista se revela em toda a sua potência, a Ordem é anteposta à desordem e à pesquisa.

A linguagem é a da antivanguarda, é acadêmica, "tradicionalista" (em outras circunstâncias, se diria "de direita"), e nesse aspecto equipara-se às imagens que se denunciam por aquilo que são. Cumpre, isto sim, explicar o fascínio, ou simplesmente o êxito que a Tendência e a poética rossiana suscitam em todo o mundo, de alguns anos a esta parte. Em outras palavras, o Classicista Internacional funciona mais e melhor como jamais funcionou o Movimento Moderno, o que se pode perfeitamente demonstrar se folhearmos as revistas de arquitetura dos últimos seis/sete

11. M. Scolari em VV. AA., *Architettura razionale*, p. 133.

Fig. 27. Broni, Pávia. Escola secundária (1980), de Aldo Rossi. Plástico.

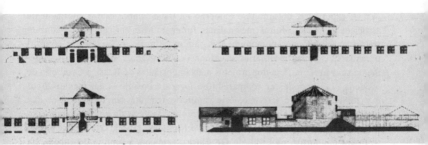

Fig. 28. Broni. Escola secundária: plano traçado.

Fig. 29. Broni. Escola secundária.

Fig. 30. Giorgio De Chirico. *Enigma da Hora* (1911).

ARQUITETURA PÓS-INDUSTRIAL

anos e se olharmos os resultados dos maiores concursos de idéias para as mais diversas situações.

Para concluir com Aldo Rossi, parece-nos oportuno cotejar os juízos de dois historiadores da arquitetura contemporânea, que, sob muitos aspectos, não estão longe da sua ideologia e de seu alardeado historicismo. Kenneth Frampton sustenta o seguinte:

> Parece que Rossi retornou obsessivamente a essas instituições normativas, para não dizer punitivas, que para ele representam, com o monumento e o cemitério, o único programa capaz de dar corpo aos valores da arquitetura em si. [...] Como Léon Krier, que há tempos enveredou por uma estrada semelhante, Rossi tenta fugir das quimeras gêmeas da modernidade – a lógica positivista e uma fé cega no progresso –, retornando tanto à tipologia de construção como às formas construtivas da segunda metade do século XIX[12].

Por sua vez, Charles Jencks é mais drástico:

> A experiência do arquiteto moderno na Itália sempre esteve internamente associada à morte. Muitos racionalistas foram mortos em campos de concentração, outros projetaram monumentos para os patriotas, razão por que não surpreende que temas mortuários e entonações cemiteriais informem constantemente seus projetos. Um dos projetos mais importantes de Rossi, o Cemitério de Módena (1971), pode ser comparado ao *lager* de Fossoli – um memorial aos que tombaram sob o fascismo; este cemitério tem um santuário para os que tombaram na guerra e para os franco-atiradores. Trata-se de um cubo com escuras janelas retangulares que se abrem para fora, uma espécie de residência coletiva para os mortos, no estilo de De Chirico (até com a sombra desenhada em preto-escuro na praça deserta). Linhas retas infinitas e arcadas repetidas encerram esta imagem consagrada da imobilidade. Do eixo principal emerge um tronco de cone em forma de quadrado de ângulos retos, qual lembrança das chaminés dos campos de extermínio; mas este cone malfeito e desajeitado não se destina à "solução final": é um monumento à "vala comum"[13].

Parece que Rossi mais que nunca pode ser associado ao movimento pós-moderno, pois em sua obra não existe jogo, nem ironia, nem *kitsch*, nem consciente e provocadora ruptura da Regra; em sua ideologia faltam todas as referências à "complexidade" e à "contraditoriedade" (Venturi) do pós-moderno: só redução formal, simplificação tipológica, uniformidade e previsibilidade absoluta. A própria história está filtrada por Rossi com obsessivo cuidado demolidor, nivelador, a ponto de evitar qualquer referên-

---

12. K. Frampton, *Storia dell'architettura moderna*, Bologna, Zanichelli, 1982 (original inglês, 1980), pp. 342-343.

13. C. Jencks, *Late-Modern Architecture*, p. 108.

Fig. 31. Milão. Complexo Residencial Gallaratese (1968-76), de Aldo Rossi.

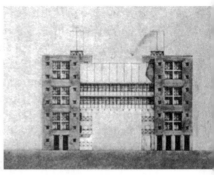

Fig. 32. A. Rossi, Braghieri, Stead, Johnson. Projeto para o Isolado 10 da Kochstrasse, na IBA de Berlim Ocidental (1979-80).

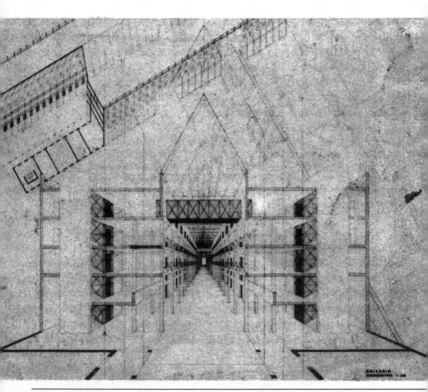

Fig. 33. A. Rossi, C. Aymonino, G. Braghieri, M. Bosshard, A. Canfafora. Projeto para o novo Centro Empresarial de Florença (1977).

cia a épocas definidas, a estilos ou modismos reconhecíveis: as formas da geometria elementar fecham-se sobre si mesmas na perfeição do desenho (formas que em outros expoentes da Tendência se tornam pintura), sem nenhuma associação comunicacional possível. A esta altura, deveria ficar evidente para todos qual aprimoramento da imagem urbana ou das condições habitacionais reais (inclusive dos trabalhadores) podem ser efetivadas com tais premissas.

Da simplificação geométrica e das formas do "século XIX", passamos agora para a mais brutal restauração (neo)neoclássica, às formas do século XVIII, isto é, a Léon e Rob Krier, e a Ricardo Bofill, com seu Taller de Arquitectura.

Léon Krier e Bofill, destruindo todas as conquistas formais e funcionais (e, provavelmente, ideológicas, sociais e políticas) do século XX, propõem uma arquitetura que não basta definir como "classicista"; "clássica" (ou pseudoclássica) é um adjetivo provavelmente mais indicado.

A característica mais evidente de suas obras é a absoluta conformidade com os esquemas formais e com os ritmos urbanos do século XVIII. Elas rejeitam (como já o fez o papa Pio IX no seu Sílabo de 1864) a "modernidade", a Revolução Industrial e a cidade que a deve enfrentar; subtraem-se aos problemas reais da "vivibilidade" (qualidade do que é vivível) para enfrentar questões antes de tudo formais e dimensionais. Grandes edifícios neoclássicos constituem as propostas projetuais recorrentes de Léon Krier: dos blocos que se cruzam diagonalmente do Royal Mint Square Housing (1974) aos compridos "palácios" e aos *crescents* do Plano para Echternach, Luxemburgo (1970); dos ziugurates do concurso para La Villette, Paris (1976), às sinistras torres para o Teerhof de Bremen (1979).

Léon Krier odeia o consumismo, como vemos abaixo:

A rápida reconstrução e os sonhos absurdos dos engenheiros de trânsito só conseguiram obter a cura das feridas da última guerra *industrial* [grifo nosso] com sinistras extensões de asfalto e ruas de compras comercializadas e alienantes. A cidade medieval que, segundo Baedeker, no final do século XIX devia ser ainda uma das mais movimentadas e cosmopolitas cidades-portos da Europa, transformou-se agora num centro de compras ao nível provincial-regional, cortado em trechos por rodovias desproporcionais e estacionamentos de automóveis[14].

14. Léon Krier, *Lotus*, nº 19, jun. 1978, p. 23, sobre a reconstrução do Teerhof de Bremen.

Fig. 34. Léon e Rob Krier. Planta para Echternach, Luxemburgo (1970).

Fig. 35. Vista de Karlsruhe, de uma incisão de 1739.

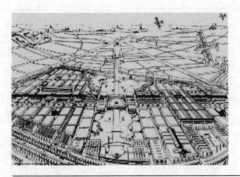

Fig. 36. Léon e Rob Krier. Projeto para La Villette, em Paris (1976).

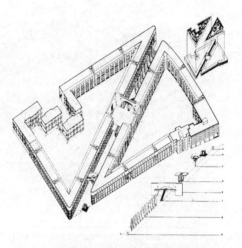

Fig. 37. Léon Krier. Projeto para o Royal Mint Square Housing, Inglaterra (1974).

Fig. 38. Léon Krier. Projeto para a reconstrução do Teerhof em Bremen (1977).

DEPOIS DA ARQUITETURA MODERNA: A TRADIÇÃO   97

Como todos os classicistas, ele minimiza a importância da moradia como edifício particular, para exaltar, ao invés disso, os espaços públicos, os "vazios", conforme queria Camillo Sitte; preferindo espaços urbanos contínuos, articulados "como um volume em negativo que flutua, pulsa e alcança um 'crescendo' ao redor dos edifícios públicos" (Jencks)[15], tenta repristinar aquilo que imagina que foi o tecido urbano pré-industrial e procura reconstruí-lo em formas obsessivamente arcaicas, maciças, de escala sempre desumana.

A preponderância da cidade e do desenho urbano constitui uma das características invariantes do classicismo contemporâneo, enquanto importa evidentemente chegar à rejeição (ou ao necessário consenso sobre essa rejeição) da cidade industrial pós-bélica, isto é, daquela que é rapidamente definida como "moderna": o objetivo final é a eliminação de todo traço do passado industrial que possa existir nas cidades européias.

No mito finalmente liberatório e *soft* da era pós-industrial, isto é, do terciário avançado e da informática, esses ideólogos da reação formal (e, com eles, muitos outros) vêem o fim do pesadelo industrial, ou seja, o término da ética do trabalho, do risco, do lucro de poucos. Parece delinear-se um mundo genericamente igualitário; mas é um mundo em que se redescobrem os Valores, outros Mitos, outras Certezas, em que não há muito espaço para a discussão, no qual os conflitos não são resolvidos no confronto dialético, mas pela univocidade da Lei.

Se a indústria significou a ruptura dos equilíbrios do Regime Antigo, então – dizem – que se acabe com a indústria, a tecnologia, a democracia liberal. As formas de uma época aparentemente sem conflitos, na qual os papéis familiares e sociais eram rígida e hierarquicamente definidos e indiscutíveis, conciliam-se maravilhosamente com uma semelhante visão do mundo.

Por sua vez, Rob Krier é muito explícito:

Deve-se evitar conceber a cidade sob o restrito prisma das concepções ideológicas, mesmo que estas sejam de natureza sócio-política ou técnico-construtiva. As utopias sociais dos últimos duzentos anos, bem como as utopias tecnológicas dos anos recentes, mostraram claramente seus limites. Não existem soluções urbanísticas específicas para uma organziação social determinada. As exigências do homem relativas ao seu ambiente independem do sistema social. Nos Estados totalitários, as necessidades são manipuladas artificialmente, mas isso não muda sua essência. Nas sociedades mais liberais, a satisfação dessas necessidades topa com numerosos obstáculos de caráter administrativo, e sofre, as-

15. C. Jencks, *The Language of Post-Modern Architecture*, p. 108.

98 ARQUITETURA PÓS-INDUSTRIAL

sim, restrições semelhantes àquelas dos regimes totalitários. [...] Na realidade, constata-se que as tentativas realizadas em campo urbanístico nos dois tipos de organização social apresentam somente diferenças irrelevantes, que em muitos casos chegam a alcançar os mesmos resultados, diferenciando-se, no máximo, nos níveis de padrões[16].

E ademais:

Toda época artística teve seus modismos; mas estes nunca foram tão efêmeros como hoje. Os programas estéticos atuais são tão pobres e destituídos de conteúdo que perdem muito rapidamente qualquer credibilidade[17].

Por conseguinte, antes os bons tempos antigos e o estilo "clássico", que, exatamente por ser o que é, é inoxidável.

Ricardo Bofill é outro campeão do formalismo classicista – que, no entanto, com relação a Aldo Rossi e a Léon Krier, alcança inusitadas culminâncias de perfeccionismo decorativo, destacando-se entre os dois por uma simplicidade menor e pela rejeição da "redução" semântica.

Conforme afirma Paolo Portoghesi, incluindo-o rapidamente na heterogênea galeria dos pós-modernos:

Onde Bernini fracassou, já se vão três séculos, quando foi convidado a desenhar a ampliação do Louvre, Bofill logrou fazê-lo [...] em virtude de sua grande capacidade de falar, com a arquitetura, muitas línguas e todas com um ótimo sotaque. Com efeito, não há dúvida de que nas Arcades du Lac – um conjunto residencial já em parte realizado na Ville Nouvelle de Saint-Quentin –, Bofill exprime-se "em francês", fazendo reviver aquele patrimônio de modelos urbanísticos de insuperável valor urbano que constituem a grande contribuição francesa na construção da cidade européia, desde a Place Royale até o Boulevard[18].

Por conseguinte, encontramo-nos, entre o barroco e o barroco tardio, pelo que demos um passo atrás de quase um século: as planimetrias e os croquis do conjunto residencial Antigone em Montpellier (1980) evocam os desenhos de Bernini para a coluna ta da Piazza S. Pietro; o Palácio de Abraxas em Marne-la-Vallée (1979-84), em fase adiantada de construção, lembra planimetricamente Versalhes e multiplica ainda (em dezenove andares) o esquema dos palácios "franceses", isto é, pomposamente neoclássicos, da Rue de Rivoli e da Place de La Concorde, segundo ob-

16. R. Krier, *Lo spazio della città*, Milano, CLUP, 1982 (original alemão, 1975), p. 133.
17. *Idem*, p. 134.
18. P. Portoghesi, *Postmodern*, p. 140.

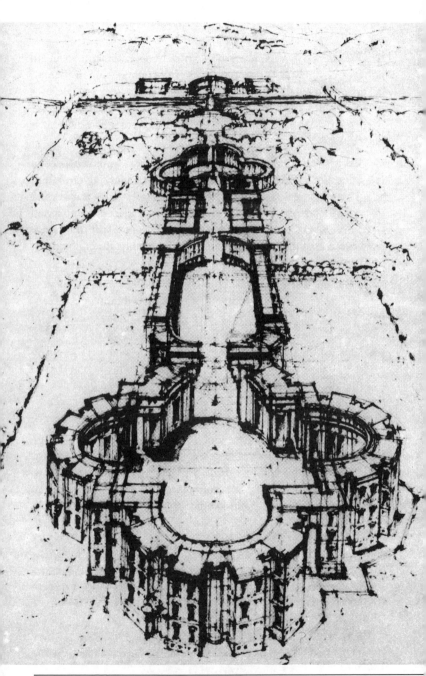

Fig. 39. Ricardo Bofill e o Taller de Arquitectura. Projeto do conjunto residencial Antigone (1980) em Montpellier, França.

serva também Jencks. Mas – atenção! – aqui não se trata de um edifício público, no qual – já o sabemos – a grandiloqüência constitui requisito imperioso, mas de um conjunto residencial, construído com a pré-fabricação "pesada" em concreto armado.

Também Charles Jencks, que mais coerentemente o inclui entre os classicistas "em estilo livre", se pergunta (num momento de crise funcionalista e, ainda mais, semântica): "Será que este palácio de dezenove andares é apropriado a residência de massa? Para responder a a esse difícil quesito, teremos que aguardar o ano de 1984"[19].

Entre outras coisas, com Bofill nos parece muito arriscado falar de "línguas", entendendo com isto uma pluralidade de linguagens adaptadas ao *genius loci* ou ao espírito das nações em que atua. Entre os esquemas de Marne-la-Vallée e do polígono L/08 de Lacua (Vitória, Espanha, 1978-79) não existe diferença, bem como as dimensões dos edifícios são igualmente imponentes, opressivas.

Falar de Marne-la-Vallé como de "Versalhes para os pobres" e como de "incisão piranesiana" não parece iluminar este projeto (como, aliás, os outros) com a luz da humanidade, nem da escala "humana": as exigências das pessoas, seus movimentos, suas aspirações e sua vida – no bem e no mal – já impostada no trabalho, no lazer, no consumo e na locomoção não encontram nenhum espaço nos faraônicos e monumentais desenhos de Boffil, que se esvaziam no ato contemplativo de sua concretização.

Segundo Charles Jencks, Bofill teria sido o primeiro que tentou conjugar o tema da residência coletiva com o do estilo clássico e monumental. Mas a "proletarização" da arquitetura e dos ritmos do século XVIII e a atualização tecnológica não parecem ajudar o confronto entre antigo e novo:

Fundamentalmente, a obra de Bofill tende a fugir de seus cânones [isto é, dos cânones revelados pelos cultores do classicismo setecentista], não porque inexistam os conteúdos (a proporção ideal, a harmonia, a monumentalidade e a *grandeur*, todas elas), mas porque é feita de concreto e não de pedra, de pesadas paredes pré-fabricadas e não de pilastras harmoniosas e decoradas. Numa

19. C. Jencks, *Free-Style Classicism*, London, Architectural Design Profile, 1982, p. 42.

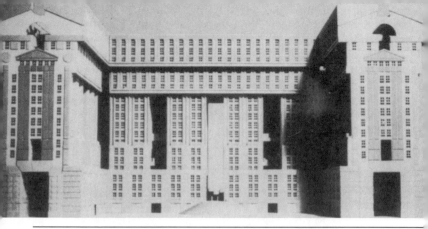

Fig. 40. Marne-la-Vallée, Paris. Palácio de Abraxas, conjunto residencial e equipamentos coletivos (1978-84), de Ricardo Bofill.

Fig. 41. O Palácio de Abraxas em construção.

Fig. 42. Palácio de Abraxas. O teatro.

Fig. 43. Paris. Place de la Concorde. Edifícios de 1757-75, de J.-A. Gabriel.

DEPOIS DA ARQUITETURA MODERNA: A TRADIÇÃO 103

palavra, é um *proletari*, não um *classici*[20] ou é "para as massas e não para as classes"[21].

Ritmos, harmonias, equilíbrios, simetrias "clássicas", excelentes composições; mas que nos comunicam esses edifícios senão a falência de uma época, forçada a não se reconhecer em suas construções? E toda esta era industrial e todo este mundo consumista acaso são no fundo tão negativos e desprezíveis? Duvidamos que algum desses pensamentos passe pela cabeça de Bofill quando projeta.

De Rossi a Bofill, através de Krier, realizamos uma caminhada em sentido contrário no tempo, e no interior do classicismo, passando da transfiguração-redução semântica de Rossi e da Tendência, até o "racionalismo historicista" dos Krier, no qual se visa a recuperação de formas e decorações mais arcaicas, esquemas mais clássicos, mesmo que indefinidamente simplificados; até chegar a Bofill, que tira do esquecimento, da maneira mais direta, a tradição clássica barroca e barroca tardia, numa "descontextualização" formal que hoje só pode ter resultados discutíveis.

Se a Renascença, com a recuperação das formas clássicas greco-romanas, atuava com tranqüilidade porque o público não estava, culturalmente e sobretudo em termos "comunicacionais", preparado para colher elementos de conformidade ou disformidade por meio da tradição, uma operação de relançamento neoclássico não pode hoje repetir-se sem incidir não só nas associações mentais mais arraigadas, mas sobretudo num tecido cultural e humano que se conscientizou das próprias necessidades e das aspirações, graças à Revolução Industrial (que na Renascença não ocorrera).

A obra de Christian de Portzamparc pode ser considerada etapa intermediária nesse percurso.

---

20. A distinção entre *proletários* e *clássicos* é relacionada por Jencks a Nicholas Penny, historiador de arte e seu resenhista em *AD*, e na *Encyclopaedia Britannica* (1911), quando é relacionada com a época da antiga Roma. Com efeito, "o termo 'clássico' é derivado do adjetivo latino *classicus* encontrado numa passagem de Aulo Gélio (XIX. 8.15) em que um *scriptor classicus* é contraposto a um *scriptor proletarius*. A metáfora é oriunda da divisão do povo romano em *classes* de Sérvio Túlio, segundo o qual os da classe dominante se chamavam *classici*, ao passo que todos os outros se chamavam *infra classem*, e os últimos, *proletarii*" (da *Encyclopaedia Britannica*).
21. C. Jencks, *Free-Style Classicism*, p. 9.

104 ARQUITETURA PÓS-INDUSTRIAL

Jovem arquiteto bretão, distinguiu-se particularmente em 1974 com um projeto de residências no Îlot de la Roquette; a evocação da tradição clássica é evidente na composição planimétrica, no enfileiramento dos edifícios dominados pela ordem gigante, na busca proporcional e harmoniosa do conjunto. Mas é também evidente a vontade "simplificadora" no estilo de Aldo Rossi e dos "neo-racionalistas", na medida em que falta toda imitação, e o antigo é transfigurado numa arquitetura "de poucos elementos".

Assim também no concurso para a remodelação dos Halles em Paris (1979) – que sob muitos aspectos pode ser considerado o triunfo da projetualidade classicista contemporânea (bem mais do que pós-moderna) –, ele propõe edifícios ritmicamente dispostas e articulados em torno do espaço do *trou*, para reconstituir um episódio urbano e repropor sob outras roupagens os velhos Halles de Baltard.

Seja como for, a referência à história e à tradição é indefinida e não alcança nem a obsessiva abstração e o reducionismo de Aldo Rossi nem o angustiante neoclassicismo de Léon e Rob Krier, e muito menos o alucinante leviatanismo de Bofill. A obra de Portzamparc é, antes, uma busca de formas arquetípicas, um "contextualismo" moderado entre historicismo e racionalismo, mas tende, sobretudo, à perfeição formal, isto é, ao "belo desenho", ao puro figurativismo. Com efeito, Portoghesi acha que

[...] pode ser que Portzamparc tivesse em mente exprimir em sua arquitetura a complexa liberdade do mundo musical porque, verdadeiramente, nesta sua arquitetura, intervalos, silêncios e tempos contrapostos tornam-se realidades visíveis e não alusões literárias[22].

Trata-se, pois, de uma arquitetura definida bidimensionalmente, carente em sua essência (o espaço), baseada no desenho perspectivo contra o desenho axonométrico (eis outra característica comum, que encontraremos de novo na arquitetura "desenhada").

Por conseguinte, "também aqui a arquitetura volta a ser figuração"[23].

A insistência no "desenho" e no "projeto" tomados como elementos míticos, a vontade de anular a materialidade da arqui-

---

22. P. Portoghesi, *Postmodern*, p. 144.
23. P. Portoghesi, *Dopo l'architettura moderna*, Bari, Laterza (1980), 1981, p. 201.

Fig. 44. Christian Portzamparc. Projeto para um conjunto residencial em La Villette, Paris (1977).

ARQUITETURA PÓS-INDUSTRIAL

tetura e diluir-lhe a essência na dimensão pictórica evidenciam uma corrente particular do classicismo contemporâneo, não oficialmente definida, mas que gravita na área da *arquitetura desenhada*.

O termo, difundido no final dos anos 70 nas revistas de arquitetura, designava com uma conotação meio depreciativa e sarcástica aquele grupo de arquitetos que – não tendo se apoiado na arquitetura como construção, isto é, como produto acabado de canteiro de obras ("comprometido" com a realidade) – frisava as qualidades "arquitetônicas" do desejo de projeto, resultando em – no estágio final – verdadeiros e autênticos quadros (a têmpera, óleo ou aquarela) de tema arquitetônico.

O fenômeno não era apenas itálico, conforme se poderia crer (embora oficializado pela exposição Ausência-Presença na Galeria Municipal de Arte de Bolonha em 1978 e, posteriormente, pela Bienal de Veneza em 1978 e em 1980, respectivamente, com as exposições das "provas de artista" nos Armazéns do Sal e com os desenhos da Via Novissima nas Cordoarias do Arsenal), mas estendia-se àqueles países, sobretudo europeus, em que a lembrança do papel intelectual e artístico desenvolvido em outras épocas pelos arquitetos era mais viva. Os recursos históricos talvez possam justificar os aprofundamentos gráficos de Léon e Rob Krier, de James Stirling (que aos poucos vai abandonando ou marginalizando a axonometria, "moderna" e impessoal), de Bofill e Portzamparc, de Maurice Culot e de Oswald Mathias Ungers.

A cor, especialmente se suave e esmaecida, em tons pastel do tipo pré-industrial e jamais em tons vivos ("plastificadas"), domina as perspectivas arquitetônicas, transfigura também as poucas e aturdidas axonometrias, quase sempre numa visão panorâmica, sempre de exteriores, nunca tendentes a ilustrar o funcionamento dos espaços interiores.

O próprio instrumento (a perspectiva) induz ao achatamento, à banalização cenográfica, ao jogo perspectivo numa espécie de *naïveté* neo-renascentista; referências iconológicas imediatas – e aqui, mais que nunca, apropriadas e justificadas – encontram-se na pintura metafísica de De Chirico, Sironi e mais tarde nos desenhos "utópicos" de Boullée e Ledoux, nas perspectivas de Schinkel, nos desenhos de Piranesi, nas representações arquitetônicas classicistas de Rafael e de Paolo Uccello.

Não é casualmente que os modelos, ou seja, as reduções espaciais em escala dos edifícios, acham-se praticamente banidos da cena projetual; a justificativa adotada, em muitos casos, é a de

Fig. 45. A Arquitetura Desenhada: "arquitetura desenhada" de Massimo Scolari, profeta inconteste do movimento.

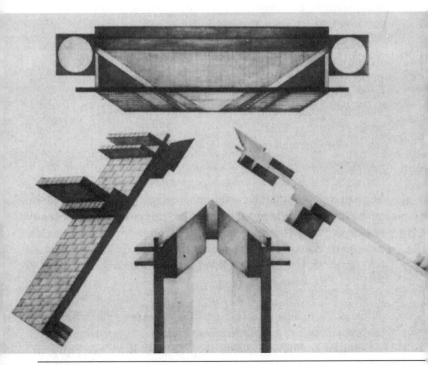

Fig. 46. Massimo Scolari. Desenhos de fachada para a Via Novissima. Bienal de Veneza (1980).

que tanto a axonometria como o modelo não são instrumentos idôneos para a compreensão do profano por parte do público: que, por isso, só a perspectiva (melhor se for "central" ou "numa visão panorâmica) pode dar a idéia do resultado final. Mas a realidade parece residir, de preferência, num inesgotável desejo de "expressão", ou seja, de auto-exaltação e autogratificação mediante um instrumento não sujeito (nem sujeitável) à "mercantilização capitalista" do construído; ou seja, por sua própria natureza, autônomo.

Hoje podemos entender o que este interesse renascido produziu para o desenho, a cenografia, a perspectiva: de um lado, a difusão sempre mais capilar e enganosa do classicismo, do academismo, que encontra no desenho o fundamento para seu *corpus* de regras, de proporções, de simetrias e de jogos de composição (com efeito, os esquemas classicistas, aliás, bidimensionais – ou seja, planimétricos ou de fachada –, *só* se avaliam por meio do desenho, cuidadoso e perspectivo, extravagantemente rico de particulares decorativos, e não mais na realidade espacial); de outro lado, o "nascimento" da arquitetura pós-moderna, também ela preferentemente indiferente ao espaço tri ou quadridimensional, está centrado, ademais, em manipulações estilísticas e decorativas, em contaminações que o desenho (obviamente colorido) exalta de maneira espetacular.

É exatamente daí que surge também o culto do "efêmero", da arquitetura como espetáculo, do *revival* da fachada, do papelão; daí também quase a inversão dos papéis entre desenho (isto é, projeto) e arquitetura. Antes, esta era a transposição permanente de um estado temporário (exatamente o desenho), que agora se torna, por assim dizer, a prova ocasional e transitória de um produto permanente (o desenho).

A "permanência" do desenho constitui, pois, o fundamento das teses classistas e – em parte – também das pós-modernas. Minimizando a importância da Função (isto é, do Espaço) como elemento gerador da arquitetura, elas repropõem a Forma como núcleo do discurso arquitetônico: e a Forma se realiza antes de tudo no desenho, "livre" ou geométrico. E, na realidade, que sentido teria uma representação do espaço interno com um desenho? Melhor seria uma refilmagem, melhor seria um plástico (tridimensional), melhor uma axonometria explodida ou "por transparência": a realidade, a "experiência" do espaço não é facilmente reproduzida em duas dimensões.

Portanto, uma vez anulado o problema de ter que represen-

DEPOIS DA ARQUITETURA MODERNA: A TRADIÇÃO 109

tar a função, tudo se torna mais simples, mais "regulável": a Academia recria suas leis imutáveis, seus manuais, seus códigos; daí que a Ciência se torna transmissível pelos professores aos estudantes, pelos depositários do Saber e da Verdade aos partidários, aos iniciados (não casualmente às "matrículas").

Com efeito, Franco Purini, um dos expoentes máximos da Tendência rossiana, classicista e "figurativista", sustenta:

> Nos próximos dez anos, no mínimo, qualquer *gradus ad Parnassum* da composição deverá prever de antemão a prova da mesa do tratado, *prova iniciática dura e essencial, rito de passagem obrigatório para pertencer ao ofício* [grifo nosso][24].

Por conseguinte, também neste caso temos uma invocação da ordem, uma volta às categorias da Tradição.

Charles Jencks nos apresenta um comentário muito eloqüente à "ideologia" (se é que se pode falar dela) dos arquitetos-desenhadores como Massimo Scolari, Franco Purini e o GRAU, além de outros.

> Algumas das suas [de Aldo Rossi] melhores arquiteturas são pintura. E isso é verdade também no que tange a outro racionalista, Massimo Scolari, que, como Rossi, defende a "autonomia da arquitetura" contra a ideologia e a contaminação histórica. Tal autonomia só é possível em condições extremas e artificiais: quando o observador se abstrai no tempo e no espaço, partindo de um edifício, coloca entre parênteses, em segundo plano, a influência do contexto e concentra-se nas distorções da pura linguagem. Dentro desses limites, ele pode encarar o edifício como um único ato estético, um ato que só se refere a si mesmo, ou às suas relações internas (o vazio contra os arcobotantes etc.). É a esse tipo de significado que Rossi e Scolari aspiram: disso resulta seu culto do monumento como o mais "arquitetônico" dos tipos de construção [...]. Por isso, retornamos ao mundo surreal de Mies, onde toda função pode ser inserida na própria forma semântica[25].

Ao contrário disso, mais complexa e articulada parece a posição daqueles que – embora não indiferentes à forma do desenho – encaram o "projeto" como esgotamento da fase arquitetônica da construção (entre eles, Oswald M. Ungers, Joseph P. Kleihues e Vittorio Gregotti). Eles aparecem em posição nominalmente (e por assim dizer) "moderna", mas de fato destacam-se na primeira fila na "nova academia" baseada no retorno à esquematicidade, à "redução neo-racionalista" ou classicista: é só

---

24. "Il fattore D", *Casabella*, nº 479, abr. 1982, p. 24.
25. C. Jencks, *Late-Modern Architecture*, p. 134.

Fig. 47. Desenho teórico de Franco Purini, outro campeão da Arquitetura Desenhada.

Fig. 48. *Auto-Retrato Arquitetônico*, de Fabio Reinhardt e Bruno Reichlin, na exposição A Presença do Passado. Bienal de Veneza (1980).

Fig. 49. Desenho para o projeto do Mercado das Flores em Sanremo (1973-75), do GRAU.

ARQUITETURA PÓS-INDUSTRIAL

considerar a depreciativa indiferença que devotam aos pós-modernos e a pretensão com que costumam tratar os modernos empenhados no *front* das pesquisas tecnológicas avançadas ou do impacto formal nos centros históricos.

Além do mais, eles frisam um princípio fundamental da arquitetura de Aldo Rossi, qual seja o da *autonomia* disciplinar de ideologias, tecnologias e disciplinas "estranhas" ao Projeto: o fechamento no próprio particular caracteriza, por isso, essa versão mais esmerada e iconologicamente mais matizada do classicismo, mais "aceitável", com relação ao rigor, ao ascetismo rossiano.

Oswald Mathias Ungers, um dos arquitetos alemães mais entrosados no assunto nestes primeiros anos da década de 80, afirma:

> Sem uma representação da realidade, ela [a arquitetura] se oferece como uma massa insensata e amorfa de fatos que existem sem uma relação recíproca: ela parece privada de ordem, incompreensível e por isso caótica[26].

Em outras palavras, estamos nos antípodas da pesquisa formal, utópica e despreocupada dos Archigram e dos "visionários" dos anos 60. Estamos à procura da Ordem, da Compreensibilidade (isto é, da "racionalidade" e da "simplicidade"), da arquitetura como rejeição do caos. E a sujeição às razões autônomas titubeantes da arquitetura, mas até mesmo do Projeto (ou seja, da necessária fase criativa que precede a construção) é evidente em Ungers.

Desse modo, segundo Pierre-Alain Croset, a propósito do Centro de Pesquisas Polares em Bremerhaven, com o formato de "um grande navio de pedra em banco de areia", Ungers adota uma metodologia projetual "antiestilística" particular, porque

> [...] a forma do edifício não depende de uma escolha estilística preestabelecida, mas resulta da afirmação progressiva de uma idéia, esta *idéia portadora* do projeto de arquitetura que se encarna no tema. A imagem de um navio não serve, portanto, como *modelo formal* a ser copiado, mas como tema-*guia* de todo o trabalho projetual desde os primeiros croquis até as plantas de execução[27].

Depois se explica como desta vez o procedimento difere do adotado para o Museu Alemão de Arquitetura em Frankfurt (ou-

---

26. O. M. Ungers, *Architettura come tema, Quaderni di Lotus*, Milano, Electa, 1982, p. 107.
27. *Casabella*, nº 486, dez. 1982, p. 50. Artigo de comentário ao Centro de Pesquisas Polares de Bremerhaven.

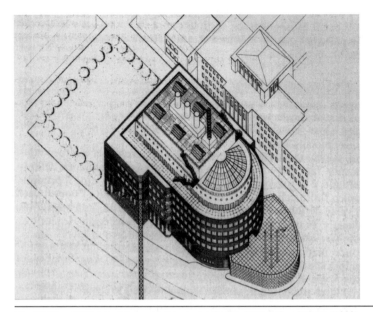

Fig. 50. Oswald Mathias Ungers, projeto para o Centro de Pesquisas Polares (1982) em Bremerhaven, Alemanha.

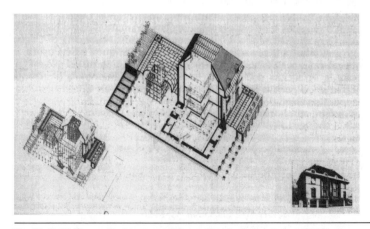

Fig. 51. O. M. Ungers. Projetos para o Museu Alemão de Arquitetura (1983) em Frankfurt, Alemanha.

114 ARQUITETURA PÓS-INDUSTRIAL

tro exemplo emblemático desta tendência de arquitetura "projetual" ou "epistemológica"):

Contrariamente a outros projetos cuja planta era definida como adição e
composição de formas geométricas puras (haja vista, por exemplo, o Museu
Alemão de Arquitetura), neste projeto se exprime também aquele processo de
subtração de matéria que Ungers salienta nas esculturas de Michelangelo. [...] A
forma encontrada e casual do local só é respeitada na proa, que segue a linha de
demarcação. Não se parte de uma forma pura, portanto, mas a ela se *chega*[28].

O risco inevitável desta – ainda que louvável, sob outros aspectos – insistência na fase metodológica, ou de uma tal dila-
tação do espaço projetual, consiste em subavaliar o "efeito-cons-
trução", isto é, o produto arquitetônico acabado em sua inter-re-
lação com o ambiente e o homem: aquele que hoje em dia é definido, com um termo de derivação anglo-saxônica, como o impacto ambiental. Numa palavra, mais uma vez, privilegiam-se as teorias e as pesquisas abstratas, talvez só compreensíveis aos poucos
afeitos aos trabalhos, deixando em segundo plano problemas fundamentais e ainda não resolvidos da arquitetura contemporânea,
ou então a qualidade estética, a conciliação de forma, função,
tecnologia e – por que não? – de história.

Por outro lado, não nos parece o caso – conforme pretende
Ungers – de criar embaraços a Nicola Cusano e à *coincidentia
oppositorum*, para justificar o discuro schinkeliano da *contaminatio*[29]: a "mistura" com o "mundo orgânico da natureza" parece,
efetivamente, muito distante não só dos arquétipos de Schinkel e
Boullée, mas também da introvertida arquitetura de Ungers. De
fato, cumpre que se observe o projeto para o Museu Alemão, mas
sobretudo o novo pavilhão da Feira de Frankfurt, e o componente
racional-classicista de Ungers emergirá em toda a sua amplitude
e definição. No tocante a esta última obra, em particular (na qual
se superou finalmente a fase do projeto), só se pode destacar a
"graficidade" do edifício, a redução à *Bekleidung* (o "revestimento" de que falava Gottfried Semper), a ausência total de todo
aprofundamento espacial.

E, na realidade assim Lorenzo Berni trunca acremente a
obra:

Uma visita ao canteiro garante que, entre os temores de Ungers, não se encontra o do ridículo. O revestimento é uma tênue crosta por cima de um sanduí-

28. *Idem*, p. 50.
29. C. Jencks, *Free-Style Classicism*, pp. 24-26.

DEPOIS DA ARQUITETURA MODERNA: A TRADIÇÃO

che multicolorido de isolantes; e, agora que faltam as ordenações em terra aos pés das grandes pilastras rosadas que respeitam o módulo, assoma o concreto armado bem mais contido da estrutura real, como um pigmeu na couraça de um gigante. Cabe perguntar que relação existe entre esta arquitetura e as imagens a que Ungers gosta de aproximar seus desenhos – imagens que medeiam a Antiguidade greco-romana e o neoclassicismo dos países germânicos, num variegado itinerário que parte da Viena de 1780, com o manicômio de Isidoro Carnevale, para tocar a Berlim de Schinkel, a Karlsruhe de Weinbrenner, a Munique de Von Klenze, a Hanôver de Laves. [...] No novo edifício da Feira de Frankfurt, do neoclassicismo só é evocada a regularidade, a peremptoriedade dos volumes, a compaginação rígida e simplificatória. [...] É uma ordem de alguns centímetros de espessura, uma maneira mascarada que ao mesmo tempo exprime e oculta a dimensão totalitária de uma realidade econômica. A pesquisa, por parte de Ungers, da autonomia da arquitetura – além de reduzi-la à gráfica, de separá-la do momento construtivo, da rejeição, em suma, de medir-lhe o significado na sociedade – talvez sirva para pintar o retrato mais impiedoso desta própria sociedade[30].

Por conseguinte, parece que a via da autonomia formal-conceitual da arquitetura percorre os tradicionais atalhos da declinação classicista, impermeável à "descoberta" da função, operada com o advento da Revolução Industrial: um retorno ao antigo, uma busca da ordem, das leis imutáveis, de um ponto de referência certamente mais estável e menos difícil do que aquele representado pela arte (e pela arquitetura) "de ruptura" – isto é, pelo moderno e, em parte, pelo pós-moderno.

OFÍCIO E VERNÁCULO

A grande fonte da Tradição não alimenta somente o classicismo, mas também – em medida enormemente maior – o vernáculo.

Por esse termo um tanto antiquado e em desuso habituamo-nos a entender a linguagem popular, "falada", em oposição à culta, ou "escrita", e, extensivamente, o dialeto, a inflexão colorida, a expressão familiar da tradição oral.

Em arquitetura, referimo-nos evidentemente à produção corrente, desde a mínima construção de províncias à mais pretensiosa moradia urbana; ao universo das "casas populares", das escolas projetadas pelos escritórios técnicos, da casa em que moramos. Mas a palavra *vernáculo*, por motivos naturais, não se refere somente ao âmbito tipológico; ela encontra referência mais eficaz

---

30. *Panorama*, nº 863, 1º nov. 1982, artigo de comentário ao novo pavilhão da Feira de Frankfurt.

Fig. 52. A Tradição mercantilizada: venda de projetos de casas tradicionais americanas nas páginas de *House Beautiful* (*Building Manual*).

Fig. 53. A Tradição-*kitsch*: casa de anônimo em Selinunte (*c*. 1980), valorizada pelo fato de aparecer em *Postmodern*, de P. Portoghesi.

ao âmbito formal e semântico do edifício; ou àquele complexo de particularidades construtivas, de "sinais" que denotam um genérico comprazimento por pertencer ao sistema social.

A natureza substancialmente (e formalmente) conservadora da linguagem vernacular constitui o substrato de todas as cidades construídas que hoje conhecemos, a realidade com que todos temos que lutar diariamente. Com efeito, se o classicismo visa, em todo caso – mesmo que arbitrariamente e contra a lógica da evolução social –, uma operação de tipo cultural, ou seja, associativa e sutilmente combinatória que, por sua natureza, prescinde do consenso de massa, então o vernáculo, ao inverso, brota deste último e sobre ele se fundamenta, de um lado, nos valores (ou pseudovalores) expressos de maneira contraditória confusa e anarcóide pela sociedade pequeno-burguesa, e, de outro lado, nos valores genericamente capitalistas (ou pseudocapitalistas) dos especuladores, das grandes imobiliárias.

O vernáculo não se propõe nenhuma operação cultural, nem progressista nem reacionária, nem "de direita" nem "de esquerda"; não visa desordenar, subverter equilíbrios nem repristiná-los, mas somente manter, conservar, deixar inalterado o *status quo*. Construindo o palacete senhoril em madeira ou em alvenaria ou em concreto, com as características formais, espaciais e decorativas propostas, por exemplo, pelo *Building Manual*, de *House Beautiful* (que vende os projetos completos também para *Do-it-yourself*), e, em resumo, cortadas sob medida do chamado "cidadão médio", pode-se satisfazer o legítimo desejo de cada indivíduo em particular, mas não se contribui para desenvolver aquele mínimo de promoção cultural que se esperaria de um arquiteto.

Os resultados de uma projeção maciça de tais comportamentos são, de um lado, a legitimação do *kitsch* e, do outro, a mistificação ideológica e estilística entre os conceitos de antigo, moderno, tradicional, clássico.

A enorme maioria dos arquitetos, em qualquer parte do mundo, projeta (teoricamente) a pedido de um cliente a fim de satisfazer-lhe as exigências e as aspirações, exercitando, portanto, a mediação "profissional" entre a necessidade de morar e sua realização concreta, ligando o usuário à empresa ou, com mais freqüência, fornecendo ao primeiro um produto "chaves na mão" de seu absoluto agrado.

Isso é naturalmente verdade, embora o cliente (como acontece com mais freqüência) seja uma entidade pública, o Estado;

DEPOIS DA ARQUITETURA MODERNA: A TRADIÇÃO   119

com a diferença de que, costumeiramente, neste caso o produto final será, preferentemente, caracterizado pelo "cunho criativo" do arquiteto, visto que não pode ser caracterizado pelo espírito do proprietário. Mas também essa criatividade, sempre com mais freqüência e devido a um "racionalismo" mal compreendido, é censurada e recusada, a menos que não se trate de monumentos com uma finalidade específica: daí por que, desde as periferias italianas até o Pruitt-Igoe, se difundiram esquálidas colmeias residenciais, "casas populares" sem a mínima caracterização formal ou pessoal, mas, apesar disso, "racionais" e "econômicas" [sic].

Quando não se tem a coragem de desafiar a aridez das cifras com os próprios pedidos criativos, a atitude prevalente é a renúncia, a fuga na "adequação aos pedidos", no "atendimento das exigências": frases cediças que só denunciam a pobreza cultural do arquiteto ou, no mínimo, a derrota no próprio terreno, o qual obviamente não é o terreno da "arte pela arte" ou da "autonomia da arquitetura", mas da afirmação de uma aspiração à quadratura do círculo, por assim dizer. Em outras palavras, a aspiração a conciliar função e forma, estrutura e tecnologia, objetivando, acima de qualquer outra coisa, o conforto ambiental (que é também ótico-perceptivo, comunicativo, semântico) e a sapiente (também por contraste) colocação no contexto urbano ou natural.

Mas, conforme dizíamos, a maioria acha mais conveniente, e lucrativo, atender às exigências dos clientes – sejam elas pessoas físicas ou entidades públicas – em vez de levar o cliente a aceitar o que lhe é oferecido; sua atitude é uma autêntica renúncia às prerrogativas profissionais, que talvez só se pudesse justificar num quadro social em que se cumprissem as "utopias" de Ivan Illich. Se o indivíduo passasse a ser dono de toda a própria existência, ou seja, se pudesse ser um válido médico de si mesmo, defender-se nos processos em vez de contratar um advogado, fazer valer sua própria palavra de honra e não recorrer ao tabelião, então também o arquiteto ou o engenheiro seriam inúteis, porque aquele indivíduo teria aprendido a fazer todos os cálculos necessários e saberia projetar e desenhar sua própria casa, além de construí-la (e aqui a coisa fica séria, porque a "autoconstrução" já é uma realidade quase de massa e não só privilégio de *hippies* ou *bricoleurs*). Aliás, também a escola seria inútil, porque a sociedade "descolarizada" construiria, ela mesma, o próprio saber, sem inúteis institutos oriundos da realidade. Mas, enquanto espera pela palingenesia, que faz o nosso bom projetista? "Satisfaz as exigências", "adequa-se às solicitações".

ARQUITETURA PÓS-INDUSTRIAL

O *revivalismo* e o vernáculo não constituem, contudo, monopólio do profissional médio: existe uma linha de pensamento bastante desenvolvida que se desenrola ininterruptamente há pelo menos um século, a qual sustenta com indiscutíveis argumentações a legitimidade de semelhantes posições de retaguarda. Se ampliarmos o horizonte até os que teimosamente defenderam conceitos como o *genius loci*, o "contexto", as "preexistências", ou o "caráter nacional", então a lista dos defensores se torna quilométrica.

Alhures[31] já nos referimos à batalha enfrentada pelo Team X no âmbito do CIAM nos últimos anos da década de 50, mas aqui só lembraremos que a essência de suas reivindicações era a recuperação – de algum modo – da "regionalidade e do contexto", rebaixado pela regra inflexível do International Style. A luta pela diferença, pela individualidade e pelo caráter parecia sacrossanta diante das realizações já correntemente definidas como "modernas"; quando não francamente revolucionárias. Os espaços para a projeção democrática, para a participação popular e para a "memória coletiva" eram muito restritos e, por conseguinte, só o fato de sustentar que a arquitetura devia acolher as diferenças de lugar, de cultura e de clima – embora filtradas e interpretadas com instrumentos atuais – constituía um postulado revolucionário.

Evidentemente, algo não funcionava, se é que a arquitetura moderna pretendia impor-se como regra totalizante, como conotativo de *establishment*, como solução de poder e de vértice, e se as arquiteturas "regionais" ou "históricas" (como, por exemplo, o censurado *neoliberty* italiano daqueles anos) encarnavam a rebelião do gosto popular; algo não andava bem, se uma arquitetura nascida com a pretensão de ser revolucionária e socialista (Morris, Gropius, Mayer), não-totalitária, mas libertária por definição, podia ser tranqüilamente usada para "representar" as classes dominantes e para esmagar a singularidade dos indivíduos e das massas.

Brasília é, talvez, o exemplo mais evidente de "cidade moderna" por definição, gerada pela mente de um arquiteto (Oscar Niemeyer); e, mais que qualquer outra, hoje representa não só a vazia metafisicidade de um poder estranho à participação popular, mas também o mais acerbo conflito entre forma arquitetônica do International Style e gosto (e cultura) dos habitantes, encapsulados nas gigantescas *superquadras*.

---

31. Ver p. 9 do presente volume.

DEPOIS DA ARQUITETURA MODERNA: A TRADIÇÃO   121

É emblemática, por exemplo, a crítica de Robert Hughes, rigoroso censor do "modernismo":

> Brasilia [...] é um grande exemplo do que acontece quando se projeta para um futuro imaginário e não para um mundo real. [...] Segundo o projeto, o pedestre é uma entidade irrelevante. Uma entidade irrelevante de maioria, visto que em Brasília somente uma entre oito pessoas possui ou tem à disposição um automóvel e – o Brasil é sempre Brasil – os transportes públicos são um verdadeiro pandemônio. Dessa maneira, as grandes avenidas estão vazias na maior parte do dia, exceto nas horas de pico, quando, durante um curto espaço de tempo, todos os automóveis de Brasília se engarrafam nessas supervias, justamente no momento em que os pedestres procuram, sem a ajuda de passagens para pedestres ou de subpassagens, atravessar a rua para chegar ao local de trabalho. Assim, Brasília, em pouco mais de vinte anos, deixou de ser a Cidade do Futuro e transformou-se no conto fantástico de ontem[32].

Abstraindo-se os humanísticos e honestos propósitos do arquiteto, que a ideara com intenções bem diferentes, Brasília representou um momento de grave crise para o modernismo, visto que, sobretudo depois do golpe militar de 1964, era fácil sustentar que a arquitetura moderna não podia estar, *como tal*, ligada a um certo tipo de sociedade (a socialista), mas era necessariamente neutra quanto às formas sociais e, até, bem adaptável a governos autocráticos e ditatoriais, devido à sua "frieza" e por causa de sua "futurabilidade".

Naturalmente, os intelectuais e os arquitetos tinham percorrido amplamente este movimento crítico, que no final dos anos 60 devia difundir-se, graças a Brasília e aos meios de comunicação social. Se não houve um retorno ao mais lídimo classicismo (como acontece hoje), mas, pelo contrário, em muitos casos, à fuga no sentido da utopia futurável e à prefiguração do mítico segundo milênio de nossa era, isto se deveu unicamente à florescente situação econômica que o mundo atravessava naqueles anos, em relação às atuais condições de crise "estrutural".

A uma certa altura, os interessados perceberam que a arquitetura moderna estava se esterilizando e então propuseram os remédios: "contextualismo", "regionalismo", *genius loci*. A própria arquitetura orgânica, que Bruno Zevi defendeu nos anos 50 e que se automarginalizou com relação ao racionalismo dominante, revelara-se insuficiente para exprimir os sinais da diferença, da regionalidade, do contexto: quando absorvia demasiados elemen-

---

32. R. Hughes, *Lo shock dell'arte moderna*, Milano, Idea Libri, 1982 (original inglês, 1980), p. 209.

tos externos, descambava para o puro vernáculo, razão por que foi mal entendida pelos italianos (mas não apenas por eles), sendo, assim, rapidamente posta de lado.

O "desvio *neoliberty*" representou outro capítulo desse mal-estar, que abria as hostilidades de maneira decisiva no seio do restrito mundo dos arquitetos-intelectuais, ao mesmo tempo que o mundo dos profissionais já se orientava para uma recuperação das "razões da demanda", isto é, no sentido de uma volta ao vernáculo no setor da construção privada e a uma evidente confirmação do funcionalismo no ramo da construção pública. Essa divergência expressiva denunciava um sentimento de culpa, uma consciência de estar vivendo privadamente no pecado (da Tradição) e de estar exibindo publicamente só as virtudes (da Modernidade): até que o vernáculo foi recuperado pela cultura em suas formas mais radicais e tradicionalistas.

Arquitetos e críticos como Quinlan Terry, Conrad Jameson, David Gebhardt, ou Aldo van Eyck, Maurice Culot, são praticamente concordes em defender a superioridade da construção tradicional, popular (por conseguinte, não "clássica"), em posicionar-se a favor da criação de um ambiente arquitetônico mais humano e "urbano", não alienante e incompreensível para o povo; eles acham que a cultura moderna, que se encontra em ruptura com a tradição e com os esquemas construtores costumeiros, desferiu um duro golpe nos equilíbrios arquitetônico-urbanísticos que, a duras penas, haviam estabelecidos durante todo o século XIX, mas que não influiu profundamente no inconsciente coletivo.

A "memória coletiva" permitiria então recuperar formas, materiais, sistemas construtores, esquemas urbanísticos tradicionais, a fim de suturar aqueles equilíbrios e assim afastar o espectro da "alienação" modernista. Ao contrário do que ocorre com a ideologia pós-moderna, onde esse impulso para a tradição é mediado e filtrado por evocações inéditas, intelectualistas e sobremodo sofisticadas da classicidade e, por que não?, do futuro remoto, aqui não existe intermediação intelectual, pois as construções independem do tempo, acham-se imersas numa aura indefinidamente oitocentista, tranqüilizante e comum.

O tradicionalismo vernacular manifesta-se em mais formas, muito freqüentemente roubadas do clássico ou do moderno, na tentativa de granjear, camufladamente, o consenso e a "aceitabilidade" sociais em máximo grau. Particularmente, nesse âmbito podem ser claramente identificados três grupos: os *puros*, os *tra-*

DEPOIS DA ARQUITETURA MODERNA: A TRADIÇÃO   123

dicional-classicistas e os *tradicional-modernistas*. Os puros, que Charles Jencks define como *straight revivalistas*, formam uma galeria compósita, muito fracionada em seu interior, mas que facilmente se distingue pela impudência do produto acabado. Em sua enorme maioria, trata-se de profissionais (melhor seria se disséssemos artífices que visam qualquer lucro final), de modesto nível cultural e de imediata propensão para o compromisso: ademais, subalternos da projeção corrente, pouco astuciosos e propensos às lisonjas econômicas da encomenda mais superficial. Para eles, copiar o existente, isto é, a arquitetura espontânea, o vernáculo, a fim de com isto reproduzir formas e efeitos, constitui uma razão vital; ingenuamente, simplistamente, não enxergam por que não devemos divertir-nos com a invenção de formas esdrúxulas (modernas ou pós-modernas) quando os modelos, que a tradição oferece, podem servir perfeitamente para todas as ocasiões.

Os conscientes – que constituem uma decidida minoria e que são aqueles que justificam sua atuação com precisas escolhas culturais, ideológicas e polêmicas (aliás, raros na Itália) – são mais aguerridos na Europa central e, paradoxalmente, nos "modernos" Países Baixos e nos Estados Unidos.

Justamente lá, nos Estados Unidos, residem os cultores da História e da Tradição, os mais inflexíveis tutores da estética e da reprodução. Freud chamaria a isto de "complexo de culpa"; porém, mais simplesmente, trata-se da reconstrução de raízes históricas de importação, da racionalização de raízes individuais (e, portanto, não de "memória coletiva"), da construção de uma memória histórica artificial. Oriundos de todos os países europeus, mas também de outros continentes, os americanos despejaram na habitação suas angústias, aspirações e frustrações; a casa unifamiliar, mas também o arranha-céu "decorado", e em geral as construções que desde sempre foram definidas como ecléticas, satisfazem não só a necessidade de distinção, de caracterização individual, porém sobretudo a necessidade de afirmação, de conservação, necessidade esta que é inata em cada um de nós.

A evocação da história e, ainda mais, da tradição (não do classicismo, que é sempre algo intelectualista, "alheio", super-humano) e do vernáculo justifica-se então com uma instância psicológica inconsciente fundamental, que consiste em sentir-se em segurança dentro de um porto conhecido, dentro do cálido útero materno (é só pensar nas *villas* de Wright e na centralidade da pequena chaminé; haja vista a distinção totalmente anglo-saxônica entre *home* e *house*).

Fig. 54. A História e os Lugares, ou como transplantar Herculano na Califórnia. O Museu Getty de Malibu, réplica da Villa dos Papiros (1970-75).

Fig. 55. A Tradição a serviço das operações imobiliárias em ampla escala: Port-Grimaud, no sul da França, réplica quase perfeita de um povoado de pescadores da Provença (1965-69).

DEPOIS DA ARQUITETURA MODERNA: A TRADIÇÃO 125

Existe outra consideração que se liga – com um pouco mais de audácia – a esta análise: a escolha do vernáculo é intelectualista e, não obstante, cerebral, nos Estados Unidos, onde inexiste uma arquitetura tradicional comum, "nacional" (com exceção, talvez, da *balloon frame* e da *villa* georgiano-eduardina em estilo colonial, ao passo que é natural e muito menos meditada e elaborada na Europa, onde não faltam os modelos histórico-estilísticos e onde as memórias chegam sempre a ultrapassar o presente.

Nos últimos anos foram produzidos muitos exemplos de reconstruções históricas integrais. No que concerne ao vernáculo, existe uma dificuldade objetiva de citar nomes, isto é, de conhecer os autores envolvidos nesta projetação *low-profile*, pois o mascaramento é tal que a arquitetura se torna "banal", "sem arquitetos", "popular"; e, por conseguinte, o produto prevalece sobre o autor. Mesmo que depois se conhecessem os nomes, tratar-se-ia de um inútil elenco que nada acrescentaria ao sentido dessa operação de reconhecimento e que tão-somente aumentaria o embaraço desses profissionais "do cotidiano" ao se verem ao lado de arquitetos mais dignos desse nome. Limitamo-nos, por isso, a identificar esta vasta área da profissão, que só se exprime ao nível de vernáculo, de cópia da realidade da tradição rural e camponesa, de estimulação do instinto de conservação, como "o pântano"[33].

Um exemplo, todavia, que é preciso examinar, porque é típico de uma atitude de "profissional" no entender a arquitetura como o "dar ao povo aquilo que ele quer", encontra-se em Port-Grimaud, na França (1965-69).

Trata-se de um povoado completamente novo, construído com claros fins comerciais (leia-se, especulativos), projetado por François Spoerry, nas formas fascinantes de uma península de casas de pescadores. Embora de projeto recente, nada permite compreender tal "modernidade": as casas são baixas, todas diferentes uma da outra, em estilo mediterrâneo-provençal, com os telhados de águas inclinadas, e os atracadouros individuais para as barcas estendem-se pela sinuosa e ininterrupta faixa de construções (em concreto armado), criando a ilusão do pitoresco, do antigo, do costumeiro. Um paraíso para super-ricos que poderão saborear, com todos os confortos e os *gadgets* da vida moderna, as

---

33. Lembrando a definição corrente no final do século passado para uma consistente parte do Parlamento italino, por causa do "transformismo", isto é, da ausência de precisão ideológica e devido à contínua oscilação entre os pólos da Direita e da Esquerda.

experiências espaciais dos povoados e dos becos mediterrâneos: ao tradicional cheiro do peixe frito se juntará, desta vez, o toque prestigioso de Chanel. Uma operação de excelente êxito sob o aspecto econômico, porém, mais uma vez, uma batalha perdida para o modernismo.

Aqueles que definimos como *tradicional-classicistas* são os cultores da arquitetura vernacular, que tendem a assumir formas classicistas (ou neoclássicas), isto é, os divulgadores do classicismo. Sua linguagem destaca-se dos tons graves e intransigentes do classicismo atemporal de Aldo Rossi ou do escolasticismo de Quinlan Terry, da simples e pura reprodução do repertório clássico como o Museu Getty, em Malibu (cópia integral da Villa dos Papiros, de Herculano): trata-se, antes, de uma típica operação mediadora, também ela tendencialmente fascinante (como todas as operações de tipo "popular"), razão por que os tons aparecem com intensidade diminuída, a regularidade é afirmada como princípio inspirador, mas nada obsta a que se adapte ao ambiente, aos usos e costumes do lugar, à psicologia dos habitantes.

Muito além, portanto, da rígida ideologia classicista fundamentada na inflexibilidade da Regra e na indiferença substancial pelo contexto, os tradicional-classicistas pensam criar situações arquitetônicas formalmente planificadas e guiadas, mas funcional e estruturalmente autônomas com excessivos condicionamentos lingüísticos. Em outras palavras, é a linha que prevalece nos concursos de idéias destes últimos anos: antes mesmo, nos concursos "menores" em que o imperativo da composição simétrica, regulada e excêntrica fracassa devido à própria natureza do lugar, dos requisitos do edital, dos próprios concorrentes.

Se para os Halles de Paris eram inevitáveis as enfatuadas e eruditas invocações do neoclassicismo, do barroco e da Renascença, com uma decidida prevalência dos aspectos compositivos e cenográficos, para a praça do ex-panifício de Ancona (1978), ou para as novas tipologias residenciais em Foggia (1977), devia-se esperar uma maciça referência ao vernáculo. Com efeito, os projetos de Grossi e Minardi não podem ser definidos própria e perfeitamente como "classicistas"; em Ancona, por exemplo:

As casas separadas são distribuídas por varandas e por um átrio com dupla altura. O átrio e o andar térreo identificam o uso público da construção e determinam um percurso coberto de lajes. Os septos portantes, em sentido ortogonal aos percursos, definem nos vários andares (planos) dos espaços utilizáveis e agregáveis com grande indiferença. A casa da fonte reproduz em pedra aparente uma parte da casa separada: no interior é completamente vazia e, no lado que dá para a praça, das janelas e da sacada cai água em grande quantidade. Um longo

DEPOIS DA ARQUITETURA MODERNA: A TRADIÇÃO 127

reservatório de pedra une a casa da fonte com a torre do relógio. A torre do relógio é feita de uma treliça em ferro esmaltado que emerge da água do reservatório e se eleva sobre a redondeza, tendo em seu topo um grande relógio[34].

Nesse caso, elementos típicos do espaço urbano tradicional assumem um aspecto sumariamente classicista, sem que isso, no entanto, se reflita nem ao nível planimétrico nem estrutural. Diferente é o caso do projeto de Oriol Bohigas, Mackay e Martorell para o Isolado 4, da Kochstrasse, na IBA de Berlim Ocidental (1977-81); os edifícios enfileiram-se em duas linhas paralelas, acentuando seu aspecto maciço com dois torreões de acesso à alameda intermediária: os elementos da arquitetura européia tradicional oitocentista acham-se esquematizados com inteligência e perspicácia. Clarabóias, linhas dos telhados, portais de acesso e disposições gigantes (e "meio-gigantes") desenham um conjunto bem "harmonioso", onde a racionalidade e a regularidade do esquema e das disposições frontais são de tendência classicista, ao passo que a forma, os pormenores, a referência ao contexto e o desejo de não destoar são claramente vernaculares. "As fachadas são de tijolos escuros, uma reinterpretação da tradição berlinense no setor da arquitetura industrial e residencial"[35].

Naturalmente, a diferença entre estes e os *tradicional-modernistas* é pequena, no sentido de que os elementos de classicismo, modernidade e vernáculo se misturam, o mais das vezes, num coquetel de tal espécie que todo rótulo soa absolutamente arbitrário. Para sermos mais claros, muitas vezes a propensão por uma ou por outra tendência é determinada pela ideologia professada ou pela "declaração de intenções" do arquiteto: é incontestável que Oriol Bohigas é, realmente, um admirador e um defensor do classicismo e que Ignazio Gardella é comumente considerado "moderno", como, aliás, ele mesmo o admite.

Mais difícil (porque significa ir contra a corrente) é superar as etiquetas canônicas e descobrir as realidades ocultas, ou seja, que ambas – por pressupostos diversos – tendem a privilegiar o elemento vernacular, a arquitetura tradicional, o contexto e a sugestão histórica do ambiente. Via de regra, defini-los como tradicionalistas não constitui uma atitude errada; e se, de qualquer modo, se reconhece seu valor humano e profissional, é preciso no

34. VV. AA. *Concorso per la realizzazione di una piazza nell'area dell'ex-panificio militare di Ancona. Catalogo dei progetti*, Pomezia, Staderini, 1979, p. 24.
35. *Casabella*, nº 471, jul.-ago. 1981, p. 40. Apresentação dos autores do projeto IBA.

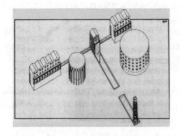 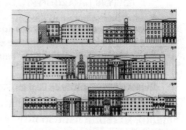

Fig. 56. Grossi e Minardi. Projeto de Academia (1978), na área do ex-panifício de Ancona.

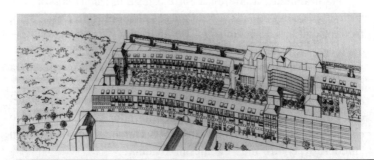

Fig. 57. Oriol Bohigas. *Ao alto*: projeto para o Isolado 4 da Kochstrasse (1980), na IBA de Berlim Ocidental. *Embaixo, à esquerda*: perspectiva externa. *À direita*: perspectiva interna sobre a Wilhelmstrasse.

DEPOIS DA ARQUITETURA MODERNA: A TRADIÇÃO 129

entanto que se entenda a contribuição que eles dão ao movimento ideológico tradicionalista e até, indiretamente, à ideologia
pós-modernista (pelo que ela encerra de "antimoderno"). Um
abismo separa-os do pântano que atola a "profissão", da "maioria
silenciosa" dos simples reprodutores da arquitetura vernacular;
no entanto, no fim, a mensagem que sua arquitetura oferece à sociedade é sempre a mesma, frustrante, conservadora, tímida, retrógrada.

No que diz respeito a Ignazio Gardella, pensamos no emblema do "moderno revisto e corrigido", isto é, edulcorado pela tradição: a Casa das Barcas, em Veneza (1957). Uma construção de
conformidade com os cânones estilísticos (mais do que estéticos)
da história lagunar nos quais todos os elementos originariamente
modernos acabam sendo "decorativamente" transformados, do-
brados, para exprimir uma linguagem híbrida e ambientista, insi-
nuante e melíflua: que diferença da incisividade lingüística do
Masieri Memorial, de Frank Lloyd Wright.

O espectro do ambientismo transformista exerce pressão sobre toda a categoria dos tradicional-modernistas, isto é, daqueles
que aspiram passar uma demão de verniz "modernista" no edifício vernacular, ou, vice-versa, que suavizam as asperezas do moderno para "adaptá-lo" ao ambiente, à tradição. Em contato direto com o pântano, esses profissionais parecem mais cultos e inte-
ligentes do que seus colegas menores, mais envolvidos no mercado de construção em alto nível, mais inclinados a captar a diversidade do moderno (mas também depois do pós-moderno) no ambiente tradicional e a valorizá-la economicamente.

A procura dessa diversidade é imediatamente transformável
em dinheiro, comercializável (naquela que tem sido definida como "a redução profissional"[36]) em favor de uma necessidade burguesa, da alta burguesia ou pública, dotada das mínimas bases
culturais necessárias para captar a conveniência da operação: naturalmente, fala-se de "gesto" ao nível formal, epidérmico, que
não afeta a substância (espacial) das instituições clássico-raciona-
listas.

Na Itália, entre muitos outros, os campeões do *contextualismo* são Luigi Caccia Dominioni, Ignazio Gardella, os BBPR, que
neste "estilo" firmam as intervenções mais representativas da
construção rica, nos anos do pós-guerra: na Holanda, temos Aldo

---

36. A definição é de Maurizio Grandi e de Attilio Pracchi, no livro *Milano,
guida all'architettura moderna*, Bologna, Zanichelli, 1980, pp. 329-337.

130 ARQUITETURA PÓS-INDUSTRIAL

van Eyck, sempre ativíssimo e fiel às teses do Team X[37]; na Inglaterra, entre um compacto grupo de modernos "moderados", existe o estúdio Darbourne & Darke, que privilegia a dimensão humana da residência, ou seja, o vernáculo puro e simples, ao invés da linguagem mais despojada e simplificada em registro moderno.

Segundo pensamento de Luigi Caccia Dominioni, é preciso desobstruir sem demora o campo, livrando-o de um equívoco: não se trata de um moderno, mas de um tradicionalista, conservador mais ou menos [esclarecido], que encontra, no requinte formal e na simplicidade das linhas, o *décor* com que embelezar as estruturas de construção mais tradicionais. Nada muda na substância espacial, razão por que a articulação dos ambientes e dos volumes permanece compreendida e confiada às regras do mercado (por exemplo, no bairro Viridiana, em Milão, ou em Milano San Felice, projetado junto com Vico Magistretti, 1967-70). Com efeito, tem-se falado com muita prudência de "excesso de caracterização"[38], que diferencia toda a sua obra:

> Haja vista nesse sentido a segunda intervenção no Corso Europa (concluído em 1965) [em Milão] e sobretudo o edifício "ambientado" no Corso Monforte; ou seus projetos residenciais mais recentes [...] repetições de um estilo próprio bem-sucedido, que se difundiu a ponto de tornar-se − caso único na arquitetura milanesa de hoje − quase a imagem coletiva daquele tipo de construção de "senhorilidade" condominial[39].

Quanto ao grupo BBPR, não existe melhor imagem do que o edifício para escritórios na Piazza Meda, em Milão, esquina com a Via Hoepli (1958-69), cuja ligação com a abside da vizinha igreja de S. Fedele se deve à "consultoria estética" do costumeiro Caccia Dominioni. Este edifício poderia ter sido um exemplo de uma audaz e inovadora (isto é, "moderna") inserção num ambiente histórico consolidado, porquanto os materiais usados (aço e vidro) e o esmero estrutural exibido subentendem uma certa vontade de afirmação expressiva: não sabemos (e pouco nos interessa) se o projeto foi pensado em termos diferentes daqueles em que foi realizado; mas o fato é que prevaleceu a lei do contexto, ou seja, o ambientismo, de qualquer modo menos submisso e provincial do que em Caccia Dominioni. As grandes pilastras de aço que se curvam ao alto para formar a estrutura do pórtico

---

37. Ver a nota 31 do presente capítulo.
38. M. Grandi e A. Pracchi, *Milano, guida all'architettura moderna*, p. 336.
39. *Ibidem.*

Fig. 58. Milão. O bairro Viridiana (1968-69), de Luigi Caccia Dominioni.

Fig. 59. Milão. Piazza Meda. Edifício para escritórios (1958-69), do grupo BBPR.

Fig. 60. Milão. Corso Europa, 10. Edifício para escritórios (1953-59), de Luigi Caccia Dominioni (em colaboração com A. Agostini).

Fig. 61. Milão. Corso Vittorio Emanuele, 24. Conjunto para escritórios, residências, lojas e cinema (1968-72), do grupo BBPR.

132 ARQUITETURA PÓS-INDUSTRIAL

atualizam as arcadas clássicas das cidades centro-européias, numa espécie de ordem gigante que suaviza a maciça construção; os perfis da cobertura e das paredes sem nenhum adorno continuam ao longo dos alinhamentos existentes (certamente – imaginamos nós – um pesado vínculo do regulamento de construção), sem interrupções ou modificações de percurso, também dentro do lote designado. Uma regularidade mortificante para um edifício com premissas bem mais fascinantes.

O olho no mercado não perdoa sequer Aldo van Eyck que, com Theo Bosh, assinou recentemente (1975) uma construção residencial de "recuperação" em Zwolle, na Holanda. Aqui os tradicionais perfis escalonados das fachadas ocultam escritórios e moradias, seguem o curso ondulado da rua, voltando a propor os tradicionais e, decerto, agradáveis aspectos da vida social holandesa, por meio de espaços "segundo as necessidades do homem", detalhes bem cuidados, como as lojas, as estufas particulares, os pequenos jardins "semipúblicos ou semiprivados", os revestimentos externos com pastilhas. Espaços agradáveis, dizíamos nós, embora tradicionais – Van Eyck inclui-se entre os que julgam o arquiteto modernista responsável pelos desgastes da vida coletiva, pela degradação das cidades, razão pela qual é preciso tomar como exemplo quem não é arquiteto (ou melhor, modernista).

Com menor conotação ideológica – mas com segura tranqüilidade profissional –, Darbourne & Darke enriquecem seu currículo de obras "comerciais", como o Pershore Housing (1976-77), por exemplo. O modelo é a aldeia tradicional inglesa, com fachadas em tijolos, telhados de águas inclinadas, janelas com arco rebaixado, espaços semiprivados de distribuição: materiais e formas tradicionais para reconstruir uma privacidade demasiado vilipendiada em nome da forma pura, para restituir à cidade um aspecto em que se possa viver; finalmente, "janelas que proporcionalmente são mais verticais[...][40] do que as horizontais, ligadas ao Movimento Moderno.

Em todas as suas variações, a Recuperação constitui a última manifestação da arquitetura tradicional.

Desde 1975 até hoje, esse termo espalhou-se por todos os ambientes, tornando-se familiar e, mais uma vez, tranqüilizador também para os que não se dedicam aos trabalhos. Recuperar quer dizer, antes de tudo, "conservar" e, por conseguinte, manter

---

40. C. Amery e L. Wright, *The Architecture of Darbourne & Darke*, London, RIBA Publications, 1977 (catálogo da exposição realizada de 17 de maio a 29 de julho de 1979), pp. 7-8.

Fig. 62. Milão. Corso Monforte, 9. Edifício para escritórios e lojas (1965), de Luigi Caccia Dominioni.

Fig. 63. Milão. Segrate. O bairro S. Felice (1967-79), de Luigi Caccia Dominioni e Vico Magistretti.

134 ARQUITETURA PÓS-INDUSTRIAL

inalterada uma relação emocional entre o edifício e seus moradores; ou melhor, entre o hábitat urbano e seus habitantes. Daí o êxito que sempre alcança a conservação, pelo menos no campo da construção.

A inevitável conseqüência desse interesse pelos ambientes históricos consolidados é o cuidado extravagante pela descoberta arqueológica, isto é, pelo detalhe construtivo "de ambiente", que permite a reconstrução integral das formas do passado.

Não é o caso de frisar, ainda, que esse passado é sentido com extrema nostalgia, se não política, pelo menos social; ou melhor, relações sociais que um tecido urbano permitia, "na medida das necessidades do homem". O espírito que anima os profetas da Recuperação é geralmente antiindustrial, filo-artesanal, e saudoso dos valores estáticos e dos tempos vagarosos da "cultura camponesa".

Pier Luigi Cervellati exprime com perfeição o sentido disso:

O centro histórico não nos interessa porque é belo ou antigo, mas porque representa a única parte *moderna* [sic] dos nossos inqualificáveis ajuntamentos urbanos, representa o modelo, o exemplo que se deve seguir para modificar, para demolir e reconstruir a cidade emergente[41].

Dessa maneira, achamo-nos na inversão de significado do termo "moderno": aqui significa "atual", "moralmente aceitável", além de "funcional"; são todos atributos que, como vimos, pertencem ao moderno[42] e que agora são retomados corretamente no significado, mas que se referem com deliberada desenvoltura a um tema diferente e até mesmo antitético. Pois bem, justamente o ambiente da tradição é agora definido como "moderno".

Mas o furor restauratório não pára por aqui:

Se os princípios da conservação fossem aplicados a todo o território, poder-se-ia reconstituir a relação cidade/campo original, atribuindo-se, finalmente, um papel econômico ao agrícola, não mais lugar de reserva e terra de conquista para a expansão e para os "rejeitos" urbanos, mas zona para conservar (é um bem irreproduzível) juntamente com o centro histórico[43].

Por conseguinte, que nada se transforme! Que se vá ao exterior, que se emigre, em vez de alterar com novos assentamentos residenciais ou industriais ou terciários o Magnífico Equilíbrio da

41. *Casabella*, nº 428, set. 1977, p. 11.
42. Ver capítulo 2 do presente volume.
43. *Casabella*, nº 428, p. 11.

DEPOIS DA ARQUITETURA MODERNA: A TRADIÇÃO   135

pura conservação. Como praticar a recuperação dos sagrados centros? Com o método "da conservação para organismos unitários", ou seja,

[...] com um projeto baseado no conhecimento histórico das tipologias de construção a serem recuperadas e restauradas, numa visão abrangente das transformações em relação às atuais funções do viver e do habitar – e constitui, neste sentido, um método aplicável em qualquer contexto urbano histórico, independentemente das suas características morfológicas[44].

Parece uma afirmação elástica e cheia de bom senso projetual? Infelizmente, não se limita a isso, pois:

Com esse método não há espaço para indicações projetuais tão pessoais quanto efêmeras, e o tão suspirado "nosso tempo" será encontrado nas intervenções conservadoras, e certamente não nas inovadoras: ademais, os projetistas são, muitas vezes, incorrigíveis "meias-solas" do já vistos no ano passado, em outra cidade ou em outra revista[45].

Afaste-se, por isso, dos centros históricos a "arte"; pode-se, assim, voltar a projetar nos modos usuais da Tradição popular, "sem arquitetos", sem medo de errar.

As teses de Cervellati, muito cômodas para a grande massa dos profissionais empenhados no *urban renewal*, parecem prevalecer em todos os níveis: a forma dos núcleos urbanos é colocada num pedestal de superioridade sócio-urbanística, quando, há apenas quinze anos, discutia-se impunemente o "saneamento urbano" (ou seja, demolição total e reconstrução segundo critérios "de mercado").

Todavia, sequer se pode sustentar que a recuperação seja um ato socialmente correto, sempre e em qualquer circunstância; com efeito, segundo Tomàs Maldonado,

[...] a reutilização não é por si só [...] o único remédio infalível para os males urbanos. O patrimônio de construção interessado na reutilização é, com efeito, muitas vezes o que é privilegiado pela localização e se presta [...] a uma "reutilização perversa" (o mesmo cânone imparcial favorece a expulsão das camadas de baixa renda, desalojando-as das áreas privilegiadas)[46].

Além de incertezas quanto às efetivas finalidades sociais da recuperação, existem dúvidas concretas sobre sua funcionalidade,

44. *Idem*, p. 12.
45. *Ibidem*.
46. *Casabella*, nº 442, dez. 1978, editorial, p. 9.

ou sobre as finalidades "econômico-urbanísticas"! "Parece-nos que ainda está por discutir toda a capacidade de atender à demanda de habitações mediante a reutilização do patrimônio de construção existente"[47].

À parte as dúvidas, uma conclusão é clara: a linguagem da Tradição é certamente a mais difundida, a mais enraizada, a mais multiforme; reveste-se agora de hábitos "populares", ora "burgueses" ora "elitistas" ou aristocráticos, que se estende do vernáculo ao classicismo, sem, no entanto, trair sua principal musa, a Conservação.

Antes de ilustrar exemplos das arquiteturas modernas ou pós-modernas, era preciso desmascarar ou reconhecer aquela linguagem em todos os seus matizes: toda e qualquer opção projetual deve ter claro este elemento de conhecimento. Como disse Sócrates: não há nada pior do que praticar o mal sem ter consciência disso.

47. *Ibidem.*

4. Depois da Arquitetura Moderna: O Pós-Moderno (Supermaneirismo ou Ecletismo Radical?)

Atualmente, não é fácil entender quem são os pós-modernistas. Entre pretensos modernos e pretensos pós-modernos parece existir um intercâmbio incessante de homens e de idéias, uma osmose de citações, uma selva de propostas e projetos em torno dos quais fervilham os debates mais sofisticados e presunçosos.

O pós-moderno, o maior e melhor porto das névoas da arquitetura tradicional, é: escolha discutida e discutível dos arquitetos contemporâneos, dos profissionais da moda, dos acadêmicos fingidamente "radicais". Além das conotações ideológicas e de fundo estético-cultural[1], o fato indiscutível é que a arquitetura pós-moderna ao nível mundial candidatou-se a posição de arquitetura dos anos 80 – um pouco por moda, um pouco por agressividade formal, um pouco por carência de alternativas lingüísticas válidas e um pouco devido à demora da penetração no interior (sempre lento em acompanhar a alternância exasperada das modas).

Dificilmente outra linguagem poderá afirmar-se a este nível para representar uma humanidade em crise – econômica e ideal –, e sobretudo um mundo sobre o qual pesa a incógnita da guerra nuclear, da destruição total. Se a civilização inteira pode ser exterminada numa fração de segundo, apertando um botão, por erro ou distração, de que vale, então, projetar um amanhã diferente, um ambiente "novo" e perfeito, quando os homens e os

---

1. Ver as referências do capítulo 2 do presente volume.

acontecimentos (isto é, a política) não controlam completamente a chave do próprio futuro?

A este ponto, nada melhor, mais consolador que o passado: um passado qualquer, a ser procurado diligentemente no altar das recordações; um passado renascentista que equivale a um barroco, um Lutyens que equivale a Borromini, um Hilberseimer que equivale a um Ledoux.

·Se, porém, a idéia das "armas estelares", ou do "escudo" de proteção antimíssil deslocado no espaço, ganha corpo, então é possível afastar o espectro da guerra atômica, voltar a pensar numa perspectiva mais longa para a humanidade e, por conseguinte, concentrar-se de novo na expansão, no desenvolvimento, nas conquistas tecnológicas. Pelo menos ao nível psicológico.

Em arquitetura, como nas artes e em qualquer outro campo do saber e da civilização, prefere-se – por questão de pudor – remendar de qualquer jeito o que já existe, jogar com os estilos, aproveitar certezas da história. Há apenas dois a três anos, ninguém ousava mais falar (ou recordar) dos projetos para as missões espaciais à Lua ou a Marte, que ainda em 1969 pareciam fato consumado. Hoje, volta-se a falar cautelosamente (e não só na literatura ou no cinema, mas também na vida real) de empresas espaciais ou aventuras submarinas, na busca do desconhecido; mas, sobretudo, olha-se para a frente ao pensar os edifícios, o ambiente, as cidades em que vivemos (ou nas quais esperamos viver amanhã).

E, embora hoje o pós-moderno tenha praticamente desaparecido como "estilo" (ou seja, como moda), não nos parece que se possa liquidá-lo também como categoria de pensamento ou de tendência real da arte e da arquitetura. Com efeito, é nestes termos que ele é visto e está presente na sociedade, enquanto espírito de uma transformação cujos primeiros aspectos começam a ser captados.

Sem inúteis perífrases ou ambigüidades, o pós-moderno assumiu subitamente os traços distintivos da vanguarda: uma vanguarda talvez não "histórica", mas simplesmente "vanguarda", aceitável como categoria meta-histórica. Antes de esclarecer o sentido dessa afirmação, cumpre que se lembre, casualmente e de maneira breve, alguns eventos que balizam as etapas (de 1975 até hoje) desta evolução do gosto, desta modificação do "sentir" arquitetônico.

DEPOIS DA ARQUITETURA MODERNA: O PÓS-MODERNO... 139

A primeira etapa desta nova sensibilidade é dada pela atividade desenvolvida nestes últimos anos pelo grupo nova-iorquino SITE, dirigido por James Wines[2], que encarna um tipo particular de "arquitetura radical", chamada *de-architecturization*.

Um exemplo da sua ideologia projetual temo-lo na fragmentada caixa de construção dos Magazines Best em Houston, Texas, e Sacramento, Califórnia (1975): uma esquina "casualmente" danificada do edifício abre-se eletricamente para permitir o acesso do público.

A superfície de tijolos da fachada sobre a rua e das paredes laterais estende-se arbitrariamente para além da margem lógica da linha do telhado, provocando a desconcertante aparência de um palácio apanhado num instante indefinido entre a construção e a demolição[3].

Ao nível ideológico,

[...] o fascínio das peças faltantes é universal [...]. A atração consiste num diálogo visual que impele o espectador a preencher os vazios com eventos interativos, a aceitar a dialética da entropia e do equívoco qual ponte fundamental entre arquitetura e paisagem[4].

Outra obra emblemática é o Ghost Parking em Hamden, Connecticut (1977-78), praticamente uma escultura no centro urbano, que visa "suscitar, no observador e na comunidade em geral, um interesse e um diálogo com o que há em volta, baseados no equívoco e na ambigüidade"[5].

Sempre mais heréticos, sempre mais *pop*, os SITE distinguem-se nos projetos preparatórios para a Bienal de Veneza'76 (1975), inventando para o Moinho Stucky, na Giudecca, um sistema de deslizamento da água sobre o edifício, enquanto a velha fachada flutua na lagoa; também aqui, *divertissement* entre o radical e o frívolo, símbolo de um momento de transição.

A necessidade de novos dogmas, de novas certezas (que são, depois, aquelas clássicas) emerge simultaneamente, com desconcertante amplitude, no resultado de alguns prêmios e concursos

2. SITE, ou Sculpture In The Environment, é um grupo constituído por Alison Sky, Emilio Sousa, Michelle Stone e James Wines; por algum tempo participaram Lynn Elman, Nancy Goldring, Cynthia Eardley.
3. B. Zevi, "Fascino della parte mancante", *L'Espresso*, 31 jul 1977.
4. *Ibidem*.
5. *Idem*, "Un parcheggio fantasma", *L'Espresso*, 17 set. 1978.

140 ARQUITETURA PÓS-INDUSTRIAL

internacionais. O prêmio anual (para 1975) de *Progressive Architecture* é concedido, entre outros, a Emilio Ambasz por um museu (ex-tribunal), em Grand Rapids, Michigam, onde a "recuperação" integra o corpo eclético-neoclássico (de 1908) com um plano inclinado translúcido, uma escada monumental, jogos d'água, todo o conjunto num *décor* vagamente metafísico. Outro premiado, Augusto Perez (e Charles Moore) pela Praça da Itália, em New Orleans, Louisiana (posteriormente definido como "obra-prima pós-moderna"), onde surge uma praça circular como símbolo da Itália (e a bota é formada com escadarias), com toda a tradicional provisão de arcos, colunas serlianas, calçamentos de rua, nichos, estátuas, e assim por diante, segundo um gosto que seria limitativo se o definíssemos como "eclético". Seja como for – é preciso frisá-lo de passagem –, o efeito visual e a "vivibilidade" tornam-se decididamente mais agradáveis e desfrutáveis do que as citações historicistas de Aldo Rossi ou de Léon Krier, demonstrando como as duas linguagens são diferentes (isto é, a autêntica pós-moderna e a classicista), se não antitéticas, com relação aos valores comunicacionais e à carga simbólica.

O ano de 1978 marca outra etapa importante na afirmação do pós-moderno, também em virtude da ampliação produzida pelos meios de comunicação social: a medalha de ouro do AIA (American Institute of Architects) a Philip Johnson, de quem é exaltada sobretudo a mudança de rumo em prol do retorno à decoração (*new decorativism*), evidente em sua última criação, o arranha-céu para a ATT, em Nova York.

Enquanto os autênticos *radicals* vanguardistas se reúnem em 1979 na Flórida, a fim de discutir a *Garbage Architecture* (arquitetura do lixo, ou seja, feita com os rejeitos reciclados) e as respectivas experiências de Michael Reynolds, Witold Rybczynski, Shu-Kay Kan, Gernot Minke e Martin Pawley, o rolo compressor do pós-moderno prossegue impávido sua obra de achatamento e de coleta de todos os órfãos e desiludidos do modernismo sob uma única bandeira; ou melhor, um rótulo, visto que uma bandeira pressupõe uma ideologia de início, mas que aqui está ausente, substituída por proposições tão genéricas quão violentas de rejeição do "estilo moderno".

Chegamos, assim, ao verão de 1980, quando o pós-moderno recebe sua consagração mundial na Bienal de Veneza, com a contestada Via Novissima, sob o patrocínio de Paolo Portoghesi, tendo como autores os melhores e mais cotados arquitetos do mun-

Fig. 64. O grupo SITE completo: Emilio Sousa, Alison Sky, Michelle Stone e James Wines.

Fig. 65. Houston, Texas. Magazines Best (1974-75), do grupo SITE. A "fachada indeterminada".

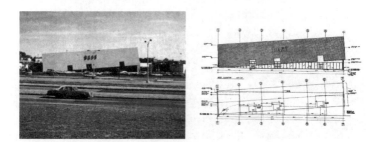

Fig. 66. Towson, Maryland. Tilt Showroom para os Magazines Best (1976-78).

Fig. 67. Hamden, Connecticut. Ghost Parking (1977-78).

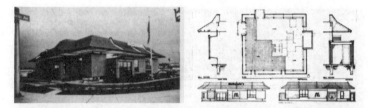

Fig. 68. Berwyn, Illinois. Restaurante flutuante McDonald's (1983), do grupo SITE: ou, então, a forma segue a função. O edifício em forma de sanduíche de partes autônomas, a base, os espaços, a cobertura; como met fora do pãozinho com o hamburguer. *À direita*: planta, plano traçado e detalhes de construção.

Fig. 69. Projeto para o Moinho Stucky (1975), em Veneza, para a Bienal (1976).

Fig. 70. Arquitetura pós-moderna: New Orleans, Louisiana. Praça da Itália (1975-78), de Augusto Perez e Charles Moore.

Fig. 71. Nova York. O arranha-céu da ATT (1978-82), de Philip Johnson: um dos sinais mais evidentes da "nova sensibilidade" (plástico).

144 ARQUITETURA PÓS-INDUSTRIAL

do inteiro, convocados para uma espécie de exposição de desenhos em relevo mais do que de arquitetura. Bruno Zevi, incansável defensor do modernismo, talvez com os mesmos tons violentos de 1957[6], condena a operação:

> Ignóbeis pastiches entre tendências contraditórias: de um lado, uma neo-
> academia dogmática e repressiva, que volta a exumar os cânones do sistema
> Beaux-Arts, macabras instituições napoleônicas com as quais, não por acaso, se
> revaloriza também o pior monumentalismo dos vinte anos fascistas. De outro la-
> do, a evasão anarcóide, a híbrida licenciosidade do efêmero, atitude que tem
> fundadas justificativas somente na América, onde atende ao desejo de emanci-
> par-se do patrimônio cultural europeu. A tentativa de unir duas orientações tal-
> vez seja lúdica, mas não convence nem diverte. Com a intenção de ser popular e
> espetacular a qualquer custo, acaba-se por cair num intelectualismo irresponsá-
> vel, sofisticado e fútil[7].

Mas o pós-moderno parece incoercível. Da arquitetura à
moda, à música, ao mobilamento, até a produção industrial, ao
design (haja vista as últimas realizações do estúdio Alchymia ou
Memphis, ou de Ettore Sottsass Jr., o chamado *new design* italiano), presenciamos todo um enovelamento de um único fio, o fio
da rebelião aberta contra o Movimento Moderno, contra o "estilo
moderno", o achatamento reducionista do racionalismo imperan-
te (isto é, do velho-novo classicismo).

A "nova vanguarda" acha-se hoje aqui. O fato de que o
pós-moderno (sempre, bem entendido, em suas articulações americanas, ou seja, "supermaneiristas" ou de *radical eclecticism*, e
não nas versões-desvios classicistas européias) pode hoje ser efetivamente classificado como vanguarda, com todos os seus atributos historicamente determinados, não é compartilhado por todos
os críticos e os estudiosos. Segundo Manfred Tafuri, a vanguarda
– em sentido lato – realiza-se no conceito de "transgressão" meta-histórica com relação às instituições, a partir de Piranesi: ademais, "lembramos que as vanguardas sempre se propunham a
mudar um aspecto institucional inteiro – não apenas na visão da
realidade, mas também nos comportamentos individuais e coletivos"[8].

No que concerne ao pós-moderno, o juízo é duro:

6.Cf. *Architectural Review*, 1957, na qual se falava de "retirada da Itália do
front do Movimento Moderno" e de "regressão infantil" da cultura arquitetônica
italiana.

7. B. Zevi, "Facciatisti e facciatosti", *L'Espresso*, 17 ago. 1980.

8. "La tecnica delle avanguardie", *Casabella*, nº 463-464, nov.-dez. 1980,
p. 98.

DEPOIS DA ARQUITETURA MODERNA: O PÓS-MODERNO... 145

Isto me parece mais um jogo retórico destinado a cobrir, com referências que pertencem a outra cultura impregnada de populismo, operações de origem diferente, ao invés de uma tese com bases consistentes. Parece-me que toda a operação "pós-moderna" deve ser considerada mais em seu aspecto de mercado do que em seu aspecto teórico. Por exemplo, o que é que liga, porventura, a negação radical do "moderno" de Léon Krier às ironias mais ou menos exitosas de Hans Hollein ou à pintura de Massimo Scolari? Absolutamente nada, salvo uma vaga crítica ao conceito de "moderno"[9].

O próprio Tafuri, contudo, não exclui que o pós-moderno possa atingir alguns objetivos e comportamentos da vanguarda, sobretudo considerando-se a transformação "eletrônica", que está ocorrendo na sociedade mundial, e a conseqüente "difusão" e "democraticidade" da cultura.

Como Nova York nos anos 20 podia atrair o público, fazê-lo co-autor de uma operação de festa coletiva sem passar pelos dogmas da vanguarda, quando, ao contrário, justamente esta última tinha inventado a noção de espectador como co-autor de uma obra,

assim o *revival* historiográfico (e pós-moderno) dos arranha-céus *art déco* americanos

[...] está de algum modo ligado a uma pesquisa, mais ou menos induzida, de *jogo* no interior da cidade. Vale dizer, a uma tentativa de tornar a fazer da grande metrópole um palco para uma explosão de lúdico que, desta vez, não é tão exigido pelo mercado ou por um *boom* econômico, quanto é, pelo contrário, evocado a frio[10].

Quem, por outro lado, incorpora o pós-moderno no último filão vanguardista é Andrea Branzi, profeta da "arquitetura radical" dos anos 60-70:

[...] existem várias fases sucessivas entre si, a primeira das quais pode ser chamada "With Ideology" e à qual pertencem John Cage, Allan Kaprow, Jasper Jones, La Pop Art, o Nouveau Réalisme, Manzoni e a arquitetura Pop. A segunda fase pode ser chamada "All Ideology", à qual pertencem a Minimal Art, Fluxus, Video Art, Conceptual Art, a Arte Pobre, A Body Art e a Arquitetura Radical. A terceira fase, também chamada "New Ideology – Neo-Humanismo – Neo-Maneirismo" (refundição antropológica do homem e do seu pensamento), inclui a Mitologia Individual, a Antropologia, os Novos Fauves, Ontani, Salvo e a Global Tools. A quarta e última fase, que podemos chamar de "Low Ideology – Retorno à Ordem – as Grandes Confecções" (grande restauração e volta ao estético),

9. *Idem*, p. 100.
10. *Idem*, p. 101.

146 ARQUITETURA PÓS-INDUSTRIAL

inclui a Pintura-Pintura, o Pattern Painting, a Transvanguarda, o Pós-Moderno e o Novo Design. Desta receita artesanal se depreende que a vanguarda de arquitetura e de *design* não constitui um fenômeno único, isto é, circunscrito a um tempo e a uma ideologia, mas é, isto sim, um "movimento" que atravessa tempos e ideologias diversas[11].

Se as coisas estão neste pé, o novo estágio da vanguarda – como já tinham intuído os artistas *pop* dos anos 60, tendo à sua frente Andy Warhol – não pode evitar aquela linguagem que é definida como "multimidial", isto é, centrada em mais mídias e – por que não? – também em mais códigos: um esperanto da comunicação que se serve da tecnologia também para produzir arte e cultura.

Neste momento, aceitemos como fato consumado que a arquitetura de vanguarda está indissoluvelmente ligada à arte, à literatura, à música de vanguarda, razão por que a produção criativa do edifício não se esgota nem no fato técnico nem no "disciplinar" ou no "projeto", mas reassume em si valências mais amplas, mutuadas por todo o horizonte da cultura artística contemporânea.

A revolução eletrônica e telemática dos últimos anos está transformando profundamente as relações entre sujeitos culturais, entre artes visuais e público, e está, até, incidindo nas tradicionais relações de produção: teve como batismo a era pós-industrial, que alhures já foi definida como "pós-moderna". As pessoas ainda não percebem o quanto os meios de comunicação televisiva mudaram o rosto da sociedade, e sobretudo não percebem o quanto e até onde a mudança ainda impelirá. Da televisão ao teleprocessador, ao computador, ao reprodutor em fac-símile, já não se trata mais apenas de aparelhos técnicos sofisticados, utilizados por bases militares ou por indústrias de vanguarda (ironia da palavra!), mas de instrumentos ("meios") de trabalho para profissionais, de criação para artistas, de experimentação e de pesquisa de novas formas expressivas, de novas ligações entre a produção do objeto e a "demanda estética" (*design*), entre a configuração urbana em pequena e grande escala e o mundo das artes visuais.

Ao falar de uma condição "pós-humana", Andrea Branzi descreve a revolução eletrônica com as seguintes palavras:

11. A Branzi, "Il diagramma del farmacista", *Modo*, nº 56, fev. 1983, p. 27.

DEPOIS DA ARQUITETURA MODERNA: O PÓS-MODERNO... 147

[...] na simultaneidade nos é permitido viver o que acontece no planeta, ver o passado, estar presentes no algures, cobrindo o território com uma densa rede de estímulos sensíveis, de terminais de vídeo, de cabos, de satélites, a ponto de tornar nossa terra semelhante a um organismo vivo, sensível, percorrido por um sistema nervoso semelhante ao nosso, que percebe e reage em tempo real a qualquer estímulo e elabora uma espécie de fantasia coletiva televisiva. Por isso, dizem os teóricos, o futuro mais importante é representado pela fantasia e não por nosso corpo[12].

Em face das propostas mais comerciais ou maleáveis de alguns pós-modernistas, Branzi opta por uma posição mais genuinamente vanguardista:

O esforço que devemos realizar não é o esforço catastrófico da enésima mutação do gênero humano, porém, antes, o de adequar-se verdadeiramente ao modelo de comportamento mais avançado do sistema, que não é certamente o europeu [...] e tampouco o americano, mas, sim, o japonês [...]. O que temos que fazer é sentar-nos à margem de um rio e usar livremente o *mixer* e, com ele, os próprios tamancos. Usar esta revolução e as outras, sem nelas tomar parte; olhar o mundo com sabedoria, sem interiorizar corpos estranhos por puro heroísmo[13].

Por conseguinte, uma receita epicuréia, uma "ataraxia" reproposta para o segundo milênio: uma enésima tentativa de salvar o homem do abismo tecnológico.

A relação dessa vanguarda pós-moderna com a tecnologia parece controversa, contraditória, ambígua, fascinante: amor e ódio, mas também indiferença ostensiva; tudo isso para concluir que a revolução telemática de toda forma se preocupa conosco, a despeito de nós mesmos. Numa ótica bem diferente da tradicional, muda o próprio significado de vanguarda, no sentido de que sua *audience* amplia-se para abranger aqui também o grande público não mais demonizado, graças a um significado diverso do termo "consumo"[14].

Ao atribuir à vanguarda contemporânea uma menor (quando não nenhuma) carga provocatória *contra* o consumo (e o consumismo) e, portanto, ao legitimar a tese de que o pós-moderno encarnaria a vanguarda dos anos 80, em 1965 Umberto Eco apresentava o seguinte esclarecimento:

12. A Branzi, "Umano, post-umano", *Modo*, nº 58, abr. 1983, p. 63.
13. *Ibidem*.
14. Ver a discussão sobre o termo "consumo", *Alfabeta*, nº 49, jun. 1983, e o artigo de Gillo Dorfles, pp. 23,24, sob o título "La nozione di consumo".

148 ARQUITETURA PÓS-INDUSTRIAL

[...] a mesma dicotomia entre ordem e desordem, entre obra de consumo e obra de provocação[15], embora não perdendo a vitalidade, talvez venha a ser reexaminada em outra perspectiva: isto é, creio que será possível encontrar elementos de ruptura e de contestação em obras que aparentemente se prestam a um fácil consumo, bem como perceber, pelo contrário, que certas obras, que parecem provocatórias e que ainda fazem o público pular na cadeira, nada contestam[...][16].

Decorridos dezoito anos, parece-lhe evidente a ruptura da relação entre vanguarda e modernismo:

A vanguarda destrói o passado, desfigura-o: as *Demoiselles d'Avignon* constituem o gesto típico da vanguarda; depois a vanguarda vai além, destrói a figura e a anula, chega ao abstrato, ao informal, à tela branca, à tela dilacerada, à tela queimada; em arquitetura será a condição mínima da *curtain wall*, o edifício como estelas, mero paralelepípedo; em literatura a destruição do fluxo do discurso, até a *collage* à Burroughs, até o silêncio ou a página branca; em música será a passagem da atonalidade ao ruído, ao silêncio absoluto [...]. Mas chega o momento em que a vanguarda (o moderno) não pode mais prosseguir, porque já produziu uma metalinguagem que fala de seus textos impossíveis (a arte conceitual). A resposta pós-moderna ao moderno consiste em reconhecer que o passado – visto que não pode ser destruído, porque sua destruição leva ao silêncio – deve ser revisitado: com ironia, de maneira não inocente. [...] Ironia, jogo metalingüístico, enunciação ao quadrado. Daí que se, com o moderno, que não compreende o jogo, só pode refutá-lo, com o pós-moderno é também possível não entender o jogo e levar as coisas a sério. [...] O romance pós-moderno ideal deveria superar as diatribes entre realismo e irrealismo, formalismo e "conteudismo", literatura pura e literatura de engajamento, narrativa de elite e narrativa de massa[17].

Milagres do "duplo código"!

No impacto com os meios de comunicação de massa, a vanguarda foi consumada (no sentido entrópico do termo, isto é, de consumpção) e tornou-se consumável (no sentido de aproveitável pelas massas).

Porventura não se tinha pregado durante muito tempo uma "vanguarda de massa"? Eis que ela está ao alcance de nossas mãos: o pós-moderno mistura programaticamente o inconciliável, massa e elite, graças a uma concorrência de fatores culturais e ambientais jamais vistos.

15. Tendo atribuído anteriormente valor de "obra de provocação" à obra de vanguarda.
16. VV. AA, *Il romanzo sperimentale*, Milano, Feltrinelli, 1966, (intervenção de Umberto Eco).
17. U. Eco, "Postille a 'Il nome della rosa' ", *Alfabeta*, nº 49, jun. 1983, p. 22.

DEPOIS DA ARQUITETURA MODERNA: O PÓS-MODERNO... 149

O consumo e o êxito de sua imagem se devem[18] a um misto de *novelty* e de *facility*, ou seja, de novidade e de acessibilidade: como todos os fenômenos novos, o primeiro componente é muito forte nesta fase inicial e vai rapidamente declinando em concomitância com o crescimento da segunda, exatamente mercê da ação difusora (e encorajante) dos *media*.

O outro ponto de força do pós-modernismo que, mais do que metodológico, definiríamos como "estrutural", ou "de estratégia", é a multidisciplinaridade, isto é, a penetração, como uma mancha de óleo, em todos os setores das artes visuais, e também da música, da literatura etc. Esta difusão, porém, ao mesmo tempo que permite uma amplificação da mensagem pós-modernista, consistiu também no mais visível calcanhar de Aquiles, enquanto o tempo tende – nesta situação paulatinamente insustentável de "consumo da vanguarda de massa" – a privilegiar os aspectos exteriores, formais, comerciais, esvaziando o movimento de conteúdos contestatórios.

Numa civilização em que os tempos do conhecimento vão inexoravelmente se encurtando e em que a "moda" é, de um modo ou de outro, enganchada ao conceito de "vanguarda", o espaço para a antecipação vanguardista deve dilatar-se necessariamente além do possível e do atual, rumo à Utopia e muito além do segundo milênio. Num momento em que, de um campo ao outro da ciência e da vida social, existem diferenças de "estilo" de dez a vinte anos[19], a vanguarda só pode ocupar-se de períodos distantes do hoje. Somente assim poderá voltar a ser provocatória e "transgressiva".

A questão que alguns historiadores, à maneira de elegantes sofismas, levantaram diante do pós-moderno é: supermaneirismo ou superecletismo?

Fazer essa pergunta significa antes de tudo considerar como categorias meta-históricas os termos "maneirismo" e "ecletismo", além de sua capacidade de caracterizar um determinado período histórico. O que é perfeitamente legítimo.

Segundo Peter Collins,

[...] no século XIX o conceito de ecletismo firmou-se inicialmente na França, por volta dos anos 1830, quando foi utilizado pelo filósofo Victor Cousin para signifi-

18. Lembrando as teorias do filósofo inglês David Hume a propósito dos textos literários.

19. Assim como, mais ou menos, nos primórdios do século XX as instituições políticas européias estavam pelo menos cinqüenta anos atrasadas em relação ao contexto científico-tecnológico.

150 ARQUITETURA PÓS-INDUSTRIAL

car um método de pensamento compósito constituído por pontos de vista sele-cionados de outros métodos. Nisto está seu significado mais exato. Com efeito, os ecléticos sustentaram racionalmente que ninguém podia cegamente aceitar do passado a herança de um único método filosófico (ou de um único método arqui-tetônico), excluindo todos os outros, mas que, pelo contrário, cada um podia de-cidir racionalmente e livremente quais fatos filosóficos (ou elementos arquitetô-nicos), empregados no passado, poderiam ser adaptados ao presente para admi-ti-los e respeitá-los em qualquer contexto em que aparecessem[20].

Portanto, o ecletismo constitui uma escolha metodológica, um *habitus* mental típico dos períodos incertos ("de transição", diriam os historiadores idealistas), um colecionismo historicista que ambiciona selecionar a mais fina flor, a fim de obter um hí-brido perfeito; implica também um conhecimento aprofundado e "indiferente" dos estilos, entendidos como canonização e embal-samamento de uma época. Ademais, significa conservação, se é verdade que a soma de mais conservações faz uma grande e única conservação: enquanto o estilo pode evoluir e declinar, o ecletis-mo prefere os estilos emblemáticos, "canonizados", e não pós-canônicos, a fim de poder trabalhar com estruturas conhecidas e claras.

Nesse sentido, no sentido mais geral de opcionalidade empí-rica, o pós-moderno é ecletismo; pouco importa se é "super" ou "radical" como o define Jencks. O que mais importa é que, em seu interior, uma vez feita a escolha eclética, diferem entre si os modos de enfrentar os estilos, as citações, os pormenores (ou se-ja, numa palavra, a morfologia).

Em que medida se pode falar de maneirismo? Umberto Eco coloca a questão de um modo geral:

Creio, contudo, que o pós-moderno não constitui uma tendência cronologi-camente circunscritível, porém uma categoria espiritual, ou melhor, um *Kunst-wollen*, um modo de operar. Poderíamos dizer que toda época tem o próprio pós-moderno, assim como toda época teria o próprio maneirismo (tanto assim que me pergunto se pós-moderno não seria o nome moderno do maneirismo como categoria meta-histórica)[21].

A atitude dos pós-modernistas com relação aos estilos do passado não é de aceitação sob o domínio da Regra classicista, mas de ironia, de exageração, de jogo (que, dizíamos nós, pode também não ser percebido imediatamente como tal).

20. P. Collins, *I mutevoli ideali dell'architettura moderna*, Milano, Il Saggia-tore, 1973 (original inglês, 1965), pp. 147-152.
21. U. Eco, "Postille a 'Il nome della rosa' ", p. 22.

DEPOIS DA ARQUITETURA MODERNA: O PÓS-MODERNO... 151

Arnold Hauser afirmou:

O maneirismo é radicalmente *arte*: transforma tudo aquilo que é natural em algo artificioso, artificial, artefato. A voz da natureza, a informe matéria-prima da existência, tudo quanto é genuíno, espontâneo, imediato, é destruído e transformado em produto de arte, em manufaturado que – embora ainda vizinho e familiar ao *homo faber* – é estranho à natureza. A arquitetura que, entre as artes visuais é formalmente a mais distante da imitação, já possui de *per si* um caráter abstrato, inerte, inatural. Com o maneirismo aumentam ainda essa abstração e esse afastamento da natureza[22].

Desta forma os pós-modernistas rejeitam a redução, a racionalidade (que o classicismo quer "natural"), em favor do artifício elaborado; segundo Carleton Ray Smith, diligente estudioso da vanguarda americana depois dos anos 60, deve-se definitivamente falar de *supermaneirismo*:

Em parte, o termo exprime o aspecto maneirista do movimento – sua *sistemática manipulação de princípios, e sua alteração de escala, reordenamento do particular de superfície* [grifo nosso] – que é semelhante ao maneirismo dos séculos XVI e XVII, porém intensificado. Em parte, além disso, o termo denota o mais amplo vocabulário projetual do movimento: um vocabulário que se dilatou para incluir o vernacular, o anônimo, bem como elementos de nossa vida comum ou da cultura popular como os quadrinhos, óbvios, estes últimos, onde o termo se dividir em: Superman-eirismo[23].

Por conseguinte, não só maneiristas, mas até "supermaneiristas": a verdadeira espinha dorsal do pós-moderno são eles, os americanos, desde sempre ecléticos e desde sempre isentos de preconceitos no uso do seu multiforme passado.

Se todos reconhecem Charles Jencks como o teórico e historiador oficial do movimento, alvo de ferozes ataques por parte dos acadêmicos do mundo inteiro, que Anthony Vidler definiu desdenhosamente como "rotulador" em *Skyline*[24], Robert Venturi é, ao contrário, o maior expoente "operativo" da ala supermaneirista (ou seja, *tout court*, do verdadeiro pós-moderno), sempre voltado[25] para a recuperação dos reclamos pseudovernaculares.

Outros supermaneiristas mais completos são Charles Moore e Robert Stern.

---

22. A. Hauser, *Il Manierismo. La crisi del Rinascimento e l'origine dell'arte moderna*, Torino, Einaudi, 1965 (original alemão, 1964), p. 262.

23. C. Ray Smith, *Post-Modern e Supermanierismo*, Bari, Laterza, 1982 (original EUA, 1977), p. 3.

24. *Skyline*, out. 1981.

25. Ver p. 71 do presente volume.

152 ARQUITETURA PÓS-INDUSTRIAL

A respeito do primeiro, bem como de sua extravagante Praça da Itália em New Orleans, já se falou[26]. Cumpre acrescentar que, segundo Paolo Portoghesi,

[...] sua arquitetura tem seu motivo profundo e seu centro de desenvolvimento no conceito de lugar; lugar entendido não como resultado de uma simples operação aritmética: um espaço determinado a que se acresce a presença ativa do homem; lugar como conclusão de um processo de apropriação ao qual a arquitetura atribui o valor de um rito[27].

Rito que se manifesta no emprego de uma linguagem sempre original e desinibida, "figurativa" e consoante às aspirações do cliente, às vezes tendente à composição classicista (mais do que ao vernáculo): é o que se dá com a evocação dos pavilhões vitorianos e coloniais no projeto para as margens do rio Dayton, em Ohio, em 1976, ou as evocações do palácio italiano com contaminações "modernas" no projeto para a Italian-American Federation, em New Orleans, 1979.

É evidente a aproximação da arquitetura de Venturi, a comum linguagem supermaneirista – graças à tipologia da habitação unifamiliar que permitiu historicamente a experimentação pós-moderna – na Klotz House, em Westerly, Rhode Island, 1969; na Burns House, em Santa Monica, Califórnia, 1974; na Gold Spring Harbor Guest House, em Essex, Connecticut, 1979; e, prolongamento desta tipologia, no Eola Hotel, em Natuaez, Missouri.

Análoga posição e escolha ideológica exprime Robert Stern, discípulo de Robert Venturi, em Yale, em seus projetos de *villas* e residências de luxo, desde a Westchester House, em Armonk, Nova York, 1974-76, à Pool House, em Greenwich, Connecticut, 1973-74; à Lawson House de East Quogue, Long Island, Nova York, 1979; à Silvera Residence, New Jersey, 1979-80. Segundo Portoghesi, nelas "a sapiente impostação cenográfica se une a uma inventividade espacial e luminística continuamente renovada e a um rigoroso controle gramatical"[28].

O sentido de seu classicismo *free-style* – de todo modo absorvido no âmbito do mais original pós-moderno – nos é explicado pelo próprio Stern:

O pluralismo é o estado que caracteriza o mundo moderno (depois da Renascença), e em arquitetura a diversidade e a continuidade de nossas tradições

26. Ver p. 140 do presente volume.
27. P. Portoghesi, *Dopo l'architteture moderna*, p. 118.
28. *Idem*, p. 125.

DEPOIS DA ARQUITETURA MODERNA: O PÓS-MODERNO... 153

são representadas em três formas expressivas ou paradigmas que representam ao mesmo tempo condições ideais e reais: o clássico, o vernacular e o mecânico. Com o objetivo de representar a complexa interação dos resultados na vida moderna, a arquitetura pós-renascentista procurou tradicionalmente uma síntese dessas formas. O classicismo, em particular, tem dois usos: sintaticamente, como auxiliar da composição, e retoricamente, como auxiliar da expressão. A arquitetura modernista rejeitou o uso representativo do classicismo, concentrando-se, ao contrário, na estética das máquinas. Uma sincera revitalização da tradição clássica, todavia, [...] está em condições de incrementar a relação entre uma arquitetura declaradamente pública e o arquivo pessoal de imagens e associações mentais do observador, encorajando, ademais disso, um significativo diálogo entre presente e passado[29].

Não obstante, como confirmação da grande confusão lingüística de nossos dias, nem todos compartilham a "pós-modernidade" de Stern. Por exemplo, Charles Jencks julga-o um suposto pós-moderno, porquanto estaria ainda demasiado ligado a princípios formais e a preconceitos antidecorativos típicos do modernismo: embora reconhecendo em Stern uma derivação original de motivos vernaculares do Shingle Style e uma conjunção de articulações "barrocas" dos espaços, Jencks fala (a propósito da Westchester House) de "espaço descentralizado do maneirismo, com sua consciente ambigüidade e seus contraditórios sinais espaciais"[30].

Jenks reconhece que se possa falar de "supermaneirismo" a propósito de Stern, mas nega que o pós-moderno seja somente isto: o espaço pós-moderno – diz ele – "suspende a clara ordem final dos eventos, em favor de uma ordem labiríntica que jamais alcança um fim absoluto"[31]; por conseguinte, se "a comparação do pós-moderno com o espaço maneirista ajuda em muitos casos, [...] todavia, existe outro modelo, de natureza quase religiosa"[32], que é aquele de "complicar e fragmentar os espaços" e de deixar que se crie uma atmosfera de suspensão psicológica, de desequilíbrio, quase de mal-estar. Mas isto lembra muito de perto o maneirismo, que possuía também essas características de "labiríntica religiosidade", ironia e ambigüidade, que Jencks atribui ao pós-moderno.

Um segundo segmento de arquitetos pós-modernistas, mais propensos à recuperação do classicismo e ao diálogo com a história, em posição não totalmente clara com relação ao programa de

29. Intervenção de Robert Stern, em C. Jencks, *Free-Style Classicism*, p. 73.
30. C. Jencks, *The Language of Post-Modern Architecture*, pp. 122-124.
31. *Ibidem*.
32. *Ibidem*.

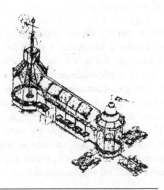

Fig. 72. Charles Moore, projeto de pavilhões (1976) para as margens do rio Dayton, Chio.

Fig. 73. Charles Moore, projeto para a Italian-American Federation (1979), New Orleans, Louisiana.

Fig. 74. Westerly, Rhode Island. Kotz House (1969), de Charles Moore.

Fig. 75. Santa Monica, Califórnia. Burns House (1974), de Charles Moore.

Fig. 76. Essex, Connecticut. Projeto para a Gold Spring Harbor Guest House (1979), de Charles Moore.

Fig. 77. Natuaez, Missouri. Projeto para o Eola Hotel (1976), de Charles Moore.

Fig. 78. Armonk, Nova York. Westchester House (1974-76), de Robert Stern.

Fig. 79. East Quogue, Long Island, Nova York. Lawson House (1979) de Robert Stern.

Fig. 80. Deal, New Jersey. Ao alto: interior da Silvera Residence (1979-80). Embaixo: corte axonométrico.

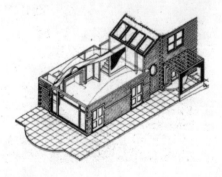

Fig. 81. Um dos símbolos da arquitetura pós-moderna: o Portland Public Service Building (1980-82), de Michael Graves, em Portland, Oregon. Esboço perspectivo.

Fig. 82. Chicago, Merchandise Mart. Sunar Showroom (1979), de Michael Graves.

Fig. 83. Michael Graves: projeto para um Centro Cultural em Fargo e Moorhead.

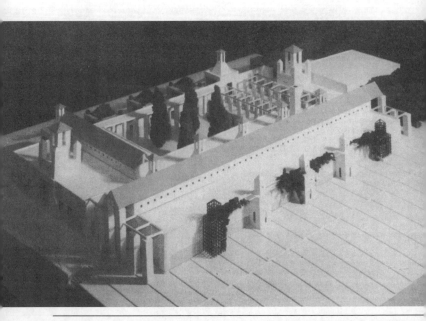

Fig. 84. San Juan de Capistrano. Biblioteca pública (1980-83), de Michael Graves (plástico).

DEPOIS DA ARQUITETURA MODERNA: O PÓS-MODERNO... 159

Jencks ou de Venturi, é aquele que definiremos de *neo-historicistas*. Neles a ironia e a deformação cedem mais amiúde lugar à recuperação estática da história, do classicismo, dos vocábulos da linguagem áulica da arquitetura.

Mentor indiscutível desta corrente, aliás bem nutrida, é o americano Michael Graves, ex-Five[33]; com ele podemos lembrar o conterrâneo Thomas Gordon Smith, os japoneses Arata Isozaki e Monta Mozuna e o inglês James Stirling, ex-modernista e ex-brutalista.

Michael Graves, que Jencks define como "o maior arquiteto do momento", invoca claramente a história (e, melhor, a "memória coletiva") como fundamento de suas teorias projetuais:

> Penso que nenhuma arquitetura é possível sem memória. O modernismo (talvez seja melhor dizer os modernistas, pois existem tantos) teria que se haver, em parte, com a inversão da linguagem, precipitando as coisas e propondo-se definitivamente como fato antropomórfico e totêmico. Esta inversão de códigos tem que haver-se com a sociedade, embora as pessoas não entendam automaticamente o que acontece aos próprios mitos, ao próprio modo de ocupar o espaço[34].

Além do mais, declara-se "figurativo" e não "literário" (ou seja, "de difícil compreensão", porque legível apenas no nível conceitual); inserindo-se, por isso, no filão da restauração "transvanguardista" e da redescoberta da complexidade decorativa.

No Portland Public Service Building, Oregon, 1980, Graves desenvolve suas teorias de composição "antropomorfas", pois o edifício pode ser lido como composto por uma base (isto é, os pés), mais um cubo central (o corpo) e um telhado (a cabeça); nele ocupam amplo espaço a decoração e a recuperação de fragmentos estilísticos do passado: "A colunata que serve de base é mais egípcia e ao mesmo tempo também italiana, refletindo o despojado classicismo dos anos 30"[35].

---

33. Os New York Five (arquitetos) eram uma criação do crítico e historiador Kenneth Frampton, que em 1969, num simpósio organizado pelo Museu de Arte Moderna de Nova York, apresentara como fenômeno homogêneo a obra de Peter Eisenman, Michael Graves, John Hejduk, Charles Gwathmey e Richard Meier. Em 1972 foram oficializados pelo crítico Arthur Drexler, que identificou suas matrizes comuns numa linguagem racional-maneirista inspirada em Le Corbusier e Terragni. Todavia, muito diferentes entre si por inspiração e temperamento, logo enveredaram por caminhos diferentes e opostos, depois de demonstrarem a potencialidade da *contaminatio* historicista.

34. Entrevista de Franco Raggi a Michael Graves, *Modo*, nº 49, maio. 1982, p. 18.

35. C. Jencks, *The Language of Post-Modern Architecture*, p. 5.

Fig. 85. Oakland, Califórnia. Paulownia House (1977), de Thomas Gordon Smith (projeto).

Fig. 86. Carson City, Nevada. Lang House (1978), de Thomas Gordon Smith (projeto).

Fig. 87. Matthews Street House (1978), Califórnia.

DEPOIS DA ARQUITETURA MODERNA: O PÓS-MODERNO... 161

As pequenas janelas nos falam da crise energética, a partir do interior da maciça urdidura murária; as cabines dos elevadores terminam em pequenos templos de inspiração clássica; uma estátua suspensa por sobre a entrada (a "divindade do comércio", Portlândia), em perfeito estilo *art déco* (ou eclético), contribui para a solenidade do edifício público.

Expressivo exemplo do "duplo código" pós-moderno, ou seja, de cruzamento entre figurativismo e decorativismo superficial com a profundidade metafórica do significado, o Public Service Building denota uma arquitetura "inclusiva", "que leva a sério a multiplicidade de diferentes instâncias: ornamento, cor, escultura representativa, morfologia urbana; e de instâncias especialmente arquitetônicas como a estrutura, o espaço, a luz"[36].

Como é lido, ao contrário, esse edifício "na outra ponta" (isto é, por parte dos modernistas)? Segundo Bruno Zevi, desta vez talvez demasiadamente cruel, tratar-se-ia de um "esquálido produto das modas reacionárias", e, em particular,

[...] trata-se de um caixotão banal, sem nenhuma conotação lúdica, sobre o qual são erguidas gigantescas pilastras, maciças chaves de abóbada e ingredientes cosméticos de manual vitoriano; elementos do "império retórico" que, filtrados por um dúbio gosto Art Déco, dispõem-se num eclético, presunçoso e nauseante pastiche. [...] O tosco e anacrônico volume insere-se com obtusa vulgaridade entre as torres fronteiriças ao rio Willamette, arvorando-se em emblema de uma atitude nostálgica e retrógrada, carente de qualquer identidade imaginativa[37].

Mas Graves nem sempre é tão austero e classicista como em Portland; na biblioteca pública de San Juan de Capistrano, Califórnia, 1980-81, as evocações da história e da classicidade temperam-se ao contato da tipologia da "missão" californiano-mexicana. O "classicismo vernacular" produz uma inversão de escala: aqui, um pequeno ambiente parece gigantesco. A atenção de Graves está constantemente voltada para os percursos interiores, para a funcionalidade do espaço e, apesar disso, para o ornamento, para a invenção tipológica, para a citação erudita ou ingênua: um *mix* de agradável decoro e de classicismo, que atende à verificação do uso cotidiano para decretar seu sucesso ou o insucesso.

Como é evidente por esses dois projetos (mas também pelo Showroom Sunar, em Los Angeles, 1980; pelo projeto para o Centro Cultural em Fargo e Moorhead, 1977-79, e para a French

36. *Ibidem.*
37. B. Zevi, "Quel palazzo è un juke-box", *L'Espresso*, 27 fev. 1983, p. 127.

Fig. 88. Tsukuba, Japão. Tsukuba Civic Centre (1978-83), de Arata Isozaki (plástico). *À esquerda:* maquete da torre.

Fig. 89. A Maison du Directeur de Chaux, no projeto de Claude-Nicolas Ledoux (1770-80).

Fig. 90. Fujima, Japão. Fujima Country Club (1972-74), de Arata Isozak

Fig. 91. A Maison des Directeurs de la Loue (1770-80), de Claude-Nicolas Ledoux.

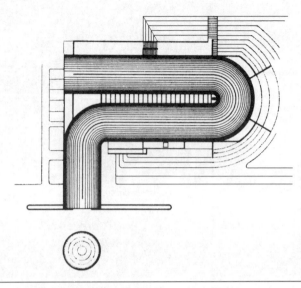

Fig. 92. Fujima Country Club. Planimetria.

Fig. 93. Tóquio. Templo Eiseiji (1979), de Monta Mozuna.

DEPOIS DA ARQUITETURA MODERNA: O PÓS-MODERNO... 165

& Company, Nova York, 1978), Michael Graves é por tendência um classicista, embora atualmente possua todas as credenciais para figurar dentro do pós-moderno: linguagem que ele declina em sentido neo-historicista ou, mais raramente, pseudovernacular.

Segundo Portoghesi, Thomas Gordon Smith é "talvez o mais audaz e decisivo entre os experimentadores de um uso criativo da memória"[38]; e, com efeito, em suas obras é evidente um uso mais atento e obsequioso do vocabulário clássico, em particular das formas greco-romanas, dos pormenores renascentistas, da articulação volumétrica barroca.

A admiração pelos "microssinais" do *palazzo* italiano, pela coluna serliana e – em geral – pelo decorativismo das fachadas européias clássicas, produz a Paulownia House em Oakland, Califórnia, 1977; da memória ascética do templo grego prostilo deriva a Lang House, em Carson City, Nevada, 1978, e a Matthews Street House, Califórnia, 1978; das *villas* patrícias romanas e da cultura renascentista, a Tuscan House e a Laurentian House em Livermore, Califórnia, 1979. Nestas últimas existe uma referência precisa às ordens clássicas, ao repertório de arcos e colunas ao qual nos afeiçoa por uma pungente diversidade de produto acabado: exemplo de memória coletiva inexistente, fruto de intelectualismo e cálculo artificioso, de comercialização da linguagem clássica num ambiente que é naturalmente tábua rasa e destituído de referências históricas (e também naturais). Extremo limite do "jogo" pós-moderno de fachadas e decoração, que nada tem a ver com os espaços e que, embora às vezes alcançando efeitos agradáveis, fatalmente impele o arquiteto para fora da compreensão dos problemas reais da sociedade.

Intelectual-jogral para o fidalgote provinciano, para o novo-rico desejoso de sobressair a todo custo: esta parece ser, hoje, a função redutora do arquiteto pós-moderno (quando o pós-moderno é visto, bem entendido, em seu aspecto mais comum de "moda", esvaziado de conteúdos ideológicos – porquanto lábeis – e, por conseguinte, limitado a cobertura do *new decorativism*).

Os termos do problema não mudam sequer com Arata Isozaki, japonês que coloca declaradamente na origem de sua inspiração projetual a arquitetura protoneoclássica de Claude-Nicolas Ledoux. Aqui é mais maciça e menos epidérmica a evocação às formas do passado, do que em Gordon Smith, razão por que também o impacto ambiental que daí resulta é bem mais dramático.

---

38. P. Portoghesi, *Dopo l'architettura moderna*, p. 125.

166 ARQUITETURA PÓS-INDUSTRIAL

Cumpre que se considere, efetivamente, o que acontece com o Tsukuba Civic Centre (1978-83): enquanto o albergue desenvolve, ampliando-o em sentido vertical, o tema formal e decorativo da Maison du Directeur em Chaux, de Ledoux (1770-80), com relativa provisão de colunas-parástides caneladas e de entablamento (aqui, porém, arredondado em vez de triangular), a praça na parte de trás concentra-se num espaço elíptico introjetado, rebaixado em relação ao nível comum (praticamente a cópia da pavimentação michelangelesca da Piazza del Campidoglio, em Roma).

O Fujima Country Club, 1975, retoma o arcobotante da Maison des Directeurs de la Loue, sempre de Ledoux, prolongando-a e dobrando-a até desenhar no terreno um grande e brilhante ponto de interrogação: arquitetura metafísica e arbitrariedade da forma coincidem numa obra ambígua e problemática, demasiado ligada à "memória individual" e bastante menos ao contexto ou à muito pós-moderna "memória coletiva". O próprio Isozaki reconhece que foi influenciado por Ledoux, embora negue que inicialmente desejasse tal inspiração.

Fazendo um balanço de sua atividade e de seus "vinte anos de amor pela obra de Ledoux", Isozaki concluiu: "O que estou procurando alcançar é a realização, na arquitetura, da fantasia expressa em seus desenhos [de Ledoux]"[39].

Certamente, para um ex-Metabolista trata-se de uma bela conclusão a iniciativa de passar da abstração da utopia para a cidade do futuro (e seu funcionamento "orgânico") à ruminação de fantasias gráficas setecentistas e sua aplicação no *corpore vili* da arquitetura vivida.

Monta Mozuna, "arquiteto megalômano", o que ele mesmo admite, representa o desejo ardente de conjunção entre o pós-moderno – mesmo em versão neo-histórica – e o classicismo dos Rossi, Krier e Ungers. Ele consegue que seus edifícios realizem verdadeiros e autênticos saltos de escala que, maneiristicamente, podem suscitar fortes emoções e que, seja como for, se propõem como episódios místicos num universo impregnado de incerteza e laicismo.

A filosofia zen anima sua metodologia projectual e inspira-lhe os êxitos formais: em sua obra mais importante, o Templo Eiseiji, em Tóquio, 1979, a edícula central se amplia para tornar-se um baldaquim, que acumula a carga religiosa e constitui sinal visível da centralidade do deus. Na perfeita simetria e elegância

39. Intervenção de Arata Isozaki, em C. Jencks, *Free-Style Classicism*, p. 28.

DEPOIS DA ARQUITETURA MODERNA: O PÓS-MODERNO... 167

rebuscada do ambiente, a estrutura central é encerrada por outra maior, "um continente homólogo que reflete sua estrutura"[40].

Segundo Jencks, a este propósito deve-se falar de "filosofia da miniaturização", aliás, típica na arquitetura japonesa: "A alteração de escala é tão intensa que a realidade parece um modelo. A miniaturização é muitas vezes usada para aumentar a santidade de um objeto"[41].

Para Portoghesi, pelo contrário, prevalece o toque da inspiração religiosa e do *mix* entre cultura mística japonesa e classicismo expressivo (também ocidental):

> Também neste caso não é difícil encontrar as razões de certas escolhas nas transformações de uma sociedade em que a informática deu passos de gigante e o embate com a cultura ocidental produziu um processo indefinido de erradicação que jamais se esgota. Quanto mais elementos de nossa civilização forem absorvidos, mais se desenvolverão anticorpos, que de forma nova reproporão a ordinária identidade oriental[42].

Na busca de uma arquitetura "labiríntico-religiosa" não parece estar igualmente empenhado James Stirling, muito conhecido nos anos 60-70 devido a algumas obras-primas da arquitetura "brutalista" (não obstante "moderna"), como a Faculdade de Engenharia de Leicester (1959-63), a Biblioteca da Faculdade de História em Cambridge (1964-68), o Queen's College em Oxford, o Olivetti Training Centre em Haslemere (1968-72), além de muitos outros. Depois de um período de intensa meditação profissional, algo eclodiu evidentemente dentro dele: talvez devido à presença de Léon Krier em seu estúdio, o "anjo da história" tenha levado vantagem, transformando sua proverbial e desencantada ironia em jogo metafísico e "retorno à ordem".

Se alguns episódios, como a galeria envidraçada em falsa perspectiva do Olivetti, em Haslemere, ou a galeria e a fachada inclinada do Centro Cívico de Derby (1970-71) podiam sugerir uma forte carga irônica e uma certa veia polêmica ao sustentar uma linguagem decididamente moderna, outros deixavam perplexos no caminho pelo qual Stirling estava por enveredar. Pensamos nas residências da *new town* de Runcorn (1967-79), em que a racionalidade e a funcionalidade da disposição urbanística não compensam a obsessiva monotonia classicista da arquitetura, mas também no Museu de Colônia (1975) onde aparecem temas mo-

---

40. P. Portoghesi, *Postmodern*, pp. 152-153.
41. C. Jencks, *Free-Style Classicism*, p. 19 (n. 30).
42. P. Portoghesi, *Postmodern*, p. 152.

Fig. 94. Haslemere, Inglaterra. Olivetti Training Centre (1968-73), de James Stirling. *À esquerda*: a "galeria envidraçada" com passadiço esguelhado para falsear a visão perspectiva. *Embaixo*: o corredor do Palazzo Spada, em Roma. Exemplo típico de divertimento barroco, arquétipo da "galeria envidraçada", de Stirling.

Fig. 95. A *new town* de Runcorn, cujo projeto, em grande parte, obra de J. Stirling

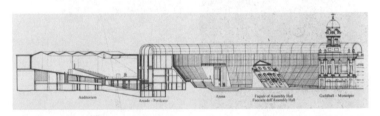

Fig. 96. O singular projeto (1970) de J. Stirling para a restauração do Centro Cívico de Derby.

 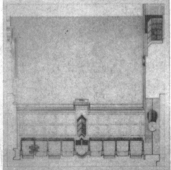

Fig. 97. Um dos mais recentes projetos *free-style* de J. Stirling (e Michael Wilford): a ampliação do Clore Gallery, anexa à Tate, em Londres (1980-84). Desenhos preparatórios.

Fig. 98. Stuttgart. A Staatsgalerie, a recente obra-prima (1977-84) de J. Stirling (e M. Wilford). *Embaixo*: pormenor da vidraça interna. Planta do primeiro andar. Pátio interno.

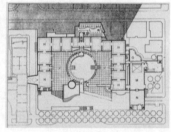

DEPOIS DA ARQUITETURA MODERNA: O PÓS-MODERNO... 171

numentais e "contextualistas"; e para concluir com as obras dos últimos setenta anos (desenvolvidas, talvez não por acaso, com um parceiro como Michael Wilford, que está bem longe do James Gowan de Leicester), desde o Museu de Düsseldorf (1975) à Staatsgalerie de Stuttgart (1977-84), até a recentíssima Clore Gallery, como ampliação da Tate, em Londres (1980-84). Todos os trabalhos em que de algum modo o vocabulário é neo-historicista, ou seja, constantemente em referência a estilos e sinais do passado mais ou menos remoto, em relação com a vetusticidade do ambiente circundante.

Como resultado da prova do confronto com a história, isto é, com os centros históricos das cidades européias, Stirling passa a adotar um estilo pós-moderno que, em sua melhor forma, vai se tornando "estilo internacional", por ironia da sorte e contra as premissas ideológicas em que se originou.

No panorama da arquitetura pós-moderna, uma posição singular é ocupada por Paolo Portoghesi, muito conhecido como historiador e crítico, talvez menos como arquiteto projetista.

Teórico do *campo*, ou seja, de uma espécie de retículo prossêmico de influências entre espaços e funções, Portoghesi desenvolveu uma linha projetual, coerente, em sua síntese, conjunto de suas obras, desde a Casa Baldi, de 1959, onde a matriz historicista, a evocação às movimentações barrocas e à linguagem estrutural-decorativa de Borromini (dois argumentos com que ele se ocupou durante muito tempo como historiador) são evidentes; ou a partir da Casa Papanice (1969-70), que "moderniza" de algum modo e salienta o decorativismo barroco de sua inspiração.

É também evidente a polêmica com a linguagem moderna, no projeto para a mesquita de Monte Antenne, em Roma (1976-78) ou melhor, o destaque já é enorme, enquanto toma corpo a adesão ao novo estilo *passe-partout*, o pós-moderno[43]. Com efeito, somente o pós-moderno pode justificar uma intervenção que se liga profundamente – embora com distorções de culta artificialidade – ao "caráter" das normas muçulmanas, a um *genius loci* que não está em Roma, mas em Meca, a uma estética que é aquela tradicional da mesquita e do minarete.

No projeto para Dicaia (1970, a "cidade certa"), todavia, Portoghesi tinha descoberto o amor da vanguarda pelas cidades ideais, pela Utopia, como "contrapartida da perda de confiança

---

43. Cf. "L'uomo a una dimensione", *La Republica*, 14 fev. 1976.

Fig. 99. Roma. Casa Baldi (1959-61). Uma das obras mais famosas de Paolo Portoghesi.

Fig. 100. Roma. Casa Papanice (1969-70), de Paolo Portoghesi. *À direita*: interior.

Fig. 101. Paolo Portoghesi e Sami Mousawi, projeto para a construção da mesquita de Roma e para um centro cultural islâmico, em Monte Antenne. Perspectiva externa e perspectiva da estrutura interna.

Fig. 102. P. Portoghesi e o pós-moderno: o projeto para uma unidade sanitária local no Valado de Diano (1980-81, em colaboração com G. P. Ercolani e G. Massobrio) ou a espiral do campanário de S. Ivo na Sapienza, citada no século XX.

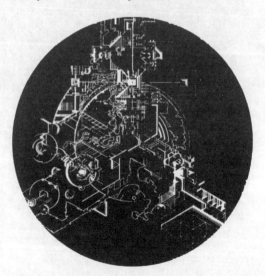

Fig. 103. A utopia de P. Portoghesi no período "megaestrutural" da história da arquitetura (1970): o projeto de Dicaia, a "cidade certa".

DEPOIS DA ARQUITETURA MODERNA: O PÓS-MODERNO... 175

na função social da arquitetura entendida como disciplina de apoio à produção de objetos específicos"[44], mas também como

[...] sinal de uma profunda confiança na arquitetura como disciplina crítica e cognoscitiva, capaz de identificar e estudar, com seus meios técnicos, de maneira mais elaborada e mais profunda, as contradições próprias do nosso mundo e as patologias do fenômeno urbano[45].

Essa confiança se exprime num projeto de cidade "não-acabada", uma "cidade da informação" onde a forma não é predeterminada, mas deixada (como no projeto de A. L. Rossi para a "cidade-estrutura"[46]) à pluralidade de esperanças, de cognições, de desejos dos moradores:

[...] esta utopia nasce da vontade de refletir uma condição do homem na qual se torna possível a superação da divisão do trabalho e se criam condições daquilo que Marx chama de desenvolvimento da personalidade humana livre. A cidade nasce dos desejos de seus cidadãos e liga-se, portanto, diretamente à idéia de cidade que eles trazem dentro de si[47].

Coágulo de experiências dialéticas, visível expressão de "arquitetura e socialismo",

Dicaia reflete todas as contradições próprias da cultura no momento em que ela surge para espelhar fielmente as disparidades, as deformidades e também as desarmonias produzidas pelo encontro de pessoas que trazem dentro de si experiências diversas. [...] A nova cidade encerra uma formidável capacidade de síntese, porque um dos aspectos fundamentais de seu programa consiste em relacionar todas as demandas que lhe são feitas e em comunicar às pessoas que formulam essas demandas em que medida elas são compatíveis com os interesses gerais e até onde os prejudicam, e, por conseguinte, em recusar-se, também, a responder àquelas demandas que parecem lesivas ao interesse coletivo[48].

Depois dessa explosão de utopia, de algum modo "concreta", em sintonia com o clima cultural dos anos 60, Portoghesi chega à contestação do modernismo, na forma codificada do pós-moderno, em particular, conforme vimos, depois de 1976. Depois de se tornar o animador da reativada Bienal de Veneza, Portoghesi lança no plano mundial o compósito movimento pós-moderno

44. P. Portoghesi, *Le inibizioni dell'architettura moderna*, Bari, Laterza, 1974, p. 204.
45. *Ibidem.*
46. Ver pp. 35-39 do presente volume.
47. P. Portoghesi, *Le inibizioni dell'architettura moderna*, p. 209.
48. *Ibidem.*

ARQUITETURA PÓS-INDUSTRIAL

com a mostra de 1980 denominada "Presença do Passado" (e com a Via Novissima); no período dos anos 1979-81, projeta a nova cidade (melhor, cidade-território, visto que ela abrange mais municípios) do Valado de Diano, numa das poucas regiões de planície da Itália meridional, não longe da simbólica Eboli de Carlos Levi.

Alguns desenhos para o Centro Agrocomercial ou a sede da unidade sanitária local, de grande sugestão gráfica, relacionam-se a esquemas vernaculares ou se tornam transfigurações popularizantes de temas eruditos (a Torre de Babel, a espiral borrominiana de Santo Ivo na Sapienza): por toda parte, é completo o efeito do estranhamento produzido por essas imagens. Não mais como em Dicaia, aqui a forma é bem visível, clara, definida, permitindo acreditar-se que o papel do arquiteto reassumiu seu caráter tradicional, que a política com "p" maiúsculo tenha desaparecido: uma "cidade descontínua" e "policêntrica" de dezenove municípios deveria "desenvolver aquela força suficiente para dotar o território de estruturas comunitárias semelhantes às urbanas"[49].

Acham-se, porém, ausentes a imagem sintetizadora da cidade, o "sinal reconhecível e memorizável, bem como a tensão ideológica de novas fronteiras da civilização, da tecnologia, da democracia. A imagem que se obtém do itinerário projetual e humano de Portoghesi parece ser: "Foi lindo enquanto durou".

Às margens da ideologia pós-modernista, entre os melhores arquitetos contemporâneos encontramos três personagens estimulantes, contraditórios, provocantes e desenvolto: Rem Koolhaas, anglo-holandês, o germano-americano Helmuth Jahn e Hans Hollein, austríaco.

Além da formação e da cultura pluri e transnacional, irmana-os um senso de mal-estar ao se fecharem dentro de âmbitos classificados, ao se atribuírem uma etiqueta ideológica ou estilística: aliás, recusando-se a se denominarem "pós-modernos" (mas também "modernos"), melhor do que outros eles representam aquela área de heterodoxia genérica e de contestação que parece ideologicamente moderna, embora às vezes se mostre formalmente inclinada ao citacionismo ou a pastiches pseudo-historicistas e pseudopós-modernos, aquela área profissional que deixa desconcertados os críticos devido à novidade da proposta e por causa da objetiva dificuldade de leitura segundo os cânones tradicionais da unidade estilística.

---

49. P. Portoghesi, *Postmodern*, p. 70.

Fig. 104. Rem Koolhaas (e Zoe Zenghelis), projeto para a City of the Captive Globe, Nova York (1972).

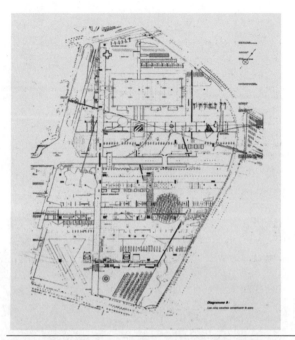

Fig. 105. Rem Koolhaas, projeto para o Parque do Século XX em La Villette (1982), Paris.

Fig. 106. Rem Koolhaas, projeto para as torres do Maasboulevard (1980-82), em Roterdã.

DEPOIS DA ARQUITETURA MODERNA: O PÓS-MODERNO... 179

Devido à sua ininterrupta oscilação entre as duas margens opostas (mas nem tanto, como vemos) do "pós" e do modernismo, poder-se-ia definir os *mutantes* da arquitetura internacional contemporânea, os inigualáveis intérpretes "supermodernos" da condição atual da arquitetura pós-industrial. Com efeito, algumas obras de Jahn são exaltadas[50] como claros exemplos de arquitetura pós-moderna e de *new decorativism*, outras são classificadas pelo incansável Jenckas como *late-modern* (isto é, a versão mais "atual" do moderno); Hollein é decididamente pós-moderno na agência de viagens austríaca em Viena (1978), enquanto é moderno no Museu de Mönchengladbach perto de Munique, na Baviera (1972-82); Koolhaas tem um desenho acentuadamente pós-moderno, mas talvez seja o mais moderno de todos, visto que suas citações históricas não ultrapassam o limiar dos anos 30, limitadas pelo racionalismo e o construtivismo soviético.

A personalidade de Rem Koolhaas emerge entre 1972 e 1980, quando, na City of the Captive Globe, imagina para sua *Delirious New York* (título de um livro de sua autoria) um universo de isolados lingüisticamente diferentes, uma explosão de estilos e de cores contrastantes, *kitsch* ordenado horizontalmente numa malha programada: esculturas expressionistas opostas a blocos corbusierianos, decomposições construtivistas para o chão racionalismo de Mies.

O "mundo prisioneiro" no centro da cidade representa o símbolo de sua abrangência total, da inclusividade morfológica e estrutural: todas as línguas acham-se presentes na metrópole, mas parece que nela não existe diálogo ou influência recíproca; isto é o que simbolizam os *blocks* originados da implantação viária, "isolados" em todos os sentidos da palavra. Contudo, "apesar disso, o reconhecimento das plúrimas ideologias constitui a condição prévia para um ecletismo radical"[51], segundo Jencks, que vê neste projeto um sintoma e nada mais (estamos em 1972, um tanto cedo para falar de pós-moderno) da mudança de tendências em curso.

Em tempos mais recentes, Koolhaas projeta o Parque do Século XX, na Villette, em Paris (1982), no qual a naturalidade do ambiente (e do tema) é interrompida e contraditada por uma ma-

50. Entre outros, por Philip Johnson.
51. C. Jencks, *The Language of Post-Modern Architecture*, p. 121.

Fig. 107-108. Helmuth Jahn. *À esquerda*: projeto para a Houston Tower (1980), em Houston. *À direita*: Chicago, Illinois Center (1979).

DEPOIS DA ARQUITETURA MODERNA: O PÓS-MODERNO... 181

triz de funções "racionais". Em face de hipótese tradicional do parque como lugar de descanso, domínio da natureza e do verde, Koolhaas opta por "equipamentos atomizados" de cultura, espalhados e organizados no território, de tal forma que possam garantir imprevisibilidade e variabilidade semântica e funcional, mas também aprazibilidade de percursos e liberdade de fruição por parte do público. Um "Mall" e uma "Promenade" constituem as artérias vitais do "sistema de lugares" cuja descrição e projetação gráfica denunciam a inspiração de Koolhaas: a poética De Stijl (sobretudo no uso da cor), a contraposição volumétrica e a decomposição dos planos típica do abstracionismo europeu, de Malevitch, do construtivismo russo. Os elementos puntiformes do parque (a Esfera do Museu, a Rotunda das Vétérinaires, a Grande Halle, as Termas etc.) denotam uma extraordinária capacidade de invenção. Koolhaas conclui:

> Afinal de contas, não tivemos em momento algum a pretensão de produzir uma paisagem-*design*. Limitamo-nos a fornecer uma trama suscetível de inscrever até o infinito outros significados, outras extensões ou intenções, sem por isso chegar a compromissos ou a contradições. Ter-se-á compreendido que nossa estratégia visava conferir ao simples a dimensão da aventura: *visto que o útil coincide com o poético, o realizado só pode aderir ao conceitual*[52].

Outra obra nos mostra mais claramente o papel que Koolhaas assume na recuperação de morfologias (e muitas vezes de conceitos) construtivistas e neoplásticas: as torres para o Maasboulevard em Roterdã (1980-82). Trata-se de um complexo polifuncional de setenta e dois metros de altura (em média), projetado para abrigar serviços públicos, supermercado, asilo, restaurante, lavanderia, um hotel, um centro de saúde, bem como apartamentos de trinta e cinco a duzentos metros quadrados: uma "unidade habitacional" muito concentrada e destinada a reavivar o *skyline* da cidade, ligando novamente o centro histórico ao porto, ao rio, aos equipamentos industriais. Para Koolhaas, desde o início tem sido clara a escolha de um sinal emergente: "O edifício foi projetado a partir do exterior. [...] Nossa motivação reside no fato de que, diante de condições em rápida evolução, a escolha do arranha-céu é mais adaptável a programas mutáveis"[53]. Daí a "poética do continente" polifuncional, que encontraremos como um dos elementos cardeais da arquitetura moderna, a opção pela

---

52. *Casabella*, nº 492, jun. 1983, p. 18.
53. *Modo*, nº 58, abr. 1983, p. 59.

Fig. 109-110. *À esquerda*: Xerox Building (1979), Chicago. *À direita*: Northwestern Terminal (1979), de Helmuth Jahn.

DEPOIS DA ARQUITETURA MODERNA: O PÓS-MODERNO... 183

forma-volume em vez da *forma-estrutura*, como em tantos megaestruturistas dos anos 60.

Os desenhos, as perspectivas e as axonometrias nos falam sem meios-termos uma linguagem de coloração racionalista, entre Le Corbusier e Gropius, enquanto as arquiteturas remeditam Mel'nikov e Van Doesburg, Rietveld e Lissitskij: caso se possa falar de maneirismo, uma só vez permanecemos em nosso século, sem abandonar a desgastada barca do Movimento Moderno.

Menos problemático do que Koolhaas no sentido de que parece privilegiar a oportunidade (ou oportunismo) profissional para o debate culto surge o americano de ascendência teutônica, Helmuth Jahn.

Membro de um dos maiores estúdios profissionais dos Estados Unidos, o de C. F. Murphy de Chicago, Jahn é conhecido, principalmente pelo grande público, pelo escândalo provocado pelo projeto da Houston Tower (1981-82), um arranha-céu de oitenta e dois andares e quatrocentos e vinte e seis metros de altura, caracterizado pelo mais impudente ecletismo que imperava nos Estados Unidos no início do século. Erguido sobre uma base de arcos pseudogóticos e oito colunas, construído com materiais diferentes (metais policromos, vidro e mármore), ergue-se um edifício que lembra com insistência o característico Chrysler Building de Nova York, por sua extremidade em forma de agulha e por sua aparência de obelisco: Jahn propunha-se a "mudar a fisionomia do centro" de Houston, capital do petróleo e da anonimato texano: "[...] para esta operação de cirurgia estética, era preciso inventar algo de inédito, de estimulante. E eu criei uma estrutura que conferirá personalidade a um ambiente neutro"[54].

Pelo remastigamento das linguagens ecléticas neogóticas e *neodéco*, só se pode definir como pós-moderna a torre de Houston; outros trabalhos, de Jahn, porém, contemporâneos e sucessivos, desmentem que se possa rotulá-lo de pós-moderno, pois, sempre fascinado pelo *slick-tech* e pelo racionalismo de Mies, melhorado por Philip Johnson, Jahn projetou o Illinois Center, em Chicago (1979), edifício com gomos no *Loop*, que contrasta violentamente com a malha urbana regular, e – devido à exibição estrutural e à redundância semântica – também com a mentalidade profissional corrente. Harry Weese, conhecido arquiteto de Chicago, definiu-o como "um edifício pomposo e decadente, que simboliza toda a fragilidade de nossa sociedade"; Jahn insistiu em defender a originalidade a todo custo:

54. G. Perrelli, "Cento piani di fantasia", *L'Europeo*, nº 52, 27 dez. 1982, p. 86.

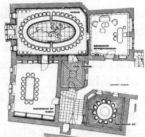

Fig. 111. Perchtoldsdorf, Áustria. A prefeitura (restauração, 1975-76), de Hans Hollein (interior e planta).

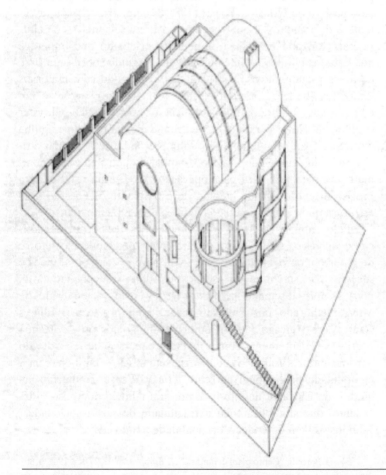

Fig. 112. H. Hollein: projeto para a Haus Molag (1977-81), em Viena. Axonometria.

Fig. 113. Uma pequena "jóia", de Hans Hollein: a joalheria Schullin, em Viena (1975).

Fig. 114. *À esquerda*: Viena. Austrian Travel Agency (1976-78), de Hans Hollein.

186 ARQUITETURA PÓS-INDUSTRIAL

Dizem que jogo com as formas e os volumes. Concordo: procuro entregar aos construtores um projeto que os distinga, que tenha o cunho da originalidade. E, para produzir algo de excitante, disto estou convencido, é necessário jogar com a fantasia[55].

O arranha-céu Xerox, em Chicago, parece muito moderno, com suas quinas arredondadas em forma de roldana e sua fachada translúcida contesta igualmente a rigidez da escansão ortogonal: também aqui polêmicas muitas vezes exageradas e tendenciosas (e lembramos as análogas resistências contra o bem mais audaz Museu Guggenheim de Wright, em Nova York, trinta anos antes), abafadas, todavia, pelo êxito crescente de Jahn.

Polêmico, escultórico, eclético, pós-moderno portanto, é o projeto para o arranha-céu Northwestern Terminal, em Chicago (1979), no qual uma fachada maciça, graduada com relevos e saliências, que refletem estruturas murárias do passado bem mais pesadas, contrasta com um lado que dá para a rua, absolutamente liso, achatado e provavelmente brilhante: efeitos de *op-art* superpõem-se a estruturas e tecnologias avançadíssimas, num vaguíssimo sabor passadista (mais que historicista, porquanto ali não exitem referências ou citações decodificáveis). Paolo Portoghesi escreveu:

Seus arranha-céus têm um aspecto, uma orientação privilegiada e, portanto, uma fachada; são blocos cortados verticalmente, numa parte, e plasmados virtuosisticamente, na outra, para refletir a luz e liberar as virtualidades plásticas ascensionais do tema: além de volumes, trata-se de cenários urbanos configurados para reforçar o desejo visual de atravessar em profundidade o espaço urbano, de encontrar, nas superfícies que contêm os blocos de construção, indicações de movimento e de penetração. Os ingredientes, que na tradição miesiana, particularmente seguida em Chicago, eram minimizados, voltam a ser em suas obras fraturas consistentes, sinais bem perceptíveis à distância, portais no sentido românico-gótico[56].

A pendularidade "profissional" entre moderno e pós-moderno constitui a prerrogativa de Jahn, pois, além de recrutamentos forçados numa ou noutra fileira – campeão de uma desarmante neutralidade ideológica –, parece, todavia, indicar, numa constante busca do novo, do comunicativamente rico, do simbólico, o caminho de uma prepotente reafirmação de profissionalismo: antes, *da* singularidade profissional do arquiteto. Negados o am-

55. *Idem*, p. 88.
56. P. Portoghesi, *Postmodern*, pp. 102-104.

DEPOIS DA ARQUITETURA MODERNA: O PÓS-MODERNO... 187

bientismo, o contextualismo, o supermaneirismo e o historicismo (e ainda mais o citacionismo), a experiência de Jahn é, não obstante, indício de um renovado empenho por um "funcionalismo diverso", por um impossível quão ambicionado conúbio entre arte e ofício.

O austríaco Hans Hollein representa o "terceiro homem" do grupo dos "mutantes", e é talvez o mais complexo e fascinante dos três.

Menos ligado que Jahn à profissão pura e mais audaz de Koolhaas da contaminação das linguagens do Movimento Moderno, Hollein figura com razão entre os pós-modernos por algumas obras de grande sucesso: a restauração da Prefeitura de Perchtoldsdorf, Áustria (1975-76), a joalheria Schullin em Viena (1972-74), a Richard Feigen Gallery em Nova York (1969-71), e sobretudo a agência de viagens Austrian Travel (1976-78) e a Haus Molag (1977-81) em Viena, até o importante Museu de Mönchengladbach, na Alemanha Ocidental (1972-82).

Já "adepto do *slick-tech* no moderno tardio"[57], segundo a críptica linguagem de Jencks, Hollein mostra-se um arquiteto de interiores refinado e sensível nas primeiras obras (na maioria restaurações de lojas e locais comerciais), tanto quanto, nas últimas, revela-se um arquiteto-coordenador caprichoso e complexo. Em particular, a joalheria Schullin é uma explosão de luxo e vitalidade, uma jóia em tamanho grande, uma sinfonia de latões e de cromados, de mármores preciosos e de vidro, que, mais do que qualquer outra coisa, exprime o caráter e a cultura de Hollein, profunda e "organicamente" ligado à realidade dos materiais e às formas que deles "naturalmente" derivam. Assim, a fissura no mármore de entrada torna-se um *leit-motiv* que se repete no latão da porta de vidro: quase uma divergência "natural" no material donde se originam outras realidades formais.

No âmbito de um extremo requinte da "pele" dos materiais, o lirismo de Hollein conduz a análogos resultados na celebrada agência de viagem em Viena. Aqui entram em jogo, porém, ulteriores elementos e chaves de leitura que, na ótica de uma plurissignificação da obra, lhe garantem o valor poético: a história e a ironia.

Se o pós-modernismo de Hollein é um valor extrínseco, que muito facilmente pode ser verificado e medido, em relação aos valores comunicacionais e ao vocabulário usado na referida agên-

57. C. Jencks, *The Language of Post-Modern Architecture*, p. 142.

Fig. 115. Alemanha. O Museu de Mönchengladbach (1972-82), de H. Hollein. *À direita*: axonometria numa visão do alto. *Embaixo, à esquerda*: visão sobre as rampas e, *à direita*, a sala de audiovisual.

DEPOIS DA ARQUITETURA MODERNA: O PÓS-MODERNO... 189

cia de viagem, seu modernismo é uma questão de *método*, de representação gráfica, de intenção; se da dessacralização chegamos à ironia e ao jogo, então estamos provavelmente diante de uma versão menos séria do modernismo. Com efeito, no articulado salão encontramos elementos de mobiliário e de decoração muito originais: palmeiras artificiais, ou melhor, metálicas, uma edícula em estilo persa-colonial, um fragmento de coluna dórica que gera uma esplendorosa coluna cromada, um pano de boca teatral que esconde o escritório das passagens, finalmente, os gradis dos radiadores dr Rolls-Royces que protegem os guichês de caixa, como que um sarcasmo sobre o custo das viagens.

Como em todas as obras de Hollein que, por certos aspectos, se colocam no extremo oposto das de Renzo Piano ou de Norman Foster, os espaços são fortemente caracterizados e "dramatizados", em vez de permanecer flexíveis ou isotrópicos; cada elemento é projetado até o fundo, nada é deixado ao acaso ou ao tempo ou à fantasia dos usuários; a arquitetura não é um instrumento de organização inteligente do espaço, porém um *medium* dotado de força estética, um objeto para se brincar, para se fazer as próprias experiências, para experimentar seu fascínio. Além do mais, sua capacidade de "brincar" com os materiais – exaltando-lhes o caráter e usufruindo todas as suas possibilidades estruturais, arquitetônicas e decorativas – se liga em linha direta à experiência projetual de Gaudí, Wright e Aalto, os três indiscutíveis mestres da "natureza dos materiais".

Assim, na Haus Molag, em Viena, Hollein esculpe os espaços de maneira feliz, recortando-os sob medida para os moradores e cuidando dos mínimos detalhes: e disso brota uma obra "fechada", concluída em sua perfeita "modernidade" (pois neste caso as únicas evocações devem-se a Adolf Loos, às suas casas Steiner e Tzara, costumeiramente definidas como modernas, ou "proto-racionalistas"[58]). O grande arcobotante, aqui interrompido por um megafechamento fluente e que se abre para a piscina-solário, inverte o esquema de Loos na Haus Steiner, apresentando-se em cheio sobre o jardim e não sobre a rua. Pode-se falar, como faz Jencks, de *free-style classicism* a propósito da Haus Molag? Ele acha que sim, identificando um filão etimológico que vai de Loos a Aldo Rossi e a Arata Isozaki, e reutilizando elementos da tradição clássica: os arcos, a pérgula, a escada "italiana", a parede

58. Expressão de Renato De Fusco em seu livro *Storia dell'architettura contemporanea*, Bari, Laterza, 1974, pp. 141-169.

190 ARQUITETURA PÓS-INDUSTRIAL

envidraçada alemã, o arcobotante "romano", as janelas "georgianas", a planta "palladiana" do edifício; por isso, a Haus Molag seria substancialmente "eclética".

Efetivamente, em 1980 a modernidade assume valores de composição bem diversos, dos quais a obra de Hollein se afasta um pouco: ela não parece poder ser definida como classicista, porque carece do necessário rigor; nem como pós-moderna, porque o jogo das citações não é tão evidente como Jencks gostaria de fazer crer, o duplo código é dificilmente identificável, inexiste a ironia supermaneirista, sendo o todo elegantemente esmaecido.

Mais simples pode ser a análise da última obra de Hollein, que se apresenta bem mais comprometida: o Museu de Mönchengladbach, na Alemanha, destinado a abrigar prevalentemente arte moderna. Também aqui Hollein recusou-se categoricamente a construir um museu-continente como o Sainsbury Centre, de Norman Foster em Norwich (1974-78) ou o Centro Pompidou, de Piano e Rogers:

> Eu não queria um museu à "Pompidou", no qual sótãos, divisórias e forros podem deslocar-se para todas as direções, mas, ao contrário, criar salas muito definidas e estáticas, de tamanhos, formas e qualidades luminosas e espaciais diferentes [...]. Para um museu, a flexibilidade não significa mobilidade das paredes, mas diversidade das situações em que podem ser descobertas as obras de arte [...]. A responsabilidade do arquiteto não pode ser transmitida ao diretor do museu: é o arquiteto que deve criar uma obra de arte para abrigar as obras de arte e os seres humanos[59].

Por conseguinte, a característica principal do museu é a diferenciação dos espaços, o "elenco das funções". E praticamente todas as invariantes de Bruno Zevi estão presentes (se isso basta para defini-la como uma obra "moderna"), desde a tridimensionalidade antiperspectiva até a assimetria, desde a decomposição quadridimensional até a reintegração cidade-território.

Um jardim público, entre Gaudí e o barroco italiano, nos leva para o alto, a um terraço natural de onde partem os espaços museais, que lembram a Faculdade de Engenharia de Leicester, de James Stirling, bem distintos da torre dos escritórios administrativos e do bloco das salas para audiovisuais, projeções, convenções. Uma ilha orgânica com caminho para pedestres une a estrutura ao resto da cidade, integrando a obra com o tecido ur-

---

59. *L'Architecture d'Aujourd'hui*, n° 225, fev. 1983, p. 96.

DEPOIS DA ARQUITETURA MODERNA: O PÓS-MODERNO... 191

bano existente, com os edifícios históricos como a catedral ou a prefeitura.

A desarticulação do museu em espaços tão "difíceis" despertou alguma perplexidade entre os críticos. Patrice Goulet escreveu:

> O virtuosismo das concatenações entre espaços tão heterogêneos é tal que quase se esquece que, se Hollein teve que resolver situações (tão) difíceis, foi porque lhe tinham sido impostas automaticamente, como se tais pressões fossem necessárias para sua imaginação[60].

É inegável, contudo, que se trata de uma obra acabada de arquitetura moderna, perfeitamente consciente do fim principal que a arquitetura deveria colocar-se: a "experiência" do espaço, isto é, a transformação de um sistema tecnológico-funcional numa fascinante aventura espaço-temporal.

60. *Idem*, p. 85.

5. Depois da Arquitetura Moderna: O Moderno

A ANÁLISE

La Modernité: Un Project Inachevé era o título de uma exposição realizada em Paris em 1982. Jamais um adjetivo foi tão adequado para ilustrar os destinos da "modernidade", isto é, de algo que, de todo modo, ultrapassa a redutiva interpretação do Movimento Moderno. "Inacabado" é – em todos os sentidos – o projeto da Arquitetura Moderna, entendida como revolução copernicana da arquitetura, como síntese de uma ideologia dinâmica e de uma civilização burguesa em contínua transformação.

Já aprofundamos a essência conceitual do moderno com suas implicações de ordem filosófica, sociológica e histórica[1] e estamos, portanto, em condições de distinguir, no panorama da arquitetura contemporânea, os exemplos que se reportam àqueles princípios, bem como aos que, pelo contrário, deles se afastam, embora eventualmente pretendam aderir a eles.

Deveríamos, todavia, estar em condições de compreender que o Moderno é algo radicalmente diferente da Tradição (vernacular ou classicista) e que, na maioria dos casos, edifícios simplesmente "racionais" ou "modernos", sem nenhuma outra prerrogativa, são apenas transplantes do classicismo ou do vernáculo (há muito os códigos mais difundidos e consolidados).

---

1. Ver capítulo 1 do presente livro.

194 ARQUITETURA PÓS-INDUSTRIAL

Então, o que é, hoje, arquitetura moderna? Onde está ela e quem são seus maiores expoentes?

Diante da confusão ideológica de nossos dias e da crise geral de sistemas de valores consolidados, o homem contemporâneo está em busca de improváveis certezas, também meta-históricas, transcendentes, fideístas: ao exagero dos valores fundamentais na racionalidade, num positivismo progressista tardio, que é filho do Iluminismo, contrapõe-se o ressurgimento da Fé, da irracionalidade, do minimalismo neoludista e romântico. Por isso, foi saudada com açodado entusiasmo a queda do *star system* do Movimento Moderno e, com ele, do "estatuto funcionalista", sem notar que, à humanidade sempre necessitada de pessoas e de mitos aos quais possa referir-se, estava propondo um novo *star system*, aquele da Internacional classicista e pós-moderna.

Em outras palavras, o entusiasmo dos críticos teria sido honesto, se na verdade tivesse havido uma dispersão dos conhecimentos, uma fragmentação da cultura moderna em mil e um arquitetos provincianos, cada um portador de um fiapo de modernismo; se, após a morte de Le Corbusier, Mies, Gropius, Wright e Aalto (ou seja, os grandes mestres do Movimento Moderno), não tivessem mais surgido jovens arquitetos de renome, para empunhar aquela bandeira. Ou também se, terminados os "cultos da personalidade", tivéssemos, enfim, nos dedicado coletivamente aos problemas da sociedade, sem clamores particulares; ou, finalmente, se não tivessem emergido personalidades de liderança portadoras de idéias opostas ao modernismo.

A ascensão de personalidades contraditórias – que têm em comum somente o fastio do moderno e o desprezo pela civilização contemporânea, como Léon e Rob Krier, Aldo Rossi, Ricardo Bofill, ou então de profissionais onipresentes e "de todo tempo" como Philip Johnson, James Stirling, Vittorio Gregotti, Oswald Mathias Ungers – contradiz de maneira gritante a afirmação do "fim do *star system*".

E isto é ainda mais verdadeiro numa época que foi definida como a "era eletrônica" (e que se encaminha no sentido de se tornar "telemática"), na qual a atividade preferida dos meios de comunicação consiste justamente em criar personagens, em manter viva sobre eles a atenção do público. Poder-se-ia objetar que, com muita freqüência, essas personagens são artificialmente inflamadas, como certos bezerros tratados com estrógenos e que, por conseguinte, seu valor é efetivamente mais modesto: sem dúvida, isto é possível e constitui, por outro lado, o risco que se cor-

DEPOIS DA ARQUITETURA MODERNA: O MODERNO 195

re com a proliferação dos meios de comunicação, cuja aceitabilidade é incontrolável e cujo êxito comercial não é diretamente proporcinal ao valor cultural.

Um *star system* continua, pois, existindo, mas com uma bandeira diferente. Constitui um mal querer estendê-lo também ao moderno? Os nomes não faltam, embora a "nova" geração (isto é, os arquitetos de não mais que cinqüenta anos), empenhada numa atividade profissional e cultural no seio do modernismo, seja neste momento menos densa do que aquela que se exprime no classicismo ou no pós-moderno.

Que foi feito, pois, do "estatuto funcionalista"? Também neste caso, foram muitíssimas as modificações (aquelas que De Saussure chamara de *paroles* com relação à *langue* originária); algumas dessas modificações são de relevo. O conhecido Jencks analisou a versão atual do moderno, definindo-o como moderno tardio (*late-modern*) e isolou trinta elementos variáveis, "para evidenciar a complexidade da situação", de confronto entre moderno tardio, moderno, pós-moderno. Parece-nos necessário partir de alguns desses elementos, a fim de introduzir as atuais linhas de tendência da evolução modernista e para justificar as escolhas críticas e os pontos principais do debate arquitetônico.

A premissa de Jencks para o trabalho diz respeito à periodização. Ele acha que o moderno situar-se-ia com boa aproximação entre 1920 e 1960, datas genéricas de início e de fim do consenso generalizado para a arquitetura modernista, enquanto, depois de 1960, o caminho da evolução divide-se em dois troncos: moderno tardio e pós-moderno, com características sempre antitéticas. Além do mais, enquanto, para um certo período, estes dois movimentos deveriam marchar paralelamente (e como opções alternativas), mais cedo ou mais tarde o ramo moderno se exaurirá por consumpção natural. Com efeito:

[...] a precedente descontinuidade histórica e o atual pluralismo deveriam ensinar-nos que a boa arquitetura, formalmente criativa, pode existir também depois que um período está "morto". Isso nos leva à conclusão de que uma certa forma de modernismo – ou, antes, de Estilo Internacional, menos sua ideologia utópica e social – será praticada durante todo o século XXI. Esta forma deve ser chamada "moderno tardio", para distingui-la da forma e ideologia dos Pioneiros precedentes[2].

2. C. Jencks, *Late-Modern Architecture*, p. 188 (nota 1. 2. 1).

ARQUITETURA PÓS-INDUSTRIAL

Aliás, sequer Jencks está indefectivelmente seguro de que o modernismo (reduzido a mera fachada) morrerá, como não tem certeza se o pós-modernismo estaria destinado à eternidade.

Percorrendo a tabela dos trinta elementos, nota-se que muitos são repetitivos, alguns não exercem influência, outros são fundamentais; na passagem dos anos 60 – verdadeira e autêntica fronteira na história da arquitetura –, a arquitetura moderna perdeu em termos de carga ideológica, de convicção moral, de impulso social-utopista, tornando-se "pragmática", "de serviço", "integrada" com a civilização capitalista (antes, "capitalista tardia"); ganhou em conteúdos projetuais, possibilidades expressivas, carga simbólica, representatividade, valores psicológico-ambientais, e assumiu, por isso, "uma simplicidade complexa", com "referentes ambíguos", dominada pela "estética da máquina", pela "forma escultórica", por um "moderado simbolismo"; amiúde desenvolvida "como ornamento". O mito de que "a forma segue a função" desapareceu praticamente por toda parte (e já estava morto quando Peter Blake escreveu *A Forma Segue o Fiasco*), a ponto de que ninguém sonharia mais justificar as próprias escolhas formais exclusivamente com o "elenco das funções".

Se no plano da análise é preciso reconhecer a validade de muitas observações formuladas por Jencks, no plano das previsões para o futuro é bastante prematuro afirmar que a arquitetura moderna está morta, que o modernismo já está enterrado, que o caminho obrigatório é o do "ofício" ou de um pós-modernismo amplo e abrangente. Demasiado rápido e também demasiado simples, porque este objetivo depauperamento nos conteúdos ideológicos, sociais (e "morais") da arquitetura parece vir a propósito para arquitetos cansados e que só desejam voltar "à profissão", ao "projeto", ou para clientes desenvoltos: isto é, parece calhar perfeitamente para um período histórico atormentado, como é o nosso.

Então, de que maneira o modernismo se defende, prepara sua ressurreição, afia as armas para os futuros embates, inevitáveis no terreno das grandes opções sociais, microurbanistas, arquitetônicas? De muitas maneiras, às vezes fugidias, subterrâneas, às vezes mais evidentes: perdeu o favor do público (mas talvez nunca o tenha tido), as revistas não sustentam mais, as Academias (e as universidades) redescobriram o gosto pelo classicismo; no entanto, o fogo arde por baixo das cinzas.

As velhas definições, fundamentadas no puro-visualismo e

DEPOIS DA ARQUITETURA MODERNA: O MODERNO 197

nas qualidades geométrico-espaciais da forma estão em desuso; e, caso estivessem, seriam manifestamente insuficientes ou abstrusas. Racionalismo, organicismo, expressionismo, isto é, os três pólos do universo espaço-temporal modernista, continuam sendo usados para classificações "históricas": a Villa Savoye de Le Corbusier é inteiramente racionalista, bem como a obra de Mies e de Gropius; a Kaufmann House de Frank Lloyd Wright (a "casa sobre a cascata") é claramente orgânica, isto é, não um objeto abstrato e lunar, caído brutalmente numa realidade hostil, mas um organismo vivo que acolhe seres vivos em perfeita e matérica simbiose com a natureza, cujos elementos fundamentais (a água e a terra) são, por assim dizer, "acolhidos" sob o mesmo teto; a Torre Einstein em Potsdã, de Erich Mendelsohn, é mais uma corrida de lava do que uma "máquina para ver" as estrelas, mais uma "expressão" de pensamentos individuais envolventes do que uma representação da objetividade da ciência ou da tecnologia; é, talvez, o baluarte da "humanidade" nos confrontos da espraiante cientificidade.

Se nestes três clássicos exemplos, que todas as histórias da arquitetura moderna transmitiram como emblemáticos das três tendências, podemos constatar concretamente a correspondência entre ideologia projetual e resultado final, hoje com muita dificuldade conseguiríamos aplicar essas categorias tão esquemáticas, lineares, a qualquer edifício contemporâneo de uma certa complexidade.

Seja devido a uma maior polifuncionalidade dos edifícios de hoje com relação aos de ontem (um teatro é cada vez menos um lugar exclusivo de representações teatrais, e cada vez mais "algo mais"); seja porque essas categorias nasceram entre o começo do século e os anos 40 com o aparecimento da arquitetura moderna, seguindo simplesmente seu destino; seja porque essas categorias permutaram-se com a história da arte, quando o elo entre arquitetura e arte era indiscutível e sustentável; o fato é que, atualmente, julgar os edifícios exclusivamente pela forma não encontra receptividade.

Aliás, como é impossível rotular uma *performance* dos anos 60 ou as "esculturas" de Christo no âmbito dessas categorias, de igual modo é problemático querer classificar de algum modo o National Theatre de Londres, de Denys Lasdun, ou o Centro Pompidou, de Piano e Rogers, em Paris: dizer que o primeiro é "brutalista" ou que o segundo é "expressionista" (mesmo que de um "expressionismo tecnológico") significa colocar etiquetas for-

ARQUITETURA PÓS-INDUSTRIAL

temente limitativas de todos os valores expressos por esses edifícios; limitativas, quando não falsas.

Esses dois edifícios demonstram que a arquitetura moderna dos anos 70 incorporou conscientemente o elemento "comunicação", que é algo mais do que uma simples intenção estética ou formal: com a agressiva caracterização dos espaços, internos ou externos, com a mistura dos percursos, com a ênfase estrutural (e tecnológica) do edifício, procuram-se valores semânticos dos meios de comunicação de massa, que raramente eram considerados pelos velhos mestres do Movimento Moderno.

Foi justamente o *valor comunicativo* do edifício que rompeu a unidade crítica da arquitetura, que acentuou as prerrogativas específicas, únicas, do espaço tri-quadridimensional referente à tradicional obra de arte; o trabalho realizado nestes anos pelos semiólogos da arquitetura produziu seus efeitos em muitas direções: um desses foi ter tornado sem serventia (e com justiça) as habituais categorias críticas fundadas na estética formal.

A arquitetura moderna retomou, pois, inevitavelmente o tema da "representatividade", obscurecido durante o período "dos Pioneiros", julgando admissível que um edifício seja programaticamente representativo de algum valor ideológico, ou social, ou político, ou também simplesmente tipológico; em outras palavras, se o Palácio da Justiça em Chandigarh, de autoria de Le Corbusier, ou o Palácio da Alvorada em Brasília, de Oscar Niemeyer, assumiram um valor fortemente representativo (isto é, "denotativo" do Poder, em sentido geral), isso aconteceu porque se ultrapassaram amplamente os programas e as expectativas dos arquitetos: as ideologias reapossaram-se daquele lugar significativo na projetação – ou seja, o serem traduzidas em símbolos – que o funcionalismo e em parte o Movimento Moderno lhes haviam negado.

Tanto o National Theatre como o Centro Pompidou são fortemente representativos, impõem-se por sua excepcionalidade formal num contexto cinzento e normal e "representam" o Teatro e a Cultura em suas expressões mais elevadas e qualificadas; em Londres, o National Theatre suplantou todos os muitos teatros existentes, por quantidade e qualidade das representações, mas também porque sua sede é a mais "representativa", a mais imponente e moderna da cidade e da nação. Em Paris, o Centro Pompidou assumiu o papel de motor-promotor da cultura contemporânea para toda a França, numa ótica violentamente contestada de centralização e de *grandeur*, apesar de concentrar o

Fig. 119. Londres. O National Theatre (1965-76), de Denys Lasdun.

Fig. 120. Paris. O Centro de Arte e de Cultura Georges Pompidou (mais conhecido como Centro Pompidou ou Beaubourg, 1971-77), de Renzo Piano e Richard Rogers, visto de Notre-Dame.

Figs. 116-118. A Torre Einstein (1920-24), de Erich Mendelsohn, em Potsdã, Alemanha Oriental, sede do Instituto Astrofísico. *Embaixo, à esquerda*: Villa Savoye (1929-31), de Le Corbusier, em Passy, perto de Paris. *À direita*: a celebérrima "casa sobre a cascata" (Kaufmann House), de Frank Lloyd Wright, em Bear Run, Pensilvânia (1936).

Fig. 121. Chandigarh, Índia. O Palácio do Parlamento (1956-65), de Le Corbusier.

Fig. 122. Brasília. O Palácio do Congresso Nacional (1958), de Oscar Niemeyer.

202 ARQUITETURA PÓS-INDUSTRIAL

melhor das exposições de arte, dos livros, dos audiovisuais, da cultura produzidos no mundo inteiro, transformando – também em virtude de sua desconcertante e subversiva imagem arquitetônica – o mito de Paris como centro da civilização.

Talvez demasiado para um edifício? A arquitetura moderna dos anos 60 demonstrou que se pode ser "significativo" e "representativo" sem recorrer à história ou ao citacionismo historicista pós-moderno e sem retornar aos dogmas classicistas e acadêmicos do templo grego, dos arcos e das colunas (o vocabulário do Poder talvez no sentido mais historicamente consolidado e temível).

Se ruíram os cânones tradicionais de classificação, como poderíamos, então, entender as intenções, as ideologias, as formas expressivas dos arquitetos de hoje, ou captar as características emergentes (e historicamente sempre relevantes) da arquitetura pós-industrial?

Admitindo-se que todos os edifícios modernos são funcionais, ou seja, criados no respeito ao programa funcional, às normas de construção, à lógica estrutural, então os elementos de distinção por assim dizer "ideológica" devem ser procurados na relação mais ou menos visível que o arquiteto estabelece com a sociedade, nos conteúdos críticos ou contestatórios e propositivos da obra, na relação entre o homem e a máquina; entre a natureza e o artístico, entre o elemento vivo e pensante mais antigo (o homem) e seu produto mais desconcertante e mais novo (a máquina), que há dois séculos vem transformando a vida cotidiana e, com ela, as estruturas sociais e institucionais.

Como outros salientaram[3], vivemos na "segunda idade da máquina", ou na era eletrônica ou telemática, em que o arquiteto modernista coloca, no centro de sua reflexão ideológica, a relação com essa nova máquina que se chama computador, robô. Seus projetos acham-se envolvidos nesta revisão crítica, inspiram-se em escolhas de campo precisas: numa adesão total e fideísta aos novos sistemas de vida (e dos novos sistemas econômicos, sociais, tecnológicos e organizativos correspondentes), ou numa adesão crítica e problemática, com vistas a uma contemporização das exigências produtivas e tecnológicas "puras" com as exigências naturais e mentais do homem; ou numa rejeição igualmente problemática, na concepção de um radicalismo que ataca a fundo as razões e as estruturas do sistema,

---

3. Entre outros, Marshall McLuhan e Reyner Banham.

DEPOIS DA ARQUITETURA MODERNA: O MODERNO 203

a fim de obter delas uma reafirmação mais enérgica das razões do homem. Essa rejeição, no entanto, não se dirige a todo o mundo industrial, à civilização do terciário, às linhas ideológicas fundamentais do modernismo, conforme acontece no pósmodernismo e no classicismo, mas constitui uma alternativa possível dentro do sistema. Parece que tal alternativa está servindo de veículo às instâncias menos diretamente ligadas ao puro progresso científico-tecnológico.

No terreno projetual, a antinomia homem-máquina, ou natureza-artifício, implica que seja dada prioridade à plasticidade das formas, ao biomorfismo, antes que às estruturas ou aos componentes tecnológicos. As tradicionais correntes do moderno diluem-se então numa compenetração pluralista de acentos, que não permite mais classificações nem juízos nítidos: perde significado, isto é, sutilizar seus desvios e variações no âmbito modernista, falar de "racionalista", "brutalista", "expressionista", "orgânico" etc., quando as escolhas e o debate dos projetos com seus clientes superaram "a obviedade" da condição moderna.

Com esses critérios, analisar as obras surgidas nos últimos e atormentados dez anos, depois de 1975 – e, por meio delas, os seus autores –, significa tentar estabelecer um balanço, identificar linhas de tendência ao longo das quais se maneja com sagacidade e habilidade a arquitetura moderna, entre mil dificuldades.

Parece-nos ser igualmente importante evitar as sombras dos grandes mestres, ou também as personalidades mais antigas (e, talvez por isso, mais conhecidas), algumas das quais desaparecidas nestes anos, outras ainda em atividade com escritórios espalhados pelo mundo inteiro e com uma agenda de trabalhos tomada para muitos anos ainda. Referimo-nos a "notáveis" de grande destaque como Paul Rudolph, Kenzo Tange, Ralph Erskine, Jean Renaudie, Marco Zanuso, Denys Lasdun, Kisho Kurokawa, Göttfried Böhm, Luigi Moretti, Anthony Lumsden, I. M. Pei, o estúdio Passarelli.

Isso não porque, repetimos, seus trabalhos não sejam significativos ou não representem muita coisa no panorama da arquitetura moderna do pós-guerra, mas porque – não tendo este livro o objetivo de fazer uma análise histórica completa – preferiu-se concentrar os estudos no trabalho mais característico dos "jovens". Naturalmente, falamos de jovens de quarenta a cinqüenta anos, ou seja, de profissionais que, mal despontaram, estão destinados a uma carreira fulgurante: nem tanto pelo sucesso de suas obras, mas por suas idéias, por seu modo de pensar, de viver e de fazer a arquitetura.

Há três arquitetos que emergem em escala mundial, símbolos de outros tantos modos de entender, hoje, a arquitetura moderna, a profissão, a relação com a sociedade: o italiano Renzo Piano, o estadunidense John Portman e o austríaco Günther Domenig.

Três personalidades profundamente diversas, antitéticas em certos aspectos, porém igualadas pelo desejo de experimentar situações espaciais novas, materiais, formas e ambientes para o futuro, sem recorrer ao atalho da história ou do ecletismo, sem – ademais – adotar a Regra do classicismo ou ir ao encalço do fácil consenso do vernáculo.

Criadores de "objetos estranhos", de ambientes capazes de inexauríveis e inusitadas experiências espaciais, esses três arquitetos representam, em todos os matizes, as possíveis posições relativas ao problema da relação homem-máquina: Piano, o arquiteto-artesão, exprime uma posição central, de reflexão, diante de Portman, o arquiteto-*manager*, e de Domenig, o arquiteto-artista.

Portman parece mais partidário da estética da máquina do que Piano; por mais estranho que isso possa parecer, se olharmos e analisarmos as obras destes três, veremos que Portman exprime a arquitetura da fria era informática, dos microchips, do *laser*, da fria ótica, da "geração Proteu", sem interpretações particulares ou comportamentos críticos, ao passo que Piano prefere uma arquitetura manifestamente "mecânica", onde todos os complexos de engrenagens são visíveis, onde o "rei está nu", onde não há mistérios (como o *chip*) para o homem, que pode controlar qualquer coisa com "sua" racionalidade. "Expressionismo tecnológico", se assim quisermos, mas Renzo Piano crê na tecnologia não como valor absoluto, como fim mas como valor funcional para o progresso humano, como meio (mais do que *mass medium*).

Domenig aparece, pelo contrário, como o solitário contestador, o profissional que logra fazer edifícios funcionais mas incrivelmente "expressivos" do mal-estar humano em contato com uma civilização hipertecnologizada que esquece seus verdadeiros valores; o profissional que consegue criar arquiteturas fantásticas (em confronto com as quais as de Gaudí parecem muitas vezes moderadas), talvez devido àquela graça recebida, considerando-se o nível médio de cultura e sensibilidade arquitetônica da clientela.

DEPOIS DA ARQUITETURA MODERNA: O MODERNO   205

A seu modo, esses três arquitetos constituem também o núcleo histórico da contestação "de dentro": sua arquitetura "causa escândalo", é dessacralização não só formal, mas substancial e ideológica, não baseada no pastiche estilístico ou na reabilitação acrítica do passado, mas numa linguagem imediatamente compreensível numa civilização de massa (e nessa dessacralização Portman é o menos violento).

Todas as arquiteturas desses três arquitetos são significativas, e este valor é creditado à imprevisibilidade da forma no tocante à função: eles sempre desmentem, clamorosamente, o mito de que a forma deve seguir a função, conquistando, por isso, um novo princípio para a arquitetura moderna contemporânea.

Renzo Piano surge na ribalta muito jovem, com apenas trinta e quatro anos de idade, em 1971, vencendo com Richard Rogers o concurso internacional para o Centro Beaubourg, em Paris; uma ocasião incrível para um arquiteto até aquele momento às margens do debate intelectual e da profissão por sua inata predileção pela pesquisa, a tecnologia, a arquitetura "simples".

Piano formou-se com Franco Albini e Marco Zanuso e adquiriu o gosto pelo canteiro de obras, pelo artesanato de seu pai, com o qual realizou suas primeiras obras. O "prazer de construir" acha-se na base de todos os seus projetos, em cada um dos quais se encontra a tensão que dá um passo para a frente, para oferecer uma inovação tecnológica, estrutural e organizatória, por menor que seja, que permita melhorar o modo de vida, de produzir ou simplesmente de construir.

Sua arquitetura é visivelmente sentida, isto é, amada, e distingue-se de qualquer outra por constituir sem dúvida o resultado de uma pesquisa. Logo que identifica um problema-guia, Piano não põe no papel o projeto acabado e bem desenhado, como faz a maior parte de seus colegas, mas a ele dedica toda a sua atenção e o seu tempo, "testando e retestando" as soluções mais corretas e, se necessário, inventando outras novas. Em torno do problema-guia, o projeto é definido em todos os pormenores, com método galileano (devido aos contínuos experimentos) e cartesiano (no tocante à analítica "clareza e distinção" das partes): a forma que daí resulta, especialmente no lado externo, não conta muito: pode ser agradável ou anônima, às vezes agressiva, às vezes mimética, mas jamais é predeterminada, sequer objeto de culto.

206 ARQUITETURA PÓS-INDUSTRIAL

A atenção do arquiteto volta-se ao funcionamento do edifício, ou seja, não só quanto à função, mas também no que diz respeito à compreensão das instalações, das estruturas, dos espaços, e à circulação; em outras palavras, ao uso cotidiano e à qualidade de vida. Qualquer outra preocupação é superada pelo humanismo radical de Renzo Piano; efetivamente, conforme ele sustenta:

> A arquitetura deve empenhar-se seriamente no aprofundamento tecnológico, na experimentação dos instrumentos, e deve também certificar-se concretamente das verdadeiras necessidades das pessoas, inserindo-se em estruturas participativas que interessem, concretamente, a quem delas participa; que lhes interessam economica e operativamente, que observam em sentido literal e metafórico sua casa. O que é o oposto das participações agremiativas, demagógicas, verbais[4].

Renzo Piano encarna, hoje, o máximo de "modernidade" que se espera encontrar num arquiteto. Seu inovacionismo (que não é mero culto da tecnologia, conforme poderia parecer) representa o progresso em arquitetura, a busca do não-banal não como exercitação retórica, mas como convicção de que o existente sempre pode ser melhorado.

No Centro Pompidou, ainda hoje objeto de acaloradas polêmicas, toca-se concretamente, mais do que em qualquer outro edifício seu, a filosofia projetual e a concepção da arquitetura de Piano. A idéia-guia era a *flexibilidade*, ou seja, a intenção de criar os maiores espaços possíveis, abertos, capazes de suportar ingentes sobrecargas e de ser usufruídos dos modos mais impensados; espaços para atividades musicais, teatrais, culturais em geral, biblioteca, videotecas, centros de pesquisa artística, atividades de serviço e lazer. O programa era amplo, não podendo, por isso, ser precisado e definido, a arquitetura parecia dever limitar-se a ser um continente, tanto mais monumental enquanto destinado a surgir no centro do Marais, coração histórico da velha Paris.

Em contato com a História e a Tradição, Piano e Rogers intencionalmente centram-se na "máquina" para fazer cultura, na dessacralização do museu-monumento, na desmitificação do "templo do saber": centram-se no objeto-Luna Park, na pura montagem de espaços exageradamente funcionais e na exibição da tecnologia, a fim de estimular as pessoas a emitirem um juízo, ainda que crítico ou depreciativo. Num monumento, as pessoas

---

4. M. Dini, *Renzo Piano: progetti e architetture, 1964-1983*, Milano, Electa, 1983, p. 10.

Fig. 123. O Centro Pompidou. Vista aérea. *Embaixo*: vista do plástico final, na parte dos fundos.

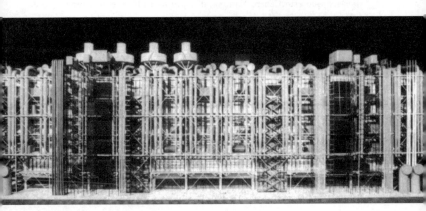

costumam não ousar externar-se, porque se julgam inferiores ao "mestre", que o projetou, e sobretudo ao Poder que o ordenou. Numa "refinaria", pelo contrário, cada um sente vontade de formular um juízo de valor, mesmo que superficial, mas que dá testemunho da popularidade do objeto, do fato de não ser antagônico com relação às pessoas.

Deste ponto de vista, *a posteriori*, o êxito do Beaubourg é excepcional para uma obra de arquitetura moderna: vinte milhões de visitantes, muitos dos quais não foram atraídos pelas apreciáveis exposições de arte ou manifestações culturais, porém justamente pela singularidade do edifício; ou seja, atraídos por sua inédita percorribilidade, por seus trajetos panorâmicos, pela curiosidade também intelectual por ver de perto traves e colunas, tirantes e *gerberettes*[5], articulações e junções que, conjuntamente, chamam a atenção.

Concluído em 1977, o Centro Pompidou saciou a sofreguidão dos críticos e dos estetas do mundo inteiro, quase que igualmente divididos pró e contra sua agressiva construção de grandes dimensões (pois esta era a impressão que mais se notava em quem costumava limitar-se a olhar a forma externa). Uma observação, que nos parece oportuno lembrar, liga a obra de Piano à utopia maquinística do grupo inglês Archigram, ativo na segunda metade dos anos 60. Em termos semelhantes escrevem Ugo La Pietra, Peter Cook e Kenneth Frampton.

Peter Cook, mais "interessado"[6] que todos, sustenta: "Como membro do grupo Archigram, não posso esconder minha satisfação: o Centro reproduz um de nossos confusos desenhos da Instant City, estilizados nos anos 60"[7]. Ao analisar num contexto mais amplo a obra de Piano, Kenneth Frampton afirmou:

É claro que este Centre National d'Art et de Culture é uma realização da retórica tecnológica e infra-estrutural dos Archigram; e, quando todas as conseqüências desta abordagem se tornarem evidentes mediante o uso cotidiano, já é evidente que certos êxitos paradoxais podem ser citados a seu favor. Trata-se, em primeiro lugar, de um extraordinário êxito popular, tanto por sua natureza sensacional como sob outro qualquer aspecto; em segundo lugar, trata-se de um brilhante *tour de force* no campo da técnica avançada, que produz em todo mundo o efeito daquelas refinarias de petróleo com cuja tecnologia procura rivalizar[8].

5. Nome de trave em aço sobre mais apoios, do tipo "Gerber".
6. Enquanto o mais próximo da "estética da máquina", de Renzo Piano, conforme ele próprio explica mais adiante.
7. "Giudizio su Beaubourg", *Architecture* nº 401, fev. 1977.
8. K. Frampton, *Storia dell'architettura moderna*, p. 334.

Fig. 124. Centro Pompidou. Detalhe da articulação entre as correntes horizontais e verticais e os elementos diagonais de contraventamento.

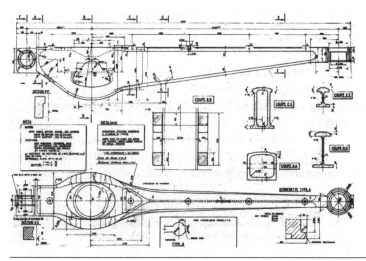

Fig. 125. Centro Pompidou. Desenho executivo da *gerberette*, um arrimo especial com relevo numa única fusão de aço (11 toneladas).

210 ARQUITETURA PÓS-INDUSTRIAL

Ademais, Frampton observa um dos aspectos mais característicos do Beaubourg e, talvez também, dos mais inobservados: "O Centro Pompidou representa assim um caso de subdimensionamento da superfície de parede e de superdimensionamento da flexibilidade"[9].

Simplificando, isto significa que o edifício é superdimensionado quanto aos usos costumeiros, ou seja, que suas estruturas poderiam suportar espaços adicionais, projetados, enganchados e enxertados, configurando, potencialmente, um organismo também totalmente diferente daquele originário. O discurso da "malha" penetrável e suporte oniabrangente, de inspiração claramente "megaestrutural"[10], fez parte da origem do projeto, depois parcialmente traído pela realização e pelo uso, demasiado "tradicional" e acadêmico. Com efeito, segundo Piano e Rogers:

> Perdemos esta batalha: poderíamos ter sido mais duros, defender melhor a qualidade em vez da qualidade do espaço, defender o fato de que um espaço flexível é muito mais utilizável do que um espaço não flexível. Não conseguimos nosso intento: por exemplo, [...] a praça ficava debaixo do edifício, completamente transparente, e também da rua posterior tinha-se uma visão da praça e vice-versa. Agora as pessoas não podem mais passar por ela, e isto era, pelo contrário, importante, porque em Paris um espaço coberto é muito precioso: em todos os jardins públicos, a partir do Luxemburgo, há muitos pagodes pequenos, muitos pequenos espaços cobertos que as pessoas acabam freqüentando, para defender-se da umidade e da água, para jogar xadrez, para fazer tantas e tantas coisas.
>
> [...] A segunda grande diferença, quanto ao projeto, está no uso do edifício como "suporte de informações". [...] O edifício fora imaginado como um utensílio, no sentido de que em seu interior poderiam ser desenvolvidas atividades muito diversas, muito evolutivas, e de seu exterior deveria constituir a superfície de contato do utensílio, isto é, o modo com que o utensílio se exprimia no exterior: uma superfície com telas de projeção luminosa, antenas de TV, cinematográficas, informações escritas, telejornais etc. Na realidade, isto foi muito difícil: não por razões técnicas, mas por razões de caráter político, de controle[11].

Outra obra sintomática de uma atitude modernista coerente de Piano é o Laboratório de Bairro em Otranto (1979), executado por conta da UNESCO e depois utilizado também para Bari.

Diante da espinhosa questão da recuperação, fonte de inumeráveis repensamentos e de recuos na cultura arquitetônica contemporânea, Piano não renuncia à invenção: um "utensílio

9. *Idem*, p. 335.
10. No sentido que já descrevemos na nota 26 do capítulo 1.
11. Entrevista com Renzo Piano e Peter Rice, *Domus*, nº 566, jan. 1966, p. 6.

DEPOIS DA ARQUITETURA MODERNA: O MODERNO   211

múltiplo", em forma de cubo, uma espécie de *container* facilmente transportável sobre pneumáticos, dotado no interior de sofisticadas e moderníssimas aparelhagens de relevo e de análise não-destrutiva das condições estáticas e tecnológicas dos edifícios. O projeto pode também abrir-se em leque na praça da cidade, criando – justamente como uma tenda de campo – uma série de espaços abertos, que podem ser utilizados para atividades de reuniões com a população, de estudo dos relevos efetuados, de projeção de filmes e *slides*, de biblioteca-informação para o público; uma espécie de laboratório para a "manutenção programada" dividido em quatro alas: a ala de análises, a ala "projeto aberto", a ala documentação e informações e, finalmente, a ala construção.

São três os objetivos da operação: afirmar a superioridade e a prioridade de intervenções conscientes e cientificamente realizadas de manutenção, com relação às costumeiras intervenções de "restauração construtiva", que na realidade são de reestruturação pesada (em sentido físico e psicológico-econômico); envolver ativamente os moradores do bairro nas operações de restauração e saneamento, evitando-se evasões para os bairros periféricos e estimulando igualmente – na atuação concreta e não demagógica do *advocacy planning*[12] – a difusão de uma consciência construtiva de massa; por fim, favorecer a requalificação (se não o renascimento) de uma mão-de-obra artesanal ligada às operações de saneamento construtivo, muitas vezes vinculativas e de alta precisão.

Aliás, todo o sistema permite também a atualização técnico-cultural dos operadores locais, o crescimento de uma profunda consciência, ligada às advertências de Ruskin no final do século passado, segundo o qual se não se mantém uma estrutura sempre em perfeita eficiência, com serviços assíduos de manutenção, esta degenera de maneira cada vez mais rápida, até que se torne necessária sua substituição. Em vez de acelerar a degradação das

---

12. Termo em voga nos anos 60 que significa, livremente traduzido, "planejamento com participação", isto é, planejamento da cidade e do território não preordenado "em laboratório", mas dirigido diretamente pelas pessoas, gerido e pilotado "de baixo". Tentaram-se alguns exemplos de aplicação, no final dos anos 60, em Milton Keynes (Inglaterra), na construção da *new town* e no Villaggio Matteotti, em Terni, por iniciativa de Giancarlo De Carlo. Em ambos os casos, porém, os resultados esperados não foram alcançados, também devido à dificuldade objetiva de conciliar as exigências mais diversas com a impostação conceitual, política e intelectual de um "correto" planejamento. Depois não se falou mais daquilo que parece ter sido uma "moda".

Fig. 126. O Laboratório de Bairro em Otranto, Lecce (1979), exemplificação do método ideal de trabalho de Renzo Piano: participação, ``canteiro aberto'', experimentação nos materiais e nos processos de construção. *Ao alto*: reunião noturna no Laboratório. *Embaixo*: planimetria esquemática do Laboratório.

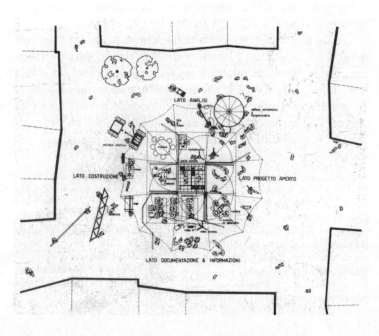

DEPOIS DA ARQUITETURA MODERNA: O MODERNO   213

cidades, ao que nem sempre se sabe ou se quer remediar nos
tempos oportunos; em vez de favorecer a especulação dos "sa-
neamentos de conservação" (leis: demolição, evacuação do prédio
e reconstrução) em grande voga em nossas cidades, Piano põe
abaixo o tradicional método operativo do arquiteto: não atuar nos
escombros, mas no organismo vivo, sem alterar suas característi
cas, diminuir sua vitalidade ou praticando exercícios de desenho
acadêmico e passadista.

Eis então, concretamente, qual pode ser a relação do arquiteto moderno com a história da cidade, uma relação entre vivos
e não sobre cadáveres decompostos:

> Em definitivo, o problema consiste em reativar um mecanismo há muito
> tempo entravado: o canteiro contínuo, permanente, ou seja, a complexa seqüên-
> cia de contaminações espúrias e de superposições que caracterizou a história da
> cidade, desde as origens medievais até a Revolução Industrial, quando justamen-
> te começou a decadência dos centros históricos e se concretizou a cisão patológi-
> ca entre trabalho artesanal e vida urbana[13].

A revolucionária mensagem de Piano traduz-se no equilíbrio
entre aprofundamento dos conhecimentos e das necessidades das
pessoas, valorização da dimensão artesanal, domínio dos instrumentos científicos.

Último exemplo: o Museu de Arte Moderna de Houston, Texas (1981-83), encomendado pela Menil Foundation.

Aqui Piano identifica, como problema-guia, a iluminação. A
iluminação para os dez mil quadros da Fundação, prevalentemente africanos e surrealistas, deve ser natural: este é o tema fundamental do projeto, ao qual Piano se dedica com a habitual profundidade de análise. Tendo feito estudos sobre a aplicação do
concreto armado para uma embarcação por ele projetada, Piano
pensa num sistema de cobertura que filtre a luz e aja como tela
térmica, algo sutil, dosável nas várias horas do dia, nas várias
condições de iluminação, para garantir uniformidade de rendi-
mento cromático para a visão, a fim de assegurar no calor ofus-
cante de Houston um oásis de sombreada reflexão.

Nasce a "folha" em concreto armado uma obra-prima de exploração das capacidades físico-técnicas do material, de apenas
vinte e cinco milímetros de espessura que cobrirá, repetida tre-
zentas vezes (e reproduzida, portanto, em escala semi-industrial),
a couraça racionalista do museu. Embora pouca coisa deste tra-

13. M. Dini, *op. cit.*, p. 65.

ARQUITETURA PÓS-INDUSTRIAL

balho de pesquisa, de análise e de estudo paciente seja visível na parte externa, permanece o fato de que Piano descartou, logo de início, a idéia (que teria ocorrido a quem quer que fosse) de empregar as coberturas e os sistemas de iluminação existentes no mercado. Ele achava que devia existir algo melhor, mais funcional, mais apto para o uso específico da iluminação de museu; e foi o que inventou, com simplicidade, redescobrindo – não obstante, ou talvez graças aos mudados conhecimentos tecnológicos – o originário papel artesanal do arquiteto, mestre de canteiro de obras.

Único em seu gênero, Piano não explora passivamente a civilização industrial, pelo tanto de *prêt-à-porter* que a indústria pode oferecer (e não é pouco), mas ativamente, projetando *para* a indústria, estimulando-a a colher protótipos, a melhorar os próprios catálogos, explorando na realidade o espírito mais autêntico da civilização moderna, o arrojo, o experimentalismo, a sede de progresso, a tensão utópica pela perfeição (ou a *fitness*[14], mais modestamente, segundo os anglo-saxônicos).

Sob esse ponto de vista, Renzo Piano pode ser considerado, de direito, o mais completo arquiteto moderno vivo.

John Portman representa o "pólo capitalista" dos três, o arquiteto-*manager*, aquele que abriu novos horizontes para a tradicional figura profissional do arquiteto.

Portman iniciou suas atividades como corretor imobiliário, depois dedicou-se às grandes operações de *promotion* comercial e finalmente desembarcou na arquitetura como estetização do lucro; entre outras coisas, revolucionou a clássica tipologia hoteleira, imprimindo-lhe uma carga semântica absolutamente original. O sinal característico de suas construções é o *slick-tech*, o brilho fluente das superfícies espelhadas, a composição maciça, intensiva, jamais costumeira, o contraste absoluto entre o gélido brilho externo e o redundante esforço expressivo interno.

Ao menos em dois pontos Portman é um "moderno tardio", ou pelo menos visa a lógica modernista, segundo critérios evolutivos e não conforme dogmas estáticos (aliás, incompatíveis com o próprio conceito de moderno): em sua *design philosophy* inclui o componente psicológico, que dá origem a pesquisa sobre a comunicação, sobre a semântica dos edifícios; separa drasticamente o interior do exterior, criando espaços internos de grande sugestão que não têm nenhuma projeção no exterior, nenhuma possibili-

---

14. Literalmente "apropriabilidade", "conveniência", mas também "que calça como uma luva".

DEPOIS DA ARQUITETURA MODERNA: O MODERNO   215

dade de serem percebidos. Como sinal, como *mass medium*, como insuspeitável portador de experiências psicologicamente significativas, o edifício constitui por si só uma novidade quanto ao originário postulado funcionalista, mas continua tranqüilamente no âmbito do modernismo, entendido em seu sentido mais autêntico; por conseguinte, sob este prisma, a inovação de Portman é relativa.

Conforme assinalamos, o entrelaçamento entre a vicissitude pessoal do arquiteto e o novo modo de entender a profissão representa um certo interesse, que é bem diferente do interesse humanístico-renascentista de Piano; segundo Marco Dezzi Bardeschi, "existe em Portman aquele algo de Tio Patinhas oculto no coração de todo cidadão americano: Atlanta é o seu Klondike*"[15].

Com efeito, "ele se sente orgulhoso por estar imerso nos perversos mecanismos de produção capitalista e de usá-los lucidamente, conquanto chegue de algum modo a um objeto construído que compense"[16].

Seu uso do capitalismo visa, porém, obter não só lucros econômicos, como poderíamos esperar de um verdadeiro *promoter* imobiliário, mas lucros humanos, isto é, inovações e melhorias do desenho urbano, do ambiente construído, da arquitetura. E o fato de ele trabalhar de preferência com arquiteturas "para as massas" (embora massas endinheiradas, como os freqüentadores dos Hyatt Regency), em ambientes onde se concentra um grande número de pessoas[17], nos revela a consideração que ele deve ter pelo funcionamento global do organismo construtivo, bem como a distinção-mistura entre espaços públicos e espaços privados, intocáveis quanto ao sentido da privacidade do americano de classe média.

Suas obras-primas – entre as quais os Hyatt Regency em Atlanta, Geórgia (1963-67) e em San Francisco, Califórnia (1968-73), o National Bank de Fort Worth, Texas (1969-74), e sobretudo os famosos Bonaventure Hotel, de Los Angeles (1970-76), e o Renaissance Center de Detroit (1971-77) – são robustas, às vezes imponentes mansões de cimento e vidro, expressão de proteção aconchegante, acentuada pela lembrança dos *lobbies* internos. Com efeito, segundo Arthur Drexler, "as torres

---

* Klondike – rio do Canadá e nome de região que foi palco de uma das maiores corridas do ouro no final do século passado (1896). (N. do E.)

15. Marco Dezzi Bardeschi, "Il grande vuoto", *Domus*, nº 606, mai. 1980.
16. *Ibidem*.
17. Em sua maioria, albergues, bancos, centros comerciais.

216 ARQUITETURA PÓS-INDUSTRIAL

em rácimo do Bonaventure Hotel relembram os castelos fortificados que Louis Kahn reelaborara para seus edifícios feitos de pedra"[18].

Mas é sobretudo nos interiores, "entre Piranesi e o expressionismo", que Portman produz o melhor de si:

Nenhum dos visitantes dos estupefacientes hotéis projetados por John Portman está em perigo, contanto que não tropece distraindo-se com o espetáculo incessante das sacadas, dos elevadores, dos passadiços [...], das esculturas, e no Renaissance Center Plaza Hotel, das árvores plantadas em vasos tubulares truncados, pendentes das pilastras. Estes "lobbies" reintroduziram, inesperadamente, um significativo espaço interno como entidade comercialmente avaliável; e, na realidade, sua notável extravagância garantiu seu êxito comercial. [...] Eles constituem agora atrações para os turistas [...] e estão entre os poucos edifícios dos últimos vinte anos que podem gabar-se de um autêntico séquito popular[19].

A invenção do "vazio" como argumento econômico e como inigualável experiência arquitetônica constitui um dos pontos de interesse do trabalho de Portman; se ao nível metodológico cumpre-nos repetir que o espaço interno, não necessariamente projetado e visível no exterior, deve estar no centro do projeto arquitetônico, preocupado sobretudo com sua mais ampla fruibilidade, é preciso, porém, frisar a diversa função exercida por Portman no âmbito do sistema econômico a que ele próprio pertence, isto é, de conjunção entre clientela e arquiteto-realizador, entre exigências de sinal diferente: a arquitetura pode ser "promoção", ou seja, pode ser mais vendível em função de sua melhor e mais efetiva qualidade. Como bons românticos que somos, não devemos nos escandalizar com a equação entre arte e dinheiro (ou mercado) que Portman resolve com seus projetos, pois também Bach e Mozart compunham música por encomenda e por dinheiro, e no entanto sua qualidade, sua "arte" são indiscutíveis. O próprio Portman é um hábil compositor que, no entanto, se acha muitos degraus acima de qualquer profissional:

[...] compreendeu muito bem os *tòpoi* da *affluent society*, com sua psicologia de alienação, suas sujeições culturais, com seus impedimentos, seus mitos e com seus "desejos proibidos" de evasão e de desempenho no "privado", consolado pelo rumor básico dos "outros"[20].

18. A. Drexler, *Transformations in Modern Architecture*, London, Secker & Warburg, 1980, p. 85.
19. *Idem*, p. 90.
20. *Domus*, nº 606, mai. 1980, p. 15.

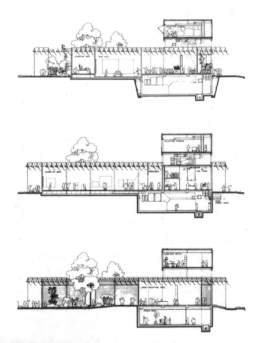

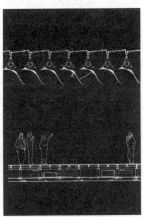

Fig. 127. Houston. Museu de Arte Moderna (Menil Foundation, 1981-84), última criação de Renzo Piano. *Acima*: seções. *Ao lado*: seção sobre a cobertura em "folhas". *Embaixo*: detalhe da "folha" de cobertura em concreto armado, com os testes sobre as condições de iluminação e de ventilação.

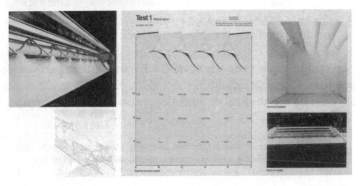

218 ARQUITETURA PÓS-INDUSTRIAL

Poder-se-ia dizer que as obras de Günther Domenig "valem mais do que mil palavras".

Tomemos a sala polifuncional de Graz-Eggenberg, Áustria (1973-77), produzida no interior do pátio de um colégio de freiras: trata-se de um organismo fortemente caracterizado, zoomorfo, modelado à guisa de dragão, em cimento borrifado numa armação metálica (sem caixas-formas), com sugestivos orifícios-clarabóias no dorso e nas janelas que sobressaem nos flancos. O edifício é polifuncional porque se destina a acolher uma mesa e a servir alternativamente de teatro e sala de conferências, encontros, reuniões paroquiais e de bairro: um equipamento a serviço da comunidade e de grande sugestão ambiental.

Segundo Bruno Zevi, no interior "a cavidade de plástica estampa (?) relembra de algum modo as oníricas arcadas de Gaudí na capela Güell"[21]; Arthur Drexler frisa, ao invés, o aspecto lúdico do conjunto e a execução "criativa" por parte dos próprios operários, aos quais Domenig permitira leves modificações, segundo seus gostos.

Significativo, pois, o tema basilar da filosofia projetual (antes, da poética) de Günther Domenig: rejeitar a "redução semântica" do racionalismo, a planura "flexível" do espaço indiferenciado, a via mais fácil, ou seja, devido à polifuncionalidade necessária a nossos dias. Como vimos em Hans Hollein, um dos mais sensíveis arquitetos contemporâneos[22], também Domenig prefere caracterizar ao máximo seus espaços, num sentido que diríamos expressionista.

O cheiro de enxofre, de calculada heresia formal, de consumada modernidade, emana dessa obra de Domenig, como da outra, mais recente e ainda mais desconcertante, a Zentralparkasse em Viena (1975-79). Em ambas devemos salientar a absoluta cientificidade do projeto: as conchas e os retículos em aço da sala de Graz foram cuidadosamente estudados com o computador, com todas as hipóteses possíveis de carga, de deformação, de variações de disposição, verificando também hipóteses alternativas de forma: o que testemunha que não se está na presença de um gênio debilóide, mas de um novel Gaudí que, embora partindo de hipóteses e intuições estruturais definidas, credita às modificações em canteiro o êxito final de autênticos prodígios da imaginação.

21. Zevi, "Banca-mostro di Günther Domenig", *L'Espresso*, 10 ago. 1980.
22. Ver as motivações expressas para o Museu de Mönchengladbach (p. 190 do presente volume).

Fig. 128. Los Angeles, Califórnia. O Bonaventure Hotel (1970-76), de John Portman. *Embaixo*: planta-tipo.

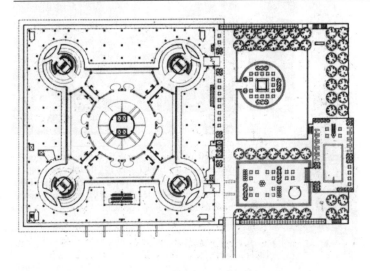

Fig. 129. San Francisco, Califórnia. Hotel Hyatt Regency (1968-73), de John Portman. *Lobby* interno.

Fig. 130-131. *À esquerda*: Fort Worth, Texas. Fort Worth National Bank (1969-74), de John Portman. *À direita*: Detroit, Michigan. O desconcertante interior do Renaissance Center (1971-77), um dos projetos mais famosos de John Portman.

DEPOIS DA ARQUITETURA MODERNA: O MODERNO

Na Zentralparkasse encontramos de novo (também aqui, como em Gaudí) o zoomorfismo do dragão, o Moloc que com suas fauces engole dinheiro: uma fachada corrugada e distorcida, elegante à sua maneira como a casa Tassel em Bruxelas, de Horta, agressiva e diabólica como a Casa Battló em Barcelona, nas quais as fechaduras seguem o curso distorcido da "boca", curvam-se e se alteram, assumindo aparências "vivas". Fortíssimo indício num bairro degradado de Viena, o Favoriten; signo para um banco (que é uma casa de poupança popular), mas também para equipamentos coletivos de bairro, colocados nos últimos andares do edifício. Estranheza (relativa) da aquiescência do cliente, costumeiramente propenso ao anonimato.

O interior é uma cascata de tubos corrugados de concreto armado, de volumes deformados: sua dramaticidade é acentuada por imprevisíveis distorções de escadas, instalações, superfícies, além da desconcertante presença de uma mão gigante (do arquiteto?) que "sustenta" um patamar em relevo. Expressionismo (também aqui "tecnológico", a seu modo), plasticidade zoomorfa, visão onírica: não parece que haja muitas outras definições importantes para este esplêndido testemunho daquilo que hoje se pode entender por arquitetura moderna.

A Zentralparkasse exprime provavelmente a revolta do homem, da animalidade contra o império tecnológico, contra a fria cientificidade do cotidiano; estimula as consciências, induz à reflexão, mais que o "objeto harmonioso" – Beaubourg de Piano, ou o tranqüilizante castelo eletrônico – Bonaventure de Portman, sobre a condição do homem moderno, a relação entre arte e tecnologia, entre a mente e seus produtos. Também aqui, cisão entre interior e exterior, conformação de um espaço interior amplamente "funcional" e condicionante, catalisador de reflexões sobre a própria função do banco; símbolo, talvez, de um "banco mais humano"? Bruno Zevi encontrou as palavras mais aptas para descrever o nosso Moloc:

Parece que, uma vez resolvidas as exigências funcionais, exprimindo-as numa frente composta de faixas cromadas, teria empunhado um enorme malho para demoli-la, enroscá-la, contestar-lhe a regularidade com a fúria de golpes violentos, a fim de plasmá-la, vencer-lhe o estático isolamento, projetá-la no exterior e, ao mesmo tempo, absorvê-la de novo. Um "escudo amassado" que se tornaria um jogo epidérmico se não se prolongasse com semelhante veemência no átrio sustentado por "árvores" robustas e encimado por uma floresta de tubos, de luzentes serpentes que rastejam pelas paredes e pelos tetos de três andares falseados e entrelaçados por um labiríntico sistema de escadas e parapeitos[23].

23. *Idem*, nota 21.

ARQUITETURA PÓS-INDUSTRIAL

Günther Domenig representa, por isso, o terceiro pólo da antinomia homem-máquina, o pólo da adesão à cultura do homem em seu sentido mais arcaico, sem concessões ao culto da racionalidade computadorizada, mas também sem ambíguos retornos a um mítico e equívoco "belo tempo antigo", sem inclinações ao fácil negativismo da Internacional Classicista.

No âmbito da arquitetura da "segunda idade da máquina" podem ser considerados os nomes mais interessantes da última geração (última sempre no sentido não anagráfico, posto que o pós-moderno absorve grande parte dos "verdadeiros" jovens). São ingleses, americanos, japoneses, italianos: Richard Rogers, David Nixon e Jan Kaplicky, Cesar Pelli, Yoji Watanabe, Tatsuhiko Nakajima, Aldo Loris Rossi. Uma citação à parte mereceria Marcello D'Olivo, que, depois de um momento de notoriedade nos anos 60, caiu no esquecimento; mas do qual se pode prever a reabilitação quando voltarem à moda os anos da "utopia concreta".

Richard Rogers, inglês, co-autor com Renzo Piano do Centro Beaubourg, ocupou-se recentemente de duas importantes intervenções no centro histórico de Londres: a nova sede do Lloyd's, a famosa companhia de seguros, em plena City; a ampliação da National Gallery na Trafalgar Square, centro "oficial" do império britânico (onde o Piccadilly Circus é o centro "popular").

Em ambos os casos, Rogers evitou cuidadosamente as empoladas miscelâneas de estilos que inundam a City, concentrando-se numa arquitetura decididamente moderna, maquinística, em que a exibição de instalações e de tecnologia e o esvaziamento dos espaços internos, tornados assim "flexíveis", exercem um papel determinante, tanto ao nível perceptivo como ao nível de composição. Em particular, a extensão da National Gallery se configura como um "brilhante aparelho",

[...] pulsante de invenções, flexível e transparente, tecnologicamente atual e vigoroso, o único que se coloca em colóquio direto com a cidade, visto que sua elegante torre lembra, de um lado, St. Martin-in-the-Fields e, do outro, entretece uma triangulação ótica com as emergências da Coluna de Nelson e da cúpula que encima a galeria[24].

David Nixon e Jan Kaplicky, reunidos no estúdio Future Systems Consultancy, salpicam centelhas *pop* e futuráveis por todos

24. B. Zevi, "Quanta noia in galleria", *L'Espresso*, nº 43, 31 out. 1982, p. 205.

Fig. 132. Graz-Eggenberg, Áustria. Sala polifuncional (1974-77), de Günther Domenig. *À direita*: interior da sala.

Fig. 133-134. *À esquerda*: Viena. A Zentralparkasse (1975-79), no bairro Favoriten, de Günther Domenig. *À direita*: o ascendente direto da Zentralparkasse: a Casa Battló em Barcelona (1904-06), de Antoni Gaudí.

Fig. 135. A Zentralparkasse. Detalhes dos interiores. *Embaixo, à esquerda*: planta do andar térreo. *Embaixo, à direita*: desenho projetual de Günther Domenig. É evidente a lembrança da fluência espacial de Gaudí.

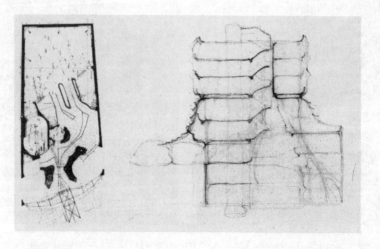

DEPOIS DA ARQUITETURA MODERNA: O MODERNO

os poros. Seus projetos, todos eles estudados nos mínimos detalhes e perfeitamente factíveis sob o aspecto tecnológico, acham-se unidos a um mundo trinta-cinqüenta anos além do nosso, a um universo de derivação Archigram povoado de criaturas robóticas, de casas móveis, de planetas habitados.

Nixon, americano (californiano, para sermos exatos), e Kaplicky, inglês, seu *ménage* profissional baseia-se na comunhão de idéias e de objetivos, na profunda consciência de ser intérprete do *Zeitgeist* do ano 2 000.

A emblemática Mandarin House, acomodação unifamiliar expandível e transportável; bem como o helicóptero habitável, ou a Petite Maison, casa produzida em série para breves permanências de duas pessoas que pode ser fixada num despenhadeiro ao longo do mar ou apoiada em almofadas infláveis: construída com uma folha de alumínio leve, a casa pode rodar segundo as necessidades e explorar, conseqüentemente, da melhor maneira, a energia solar; a janela é feita de cristal fotossensível e regulador de luz.

Igualmente explosivos outros projetos "evolutivos" como o "galpão industrial de desenvolvimento linear" e o projeto para novos espaços expositivos nos Kew Gardens, muito aproximados da concepção dinâmica e *in progress* da arquitetura "canteirista" de Renzo Piano. Sua concepção do projeto, em clara sintonia com a evolução conceitual da arquitetura moderna, é absolutamente "natural":

> Existe um fascínio intrínseco no *engineering* da natureza presente e visível em muitos fenômenos biológicos, e isto às vezes nos guia diretamente no projeto. Muitas vezes nos inspiramos também em objetos realizados pelo homem na terra, no mar ou no ar, ou também em objetos comuns que encontramos cotidianamente até mesmo num patamar da cozinha. [...] No mundo caprichoso da cultura arquitetônica e de suas modas, esta abordagem, de certo modo experimental, é contracorrente. O pêndulo oscilou na direção de sensibilidades históricas ou quase-históricas, entre recuperação do passado e imaginação do futuro. Seja como for, julgamos que, analogamente a outros fenômenos dos anos 60 – como a distensão política entre os blocos e a exploração do espaço (atualmente fora de moda) – a celebração da tecnologia em arquitetura ainda acabará aparecendo[25].

Cesar Pelli talvez seja o mais amadurecido entre os modernos, mas certamente não menos jovem em espírito e eficaz nas realizações: da fantasmagórica cascata vítrea da serra do

---

25. David Nixon, "Espressionismo tecnologico", *Modo*, n⁰ 58, abr. 1983, p. 60.

226 ARQUITETURA PÓS-INDUSTRIAL

Rainbow Center Mall em Niagara Falls, Nova York (1976-78), rica de efeitos visuais, até a verdadeira e autêntica obra-prima *op* do Pacific Design Center, em West Hollywood, Califórnia (1971-76), cuja fachada menor parece cortada a machado e cujo montante volumétrico se liga de perto com o contemporâneo (e moderníssimo) Beverly Hills Hotel (1976) do "veterano" Anthony Lumsden.

Da poética do vidro espelhado à do *clip-on*: com os japoneses herdeiros do Metabolismo de Kisho Kurokawa (sempre na ruptura e sempre coerentemente modernista), isto é, Tatsuhiko Nakajima e Yoji Watanabe.

Referente ao primeiro, cumpre mencionar o Youth Castle no Parque Kibogaoka, na prefeitura de Shiga (1968-72), exemplificação dos edifícios em cápsula, muito em voga no decorrer dos anos 60. Característica a visível separação da estrutura portante, ossatura do sistema, das supra-estruturas elementares componíveis (as "cápsulas" habitacionais consumáveis): ou então a idéia canônica da megaestrutura.

É o que vemos no Sky Building nº 3 em Tóquio (1967-69), de Yoji Watanabe, onde é visível o que Jencks define como "a hipérbole da Segunda Estética da Máquina", a celebração da arquitetura metálica e da componibilidade – teoricamente infinita – por partes. Embora este seja somente um aspecto teórico, é suficiente para levantar a hipótese de uma condição revolucionária e inovadora da arquitetura, menos ligada aos estereótipos formais e à hipoteca classicista da eterna harmonia, mais vizinha do espírito dinâmico e evolutivo do tempo, do *big bang* da expansão permanente.

Na Itália, a figura mais "lunar" e destacada das modas e dos esquemas profissionais (pelo menos até agora) é a de Aldo Loris Rossi, que já vimos como protagonista de uma etapa histórica[26], a das megaestruturas urbanas.

Em escala reduzida, todas as suas arquiteturas são protótipo de megaestruturas, pelo menos conceitualmente, baseadas na dicotomia estrutura invariante-forma variável: objetos estranhos, também eles arquitetura maquinística, distante da tradição classicista e do ecletismo itálico; arquétipos de totens urbanos, que alguém definiu simplesmente de "maneiristas", mas que, pelo contrário, pertencem à arquitetura moderna sem adjetivos.

26. Ver pp. 37-39 do presente volume.

DEPOIS DA ARQUITETURA MODERNA: O MODERNO   227

A Igreja de S. Giorgio em Cremano (1979) e principalmente a Casa do Portuário em Nápoles (1980) externam a intenção de assinalar dois lugares fortemente degradados, de desenvolver uma função reflexiva e propulsiva, como vimos com Domenig em Viena: não se chega ao expressionismo exaltado de Domenig, mas se permanece no âmbito de um formalismo quase escultórico, de uma mescla do vocabulário modernista, sempre em apoio a uma ideologia "megaestrutural" e, por conseguinte, promessa de uma nova e indefinida sociedade.

A PROPOSTA

Da análise das obras e das personalidades emergentes na arquitetura moderna mais recente extraem-se algumas considerações fundamentais para a elaboração de uma "proposta modernista", alternativa para as opções que atualmente dominam o cenário mundial, uma proposta válida para a sociedade pós-industrial.

Uma consideração preliminar é a de que em todas estas obras, sem exceção, está ausente a história, entendida como repertório de estilos e de vocábulos em que devemos nos basear nos períodos de pobreza ideológica; ao invés disso, no entanto, na quase totalidade dos casos, aquele famigerado *Zeitgeist* que ainda divide a crítica arquitetônica e que pode ser comparado à alma dos crentes ou ao sexo dos anjos: fonte de doutas disputas, elemento desconhecido do vulgo, instrumento habilmente manejado ora por seus defensores (os modernistas) ora por seus detratores (os tradicionalistas em geral). O "espírito do tempo" tem, acaso, um valor "moralmente" unívoco ou não? Pode ele ser acantonado sem dano e, até, ironizado, vilipendiado? Ou pode, pelo contrário, ser considerado somente em algumas tipologias arquitetônicas?

Falar de história ou de *Zeitgeist*, aliás, é praticamente a mesma coisa. Se a arquitetura do segundo milênio deverá ser partidária do próprio tempo, isto é, do sistema sócio-político-econômico e científico-tecnológico que o caracterizará, provavelmente ela deverá assemelhar-se a algo entre os conjuntos de engrenagens de Nixon e Kaplicky e a fria imponência dos albergues de Portman, entre a racionalidade "primitiva" de Piano e a gestualidade escultórica de Lasdun, entre as utopias dos Archigram e as do Metabolismo. Não é por acaso que muitos filmes de ficção científica com ambientes do século XXI (ou mais além) empregam ce-

Fig. 136. David Nixon e Jan Kaplicky: casa panorâmica frente ao mar para duas pessoas (1981).

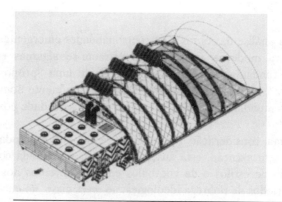

Fig. 137. David Nixon e Jan Kaplicky: projeto de galpão industrial com desenvolvimento linear (1982).

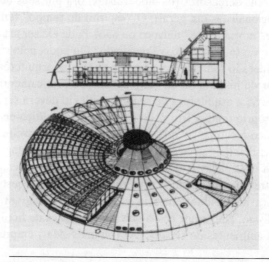

Fig. 138. Projeto para novos espaços nos Kew Gardens, Londres (1982).

Fig. 139. Niagara Falls, Nova York. Rainbow Center Mall (1976-78), de Cesar Pelli. *À direita*: interior.

Fig. 140. West Hollywood, Califórnia. O Pacific Design Center (1971-76), de Cesar Pelli

Fig. 141. O Japão e a arquitetura moderna. O Youth Castle (1973), no Parque Kibogaoka, Shiga, de Tatsuhiko Nakajima.

DEPOIS DA ARQUITETURA MODERNA: O MODERNO 231

nografias calcadas naqueles modelos (de *Rollerball* a *A Fuga de Logan*; de *Geração Proteu* a *Blade Runner*); e isto nem sempre implica uma visão otimista do amanhã, porém, mais amiúde, apenas uma gélida resignação à inelutabilidade do progresso.

Futurável à parte, a arquitetura da era pós-industrial é convocada a resolver alguns problemas muito sérios, que não são apenas "de contorno" ou "supra-estruturais": por trás de expressões assépticas como "recuperação", ou "desenho urbano", ou "plano-projeto", ocultam-se intenções menos nobres e assépticas, mais amiúde econômicas, isto é, especulativas. A forma que estas operações assumem – ou melhor, a substância das transformações espaciais – não deveria fugir do controle do arquiteto, mais do que nunca profissional mediador entre as exigências públicas e privadas, entre a indiferença da demanda especulativa e a indiferença das normativas burocrático-administrativas. Os espaços urbanos, os centros históricos, as novas periferias (e oxalá ainda as novas cidades) requerem intervenções intelectuais adequadas, a fim de evitar que a "arquitetura" crie ela mesma problemas: a demolição a dinamite do Pruitt-Igoe em St. Louis, um complexo em que os atos de violência e de vandalismo parecem ter alcançado lances de absoluta exasperação (segundo alguns psicólogos, justamente por causa da conformação arquitetônica), deve no entanto ensinar algo. A arquitetura jamais é neutra, a experiência do espaço pode gerar sonhos, íncubos, pode influir – ainda que muito pouco – nos comportamentos e nas sensações.

Em face desses dados objetivos, é evidente que hoje o papel prevalente da arquitetura é aquele *comunicacional*: a arquitetura "fala", exprime-se, desempenha seu papel ativo, mas com a condição de que o código lingüístico seja o mesmo das pessoas que usam seus espaços no momento histórico em que vivem.

Pretender que a linguagem clássica, justamente porque "clássica", seja eterna e compreensível a todos, constitui uma abstração intelectual, um jogo erudito, e nada mais. Falar "em vulgar" (isto é, linguagem vernacular) significa, por outro lado, exercer a mesma função da chamada "imprensa popular", isto é, reforçar os instintos primordiais do homem, sem procurar uma relação dialética real, mas limitando-se a falar "por monossílabos", *slang* e dialetismos: modelos culturais perdedores num mundo que caminha na direção oposta, a da linguagem comum, de um anulamento virtual das distâncias e das diferenças ao nível planetário.

O *Zeitgeist* deve ser deslocado no plano da linguagem (mais do que no plano da "moralidade" histórica ou da inelutabilidade

Fig. 142. Tóquio. Sky Building n. 3 (1967-69), de Yoji Watanabe.

Fig. 143. Tóquio. Sky Building n. 5 (1971), também de Yoji Watanabe.

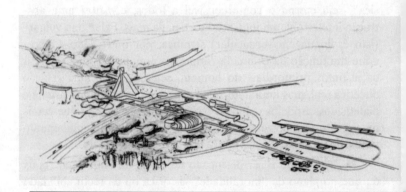

Fig. 144. Marcello D'Olive, esboços para a cidade nova em Libreville, Gabão (1965-75).

DEPOIS DA ARQUITETURA MODERNA: O MODERNO 233

palingenética): se o problema é fazer-se entender, ou melhorar as condições de vida de uma bilionésima parte da humanidade, então falar uma linguagem setecentista ou oitocentista (também "de contestação") significa não ser entendido, aceitar a incomunicabilidade. Significa, também, sermos mal entendidos (daí a ambígua e patética justificativa, verdadeira arma de dois gumes, do "duplo código") e percebidos somente como saudosistas dos "bons tempos de antigamente".

Se se quer contestar, deve-se fazê-lo de maneira compreensível, ou seja, de modo tal que se entenda que se está contestando algo. Além de jactanciosos intelectualismos, a arquitetura, uma vez recuperada a função comunicacional, deve contestar (ou aprovar, caso se prefira) de maneira clara e propor novos modos de morar, trabalhar, circular, divertir-se, perceber o espaço.

A proposta modernista de hoje – conforme se deduz da análise histórica e das obras mais significativas – é a de um código "em chave principal" (em vez do "duplo código" pós-modernista), na qual haja uma clara mensagem dominante, que todos possam entender, e uma multiplicidade de outras leituras, também de reduzido alcance, que confiram "significatividade" à obra. Deixando estas últimas chaves de leitura aos críticos, aos estetas, aos exímios cultores do inverossímil, o arquiteto atua exclusivamente com base em seu público preponderante, lançando-lhe sua clara mensagem, não ambígua nem hipócrita, não univalente ou bivalente.

Outra falsidade, que se atribui, aliás, à histórica preponderância do International Style, diz respeito à conhecida indiferença da arquitetura moderna em relação ao *genius loci*, isto é, o "espírito do lugar", o ambiente circundante, a histórica tradição das culturas "menores".

Cremos não estar dizendo nada de novo ao lembrar que a versão orgânica do modernismo sempre baseou seus princípios projetuais na adesão ao ambiente natural específico, à "história" local; naturalmente, não no sentido de uma releitura banal (que seria *contextualismo*), mas de uma profunda e elegante filtragem e cruzamento com os princípios internacionalistas da ideologia modernista. A interpretação da natureza e da história, do *genius loci*, constitui o fundamento das obras de Frank Lloyd Wright e de Alvar Aalto, só para ficar na geração dos "mestres" e desmentir na origem uma falsidade destas dimensões.

Na esteira de Alvar Aalto, deve-se acrescentar, por exemplo na Finlândia desenvolveu-se uma escola de arquitetura orgânica

Fig. 145-146. Nápoles. Igreja de S. Giorgio em Cremano (1977-80), de Aldo Loris Rossi. Detalhe do campanário. À *direita e abaixo*: a Casa do Portuário (1976-80), de Aldo Loris Rossi, encarna a ``utopia concreta'' arquitetônica, porque constitui o primeiro tasselo (em escala reduzida) da ``cidade-estrutura'' (ver foto 21).

Fig. 147. Arquitetura finlandesa, ou racionalidade mais organicismo: o bairro residencial Suvituuli (1982), em Tapiola, de Reima Pietilä.

Fig. 148. A Universidade de Oulu (1968-78), de Kari Virta, Heikki Hoppania e Matti Rokko. Planimetria geral.

Fig. 149. Murikka. Centro para Cursos do Sindicato dos Metalúrgicos, de Pekka Helin e Tuomo Siitonen.

Fig. 150. Abu Dhabi, Arábia Saudita. National Assembly Hall (1975), de Kisho Kurokawa.

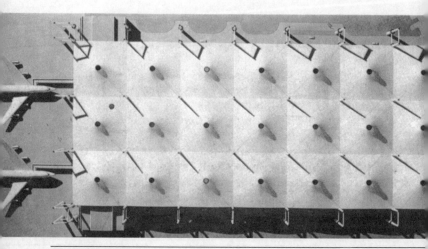

Fig. 151. Djedda, Arábia Saudita. Aeroporto Haj Terminal (1977-85), do estúdio SOM de Chicago.

Fig. 152. O desafio cultural do confronto com as arquiteturas tradicionais e dos países emergentes: a Arábia Saudita. A Torre de Água em Gedda (1973-77) do Estúdio VBB de Estocolmo.

238 ARQUITETURA PÓS-INDUSTRIAL

ímpar no mundo: não são autores de destaque, nem se trata de obras excepcionais, mas decerto não falta o sentido, tipicamente escandinavo-anglo-saxônico, do *understatement*, de uma medida elegância. Obras como o bairro residencial Suvituuli em Tapiola, de Reima Pietilä, ou a Universidade de Oulu, ou o Centro para Cursos do Sindicato dos Metalúrgicos em Murikka, refletem uma atitude de "inclusão" de fatores externos, de simbiose com o "espírito do lugar", que desmente, de forma evidente, a idéia da arquitetura moderna indiferente ao contexto.

Exemplos de arquitetura moderna válida, de corrente racionalidade, que incorpora, de modo não acrítico, ótimos locais e enfrenta corretamente a relação antigo-novo, encontram-se igualmente na produção para os países árabes: da esbelta e elegante Torre de Água de Djedda, do estúdio VBB de Estocolmo (1975-77), até a corbusieriana National Assembly Hall para Abu Dhabi, de Kisho Kurokawa (1975) e ao requintado Haj Terminal para o aeroporto de Djedda, do estúdio SOM (Skidmore, Owings & Merrill, 1977-85), é uma única e corrente demonstração de como é possível conciliar exigências de representatividade e de significatividade locais com a lógica espacial, estrutural e formal do modernismo, indicando uma linha praticável para a arquitetura pós-industrial.

Em outras palavras, o ideal internacionalista e esperantista não deve ser desmentido perdendo-se na busca dos dialetos: a capacidade da arquitetura moderna de falar uma língua universal – ou, de todo modo, compreensível a uma quantidade sempre crescente de pessoas, na medida em que se aproxima da "aldeia global" preconizada por Marshall McLuhan – deveria ser o único e verdadeiro ideal a se tender.

Referências Fotográficas

BANHAM, R. *Megastructure. Urban Futures of the Recent Past*. London, Thames and Hudson, 1976, fotos 16, 19, 20 (*à esquerda*).

BARATTUCCI & DI RUSSO, *Arata Isozaki: architetture 1959-1982*. Roma, Officina, 1983, fotos 88, 90, 92.

COOK, P. *Architettura, azione e progetto*. Bologna, Calderini, 1970, foto 20 (*à direita*).

DE FUSCO, R. *Storia dell'arte contemporanea*. Bari, Laterza, 1983, foto 30.

DINI, M. *Renzo Piano, progetti e architetture*. Milano, Electa, 1983, fotos 120, 123-126.

D'OLIVO, M. *Discorso per un'altra architettura*. Udine, Casamassima, 1972, foto 144.

DREXLER, A. *Transformations in Modern Architecture*. London, Secker & Warburg, 1980, fotos 128-131, 139.

GRANDI-A. & PRACCHI, M. *Milano: guida all'architettura moderna*. Bologna, Zanichelli, 1980, foto 14.

GRANDI, M. *Milano: guida all'architettura contemporanea*. Bologna, Zanichelli, 1982, fotos 58-62.

JENCKS, C. *Late-Modern Architecture*. London, Academy, 1980, fotos 31, 87, 94 (embaixo), 141-143.

————. *The Language of Post-Modern Architecture*. London, Academy, 1981, fotos 36, 37, 54, 55, 78, 82, 85, 104, 111, 113, 114, 128 (*embaixo*), 134, 140.

————. *Free-Style Classicism*. London, Architectural Design Profile, 1982, fotos 40, 41, 43, 80, 89, 91, 97, 112.

LE CORBUSIER (série I Maestri del Novecento). Firenze, Sansoni, 1969, fotos 117, 121.

THE NATIONAL THEATRE, London, The Architectural Press, 1977, foto 119.

NIEMEYER OSCAR, Milano, Mondadori, 1975, foto 122.

NORBERG-SCHULZ, C. *Architetture di Paolo Portoghesi e Vittorio Gigliotti*. Roma, Officina, 1975, fotos 99-102.

240 ARQUITETURA PÓS-INDUSTRIAL

————— . *Architettura tardobarocca*. Milano, Electa, 1980, foto 35.

PORTOGHESI, P. *Dopo l'architettura moderna*. Bari, Laterza, 1981, fotos 13, 23, 27, 34, 71, 72, 74-77, 79.

————— . *Postmodern*. Milano, Electa, 1982, fotos 39, 44-49, 53, 70, 73, 83, 86, 103, 108, 110.

SITE. *Architecture as Art* (aos cuidados de P. Restany e B. Zevi). London, Academy, 1980, fotos 64-68.

STIRLING, J. *Opere e progetti 1950-1974*. Milano, Comunità, 1975, fotos 95, 96.

FRANK LLOYD WRIGHT (série I Maestri del Novecento). Firenze, Sansoni, 1970, foto 118.

ZEVI, B. *Cronache di architettura*. Bari, Laterza, 1971, foto 8.

————— . *Spazi dell'architettura moderna*. Torino, Einaudi, 1973, foto 15.

————— . *Erich Mendelsohn*. Bologna, Zanichelli, 1982, foto 116.

Abitare, nº 216, fotos 147-149.

Architectural Review, jan. 1952, foto 1; mar. 1953, fotos 3-6.

L'Architecture d'Aujourd'hui, nº 197, fotos 24, 26; nº 219, foto 127; nº 225, fotos 105, 115; nº 233, fotos 25, 51; nº 235, foto 98; nº 236, foto 42; nº 237, foto 137.

L'Architettura, nº 178, fotos 18, 21; nº 330, foto 115.

Casabella, nº 471, fotos 32, 57; nº 486, foto 50.

Casabella-Costruzioni, nº 193, foto 7.

Costruire per abitare, nº 31, foto 69.

Domus, nº 566, foto 123 (*embaixo*); nº 576, foto 132; nº 595, fotos 150-152; nº 602, fotos 133, 135; nº 609, foto 81; nº 618, foto 93; nº 639, fotos 28, 29; nº 650, foto 84.

L'Europeo, 27 dez. 1982, fotos 107, 109.

House Beautiful's Building Manual, nº 73, foto 52.

L'Industria italiana del cemento, LII, nº 6, foto 146.

Lotus, nº 19, foto 38.

Metron, nº 49-50, fotos 9, 10.

Modo, nº 58, fotos 106, 136, 138.

Parametro, nº 59, foto 2; nº 63, foto 33.

Arquivo Raja, fotos 11, 12, 17, 22, 94, 145.

ARQUITETURA NA PERSPECTIVA

Quadro da Arquitetura no Brasil
Nestor Goulart Reis Filho (D018)
Bauhaus: Novarquitetura
Walter Gropius (D047)
Morada Paulista
Luís Saia (D063)
A Arte na Era da Máquina
Maxwell Fry (D071)
Cozinhas, Etc.
Carlos A. C. Lemos (D094)
Vila Rica
Sylvio de Vasconcellos (D100)
Território da Arquitetura
Vittorio Gregotti (D111)
Teoria e Projeto na Primeira Era da Máquina
Reyner Banham (D113)
Arquitetura, Industrialização e Desenvolvimento
Paulo J. V. Bruna (D135)
A Construção do Sentido na Arquitetura
J. Teixeira Coelho Netto (D144)
Arquitetura Italiana em São Paulo
Anita Salmoni e Emma Debenedetti (D173)
A Cidade e o Arquiteto
Leonardo Benevolo (D190)

Crise das Matrizes Espaciais
Fábio Duarte (D287)
Por Uma Arquitetura
Le Corbusier (E027)
Espaço da Arquitetura
Evaldo Coutinho (E059)
Arquitetura Pós-Industrial
Raffaele Raja (E118)
Nos Jardins de Burle Marx
Jacques Leenhardt (E150)
A Casa Subjetiva
Ludmila de Lima Brandão (E181)
Arquitetura e Judaísmo: Mendelsohn
Bruno Zevi (E187)
A Casa de Adão no Paraíso
Joseph Rykwert (E 189)
Pós-Brasília: Rumos da Arquitetura Brasileira
Maria Alice Junqueira Bastos (E190)
História da Arquitetura Moderna
Leonardo Benevolo (LSC)
Arquitetura Contemporânea no Brasil
Yves Bruand (LSC)
História da Cidade
Leonardo Benevolo (LSC)